# 存在の季節　ハヤトロギア（ヘブライ的存在論）の誕生

# 存在の季節

宮本久雄著

■

ハヤトロギア（ヘブライ的存在論）の誕生

知泉書館

# 目次

目次

# 存在の季節

## ハヤトロギア（ヘブライ的存在論）の誕生

# 序──物語的自己同一性と他者

本論は、詩や歴史や物語など文学に根差しつつ、それが「物語的自己同一性」(identité narrative) に展開し、その自己の成立や破綻という差異化のドラマと共に新たな存在論、つまりヘブライ的ハヤトロギアの誕生にどのように道が拓かれるのかということを参究する。

そこでまず「物語的自己同一性」を簡単に説明し、次に本論のテーマ「ハーヤー存在」「ダーバール (言・事)」「プネウマ・ルーアッハ (気・気息・霊風)」について予示的に言及しつつ、全体の結構を示したい。

永訣の朝

けふのうちに
とほくへいつてしまふわたくしのいもうとよ
みぞれがふつておもてはへんにあかるいのだ
(あめゆじゆとてちてけんじや)
うすあかくいつそう陰惨《いんざん》な雲から
みぞれはびちよびちよふつてくる
(あめゆじゆとてちてけんじや)

青い蓴菜《じゆんさい》のもやうのついた
これらふたつのかけた陶椀《たうわん》に
おまへがたべるあめゆきをとらうとして
わたくしはまがつたてつぽうだまのやうに
このくらいみぞれのなかに飛びだした
　（あめゆじゆとてちてけんじや）
蒼鉛《さうえん》いろの暗い雲から
みぞれはびちよびちよ沈んでくる
ああとし子
死ぬといふいまごろになつて
わたくしをいつしやうあかるくするために
こんなさつぱりした雪のひとわんを
おまへはわたくしにたのんだのだ
ありがたうわたくしのけなげないもうとよ
わたくしもまつすぐにすすんでいくから
　（あめゆじゆとてちてけんじや）
はげしいはげしい熱やあへぎのあひだから
おまへはわたくしにたのんだのだ

銀河や太陽　気圏などとよばれたせかいの
そらからおちた雪のさいごのひとわんを……
……ふたきれのみかげせきざいに
みぞれはさびしくたまつてゐる
わたくしはそのうへにあぶなくたち
雪と水とのまつしろな二相系《にさうけい》をたもち
すきとほるつめたい雫にみちた
　このつややかな松のえだから
　わたくしのやさしいいもうとの
　さいごのたべものをもらつていかう
わたしたちがいつしよにそだつてきたあひだ
みなれたちやわんのこの藍のもやうにも
もうけふおまへはわかれてしまふ
(Ora Orade Shitori egumo)
ほんたうにけふおまへはわかれてしまふ
あああのとざされた病室の
くらいびやうぶやかやのなかに
やさしくあをじろく燃えてゐる

わたくしのけなげないもうとよ
この雪はどこをえらばうにも
あんまりどこもまつしろなのだ
あんなおそろしいみだれたそらから
このうつくしい雪がきたのだ
　　（うまれでくるたて
　　　こんどはこたにわりやのごとばかりで
　　　くるしまなあよにうまれてくる）
おまへがたべるこのふたわんのゆきに
わたくしはいまこころからいのる
どうかこれが天上のアイスクリームになつて
おまへとみんなとに聖い資糧をもたらすやうに
わたくしのすべてのさいはひをかけてねがふ

「永訣《えいけつ》の朝」と題されたこの詩は、宮沢賢治が「信仰を一つにするたったひとりのみちづれ」（「無声慟哭」）とも呼べる最愛の妹トシの死を詩《うた》ったものである。一九二二年十一月二七日の死であり、作詩であった。後に詩集『春と修羅』におさめられる。当時、賢治は、「巨《おほ》きな信のちからからことさらにはなれ　また純粋やちひさな徳性のかずをうしなひ　青ぐらい修羅をあるいて」（同上）いたのであった。その兄に向かってトシは、いわば天の食ともいえる「あめゆき」をとってきて欲しいとのぞむ。その彼女ののぞみは、今修羅として苦しむ兄賢治がほんの小さな布施行をなすようにという願いである。それは、兄がその情念を離れた「さっぱりした雪」の布施行を行持して、そして自分も他者も共に苦しみ、共にさいわいになる世界に目覚めるようにという仏願にも似た願いであった。そのことを「永訣の朝」にのせられたトシの言葉、「うまれかわって人になってくるときは、こんなに自分のことばかりで苦しまないように生まれてきます」（意訳）が示している。その言葉はまた賢治の一生を明るく照らし続ける一筋の光明となったに違いない。

この詩あるいは物語は、以上の限りでは宮沢賢治という人の人生の出来事であり言葉であり、彼にとって一人称の世界であるが、われわれにとってはわれわれがそこに入れない第三人称の世界であり、異質で遠い寒々とした悲劇であり、また絶望と願いの交錯する信の葛藤であるともいえる。そこからわれわれはつきはなされる。けれども他方で、そうした詩物語が、どうしてわたしたちに感動を与え、その三人称の世界にひきずり込まれ、さらに賢治の物語がこのわたしという物語に受肉してくるのであろうか。

あるいは人によってどうしてその受肉が破れ絶望に陥り、あるいはどうして感動も関心も生じないのであろうか。一つ言えることは、この詩に感動するといってもそれは人の感情や実存の表面を一時かすめるだけで、その人そのものが決定的にゆるがせられないこともありうるし、その場合、賢治の世界に美的詩的に陶酔しているだけで了ってしまっていることも十分ありうるという点である。

死生がかかる世界への、陶酔的な仕方による惑溺や戯れやさらには独善的な賢治解釈に陥る場合、三人称の詩の物語は、現実上、実存的に一人称のわたしの存在に何ら関与・影響しない。これに対し、この詩や賢治の世界がわたしのかけがえのない他者・汝になってわたしの存在を創る構成素になるということは一体どういうことなのであろうか。

この問いに応えるには尽すべき議論は無限である。だが今ただ一つ応えうることは、賢治とトシの物語がわたしの物語になるときには、必ず他者・二人称の汝の現存がそこに在るということである。その汝は、例えば自ら肺病におかされて女としての生涯を喪ってゆく友人であるかもしれない。この乙女がトシのような悲願をわたしにたくしつつ死の圏域に去り、彼女をわたしが悲痛にも喪うとき、そのすがたにトシや賢治が映じ受肉してくる。そこには他者への関係の挫折と望みと痛みがある。詩や物語がその汝の現存を自覚させることもあり、また逆のこともある。

こうして他者との関わりに絶望しまた希望するわたしは、「永訣の朝」を汝のこと（出来事・言葉）として受け容れ、その物語はわたしの新しい生の物語となりうる。わたしの無化（ケノーシス）や解体と新たな自己同一（的存在）性が生まれうるのである。そのとき、賢治とトシの物語をやはり「わたしの物語」としている人々の存在を自覚し、彼らとの交流を通して「わたしたちの物語」という広い円居、協働態も生まれてこよう。そのときこそ、賢治の次の詩句がこの協働態に実現し、その協働態を支える生命的言葉として、しかも無の氷面をふみしめ歩むわれわれの日常的関係を支え包む祈りとして生き続けるのである。

「永訣の朝」終奏

おまえがたべるこのふたわんのゆきに
わたくしはいまこころからいのる
どうかこれが兜率の天の食に変って
やがてはおまへとみんなとに

聖い資糧をもたらすことを
わたしのすべてのさいはひをかけてねがふ

別の例を示せば、アウグスティヌスの「告白文学」を挙げることができる。すなわち、その物語『告白』は、ギリシア哲学と聖書文学、ギリシア・ローマ文学などを縦横に用いて自らの回心に至る道行きを告白し感謝している書である。われわれはこの『告白』を三人称的世界の物語として無視することもできよう。他方でもしこの告白物語がわたしの生の物語となり、わたしの在り方に深刻な影響を与えるならば、それはやはり汝という他者の介在をまってであるともいえ、逆に『告白』が汝・他者の現存をわたしに自覚させるからだともいえよう。アウグスティヌス自身が告白物語で呼びかける「汝」という存在根拠あるいは神も含め、そこには母モニカ、友人たち、恋人などが登場するが、彼はその人々・他者に「汝」と呼びかけて物語の基調音としている。ただし、この「汝」が神のような超越的他者である場合、そこには言語による交流の断絶、表現不可能性、沈黙や絶句の層が顕現する。その沈黙的深層は日常的「汝」にも及んでくるのである。先の賢治とトシの物語にこのような言葉を超えた沈黙における同一的地平が拓かれていないであろうか。それは日常言語に埋没するわれわれにとっては、深淵であり、その先がみえない壁である。こうした壁が屹立する。その場合でも、そのアウグスティヌスの「汝」がわたしの「汝」と成るのは、やはりわたしが「告白物語」のような語りと沈黙、希望と挫折の人間ドラマを生きる時であろう。こうしてわたしの他者・汝との協働的生の自覚を介在して、アウグスティヌスの告白物語は、わたし、さらにわたしたちの告白物語と成りえ、そこに物語的自己同一性が成立しうる。しかし物語的同一性はつねに差異化無化される。その限りでそれは語り手の無化を要求する、不可能に近い不断に新たな存在のドラマである。

また次に「アメリカ建国物語」としては、「独立宣言」などが挙げられよう。それは人間が生まれながらにして自由独立な者であると高らかに語っており、その物語はそれ自体としては第三人称的世界の話であるにすぎない。しかし、その自由を護ろうという「独立宣言」に発する呼びかけや友人たちのいわゆる民主主義社会の生活などに日常的に接し、他方でその自由擁護の名目で反ナチズムの第二次大戦、反共の朝鮮、ベトナム戦争、さらには湾岸戦争を戦って「自由な」国民国家の歴史をたどったアメリカ人にとって、独立宣言に発する自由の歴史物語は、自らの物語と成り、さらに「わたしたちの物語」と成って、その物語的自己同一性を形成しているといって過言ではない。他方でしかし、この物語的自己同一性が、過去からの自己同一的存在に閉ざし、新しい全く異なる異文化の物語に耳を開いたり、あるいは自らを刷新すべく語り・直しや歴史の再・読を怠るなら、この自己同一性は実体的自同性として全体主義的様相をおびるであろう。そして自由擁護の名の下に「世界のポリス」として、異文化や他者の声を排斥し、自己のシステム・体制、つまり結局自らの物語に自閉し続けるわけである。

物語的自己同一性の追求には、こうした罠が伏ちうけている。

このような自閉的物語的自己同一性は、本書では、E・レヴィナスにあやかって自己同一性というより実体的自同（le même）性と呼んで区別することにしたい。そしてそうした自閉的自同性は、後述するように個々の個人から利益集団や権力国家さらにそれを支えるイデオロギーをも含めた広い意味の射程をもっている。

物語的自己同一性（identité narrative）とは、本書にあって右の消息のすべてを意味する表現である。

そこで物語的同一性についてその当面する困難な問題点を挙げておこう。

一つは、われわれが言語的動物である以上、言葉によって自己形成されるのであり、それは他者である汝との交流でもあるが、その際、牢獄の孤立や絶対者に面しての沈黙や生来あるいは事故で言葉を喪ってしまう状況などに陥ったとき、それは汝を喪うことになるのか、どう物語的同一性が成立するのか、むしろ破綻するのではないかという困難なアポリアが生ずる。

二つには、物語ることは時と共に刻々と生起し滅し去りまた新たな衣裳の下に生じてくるので、物語的同一性は歴史性を秘め、決して実体的同一性のように恒常不変ではありえない。そのとき、実体的自己同一性ではない同一性を考えなければならないが、われわれの日常言語は実体的なもの（主語）をめぐる傾向にあるのでそれを理解しにくいのである。しかも物語的自己同一性は、詩や物語を媒介に、自己の実存や歴史的事件の変容にもコミットするので、そこに実体的同一性以上のリアリティが求められる。それは単に物語的フィクションの力量の及ばない同一性開披であり、正しくアポリアである。

こうして本書では、否応なく今日こうした自同性に陥って様々に物語っているわれわれが、以上のアポリアをかかえてどのように他者に自らを開き語りながら、新しい物語的自己同一性と存在の地平を共に生きてゆけるのかが核心的な問いとなる。その参究の道筋と重要な言葉を次にスケッチしてみよう。

わたしの自閉的自同性の凝りが溶け、その実体的不動性に無の空間が開くように風・気（ルーアッハ・プネウマ）が吹き、吹きぬけ無化しながら他人との間に凝っていたわだかまりや鉄壁がとり去られ、吹きとばされてゆく。その息吹きは、音をひびかせ凝って睡りこんでいた心を目覚ます。言いかえると、それは新しい「言葉や出来事」（ダーバール）の生起であり、そうして他者との間や自己の歴史が再・解釈され語り・直され、他者との協働が生じ、こうして凝っていた実体的自同性ではない、新たな脱自的対他的存在（ハーヤー）がわたしの自己同一性、隣人との協働態の存在と成る。そこにはわたしの外から根源的に到来したプネウマ（気）、ダーバール（言・事）、ハーヤー（存在）などの新たな言葉が語り出されたわけである。

本論は、そうしたセム系ヘブライ思想・文学を背景として、他者（神や人間や一本の花など）との邂逅を参究する試みである。それは同時にヘブライ的存在（ハーヤー）のロゴスとしてのハヤトロギアの誕生に向けての限りない思索と生の営みなのである。

そこで次の二点も注意しておきたい。

一つは、課題としてハーヤーが、プネウマやダーバールと相互に含みつつ協働する在り方を問うてゆかなければならないという点であり、その際、ハーヤーが従来の西欧的存在論（ontologia）に対してもつスタンスを界限してゆかなければならないという点である。

二つ目は、ハヤトロギアのロギア・ロゴスは単にギリシア的論理・学知・論証的思索などを意味するだけではなく、その背後にセム的ダーバール（歴史的事、エチカ的言葉）を秘めて表示されているという点である。従ってハヤトロギアは、今・ここにおけるハーヤーの現成を解釈し体現し協働するという実践的エチカ的方位を直ちに示すという点である。物語的自己同一性の成立は以上の二点と不即不離なのであり、その成否は結局ハーヤー的自己同一性にかかっており、物語的自己同一性さえもがハーヤーの次元の入口であるという点を今は指摘しておきたい。

以上の問いと問題性を念頭においてここで全体の結構を予め大略示しておこう。

この序の問いを引き受け、第一章では直ちに『オイディプス王』と旧約「ホセア書」とを解釈しながら物語的自己同一性の破れと成立と、それを根底から生み出す差異化としての真理・ハーヤーが参究され、次にその物語的自己同一性がハーヤーによってどのような新たなはじまりを語り出し、語り・直しえ、再・読しうるかという解釈学的視点を問いつつ考究され（第二章）、続く第三章で自同的存在の死とハーヤー的存在の誕生とが、やはりダーバールとの連関で追究される。そして第四章では、以上の予備的成果を引き継ぎ、本格的にハヤトロギアの誕生に向けて、ハーヤーやプネウマやダーバールの協働関係において成立する他者論、自己同一性、エチカ的協働態が論究される。その際、これら論究の下地となる物語テキストは、ほぼ旧約ヘブライ文学に依拠している。この第五章を補完する形で、いわゆる西欧的存在論、特に教父やトマス・アクィナスの存在論におけるハーヤー的可能性や方向性を探る。

最後に、ハーヤー動詞自体はヘブライ文学において直接に多用されているわけではない。むしろそのハーヤー的特徴は行為や出来事さらに預言などに受肉して現われ脱自的に他者を引き受けて働くと考えられるので、第七章では、他者と共に生きることを「食すること」に焦点をあてて発展的に参究した。その意味でハヤトロギアは、ハヤトロギアそれ自体としてより、それを体現する人物の生や出来事、また異文化における思想哲学や芸術とも関連して参究した方が実り多いと思われる。そこにこそ物語的同一性を差異化しながらそれを支えるハーヤー的同一性が典型的に現われてくる。

「むすびとひらき」は、しかしわれわれがこのハヤトロギアを実体化させず、またそこに自ら凝固することなく、ただただ自らを放下してハーヤー的に生きることへの自戒でもあり、また異文化への、さらに「異」への無限なひらきでもある。「放てば満てる」如し。

# 第一章　荒野に咲く物語

## ――異化的真理の声と聴従的漂泊者の物語――

語りえぬ「もの・こと」を語ることは、例えそれが逆説的でさらに無意味で余計なことに思えても、その逆説的語りこそ真理に関わる、言葉の創造的冒険なのではあるまいか。なぜなら真理は言葉に隠れ顕われるからである。

本論ではそのような逆説的で余計な語りが真理を垣間見させ、われわれの生のドラマの意義や他者との出会い・協働的生(1)を織りなす限りなき言語行為であり、その意味で「Never Ending Story」となることを示してゆきたい(2)。

右のような目論見に向けてわれわれは、その語りを今日まで伝え響かせていると思われる次の二つの物語をとりあげてみよう。一つは紀元前五世紀のギリシア悲劇、ソポクレスの『オイディプス王』であり、二つ目は前八世紀のヘブライ文学、預言書『ホセア書』である。というのも、いずれもが、ギリシア文学、ヘブライ文学の古典として語られざる真理を語りにおいて示しつつ、そこで生起する人間的邂逅のドラマの源流となって、語ること・邂逅の創造性を自ら今日に語っているからである。そこでわれわれも語られざる真理の声に聴従することを願って、すでに聴従し生きた彼らの物語を自らの物語として語り直しつつ、その真理に参入したいと願うからである。

## 二　オイディプス王物語　神託をめぐって

この物語はオイディプス王に告げられた「お前は実の父を殺し、母と枕を交す」というデルポイの神託が織りなす織物（textus）・ドラマである。というのも、神託が秘める真理・ことの真相が盲目な人間を迷わすと共に彼に何かを啓き教える。その限りその神託の言葉こそが秘密を隠しそこに人間をはめる一つの陰謀（intrigue）であるが、他方人間はどのようにその陰謀を自覚しそれに応えてゆくかによって自らの人間像や生全体のドラマの筋道（intrigue）を織りなしてゆくからである。まさにドラマは真理の陰謀とそれに応じて創造的に生きようとする人間が協働して共に織りなすテキストともいえる。われわれはそこでオイディプス王のテキスト織物が表わすまんだら模様の一筋一筋を追いながら、それが秘めかつ表わす陰謀と筋道の中に、われわれ自身に問いかけられている語られざる真理の声をきいてゆきたい。

さてコリント王子として養育されたオイディプスは宴会の席で酩酊者から、彼が実はコリント王の実子ではないといって罵られた。彼はこの酩酊者の言葉を聞き流せなかった。いわば言葉が罠のように彼を捉えてしまった。そこに彼の悲劇的ドラマの発端がある。こうしてオイディプスは、ことの真相解明をデルポイの神託に求めた（第一の筋）。これに対し、驚いたことに全く別の神託、つまり先の恐ろしい予言が告げられたわけである。そこで彼はこの神託が成就するのを決して「見ることのないように」先手を打ってコリントから出奔した（第二の筋）。放浪の途中、オイディプスはある日三叉路にさしかかったがそのとき、従者を従え彼を荒々しく押しのけ撃とうとした馬車上の老人に怒った。その狂気の中で老人と従者を殺してしまった。が、一人の従者は逃げ去った。オイディプスはさらに放浪の旅を続け、テバイの郊外で謎をもって人々を悩ましこたえられぬ者を殺すスフィンクスに立ちむかう。その謎とは「一つの声をもち、二つ足でありまた四つ足でありまた三つ足なるものとは何か」という問いであり、そのこたえは弱き者・人間なのであるが、それはそれにとどまらずさらにデルポイの碑文「汝自身を知れ」が物語るように、人間は不断に自己吟味をして生きるべしというソクラテス的生を示唆するものだといえよう。そこまでの意味を十分理解したとはいえないが、一応オイディプスがこの問いに「人間」とこたえ、その問いに苦しめられているテバイの人々を救い、その結果亡き王ライオスに代ってテバイ王になり、その妃イオカステと結婚する。しかし間もなくテバイの大地は枯れ、ペストが流行し、国は歎きと悲しみの声に充ちた。ここでその原因究明のためオイディプス王はデルポイに神託を求める（第三の筋）。その神託のお告げの言葉とは、先王ライオス殺害の下手人を処刑するか、追放せよというものであった。そこでオイディプスは、見えないこと（taphanē）の真相・真理を、見えるように明るみに出そうと決意する（aut'egô phanô）（第四の筋）。ここでもコリント王子時代と同様に彼は神託の言葉の intrigue に対し、その真相の暴露にのり出してゆく。それは神託の言葉によって自己と人々の生を織りなす intrigue（筋）を運命として自らに定めたことであったといえよう。まず真相究明の手始めに盲目の予言者テイレシアスを召し、真相・真理を尋ねる。

しかし「語りえぬものをすべて洞察してやまない予言者」は、なぜか逆に真相を暴き摑えようとするオイディプスに対し、真理に近づかぬよう警告する。むしろ人は彼の盲目が象徴するように真理に対して盲目であった方が幸いかも知れないのだから。だがオイディプスは彼に執拗に問い答えを強いる（第五の筋）。その強制は予言者の口から「下手人とはあなただ」という驚くべき言葉を告げさせ、その言葉は運命の手のように働きさらにオイディプスの運命を織りなしてゆく。こうして疑心暗鬼となった彼に対して妃（実の母）は、ライオス殺害について報告された言葉を告げ、彼を安心させようとする。すなわち、デルポイの神託によって自らの息子に殺されるとライオスは告げられたので、生まれたばかりの嬰児を人跡未踏の山奥に捨てるように家来に命じた。やはり神託の先手をうったわけである（第六の筋）。こうして安堵したライオスはある日デルポイへのお礼詣でに旅立つ。その途中、三叉路にて難にあい落命したが、そのとき嬰児はすでに捨てられ死んでいたのでオイディプスの疑心に何ら根拠はないと妃は言うのである。だが、言葉はさらに疑心をうみドラマを織りなしてゆく。オイディプスはまず三叉路という言葉に引っかかり、次いでその殺害の起こった年とライオスの姿かたちを問い、諸々のことを思い合わせていよいよ不安にとらわれる。そして唯一の生残り、つまり事の真相の目撃者を呼ぶよう妃にたのむ（第七の筋）。そうこうしているうちにコリントからの使者がやって来てコリント王の死を告げ、その告知と共にオイディプスがコリント王の実子ではなく、かつてキタイロンの山深きところで羊飼いをしていたこの使者の手からコリント王にわたされた嬰児であることが明らかとなる。そこにライオス王殺害現場の唯一の目撃者だったかつての従者が登場し、彼はライオス王から捨てるようにたのまれた嬰児を不憫ゆえに目の前のコリント王の使者にわたしたことを告白する。ここに神託の真相が暴露された。これを聞いた妃は髪をかきむしりつつ、結婚の臥床を歎き、首を吊って果てた。これを見てオイディプスは、妃の飾りものの黄金の留金で己れの両の眼を何度も深く突き刺す。真理を見つくそうとしたことを呪いながら。神託の真理を見ることに由来する悲劇がここに誕生する。

さて以上のような悲劇の筋（intrigue）において登場人物はどのように物語の陰謀（intrigue）に出くわしはまっていったのだろうか。それはどのように真理に関わり、語りえざるものを語ることの意味を示しているのか。これがわれわれにとって深刻な問いとなる。その手がかりは第一から第七の筋にある。

第一－第七筋で言挙げされた物語の特徴を考えるとそれは、オイディプス、ライオスが各々王子、王という彼らの自己充足的な絶対的な生を引き裂くような神託を蒙ってその言葉に対応した共通の在り方であることがわかる。特に理想的な王を目指し、その意味で他者（民など）に責任を負い、自らの見識で判定にのぞむ裁定者たらんとしたオイディプスは、運命（モイラ）をもその裁定の下におこうとしたともいえる。それは言いかえると第一に、徳ある人間たらんとしてソクラテスのように問いつつ自らの生を吟味する替わりに恐るべき神託の言葉を直ちに拒否し引きうけずに、第二に先手を打って言葉の力を封じ込め、自らの運命（moira）を自分の手で保ち（maintenir）、制御しようとしたことである。未来の予知（神託やテイレシアスの予言）をそっくり自分のものにしようとしたことである。語られざる真理の真相を見つくそうとしたことである。「見られないことを、わたしが明るみに出す」というオイディプスの決意がそれを物語っている。そしてその問答法なき語りがそのまま悲劇に転じてゆくのである。オイディプスはこうして絶対的王（ティラテス・僭主）たらんとして、スフィンクスの問いの秘密、ソクラテス的自己吟味の問答法を通して人間であることをそれと知らずに拒んだ。としたなら、彼らがどのように神託や予言の筋が投げかける陰謀にはまったか、という物語の動機が理解されよう。それこそ古来から人間を英雄に仕立てあげた傲慢（hybris）なのである。ここでは傲慢が真理と深く結ばれている点に注目されなければならない。それはどういうことなのであろうか。周知のように真理（alētheia）は、否定の接頭辞（a）と忘却（lēthē）から成る言葉である。死者の魂は忘却（lēthē）の野を通り、過去を忘れるとプラトンが語る由縁である（『国家』六二一A−B）。とすると、真理とは忘却・隠れ・見えないことなどと共にそれに対立する想起・顕現・見えることなどという対概念を含むといわれよう。真理は人間にとってもそれ自らにとっても現われると同時に隠れるのであり、語られると同時に語られないのであり、見える光であると同時に見えない暗域である。言いかえれば、真理は全き意味で知られ見られ現われることもなければ、全面的に知られず見られず隠れ切れることもない。その意味で語られざるものは真理であるが、それは同時に何らかの仕方で語られている。この両義性の孕みが真理であるといってよい(3)。

以上のように考えると、真理は顕われ／隠れる、語られ／語られざる、知られ／知られざることの差異である。また他方で二項の対概念から考えると、その間・境界という動態であるともいえるし、さらに全体的自己同一性の視点から考えると、充実した自存的存在の只中に生起する自己分裂、裂開、自己無化ともいえ、従ってそれは自己完結態というより不断に自己超出し脱自する未完了態ともいえよう。

こうして真理は絶えざる差異化、間や境を生み出す動態、自己無化、自己脱自などとして語られうる。その意味で絶えず自ら限られもせずまた他をも限ることもせず、定義や充溢を無化しゆく無・限であり、その働きは従って無・限である。だから正しくその働きは、他者の存在、存在界にまでおよび、そこでまた無・限作用、差異化、無化をもたらしに刻々と到来するといえる。つまり、われわれの日常的な安隠な生、つまり差異なく無化なく安定した自同的存在者(たち)の只中に、断層と破滅をもたらすともいえる。

以上のような真理の差異化、非自同的脱自態の意味をふまえて再び物語の秘密に肉迫してゆこう。オイディプスに与えられた神託「お前は父を殺し、実の母と婚姻の床につく」とは結局何を意味したのだろうか。

それは「父・母」という自らの「存在の故郷」を喪うことを意味したに違いない。というのも、父殺しによって父を、母との結婚によって母を喪うのであるから。それは言いかえれば自己同一性の根拠の喪失でもある。

その際、この自己同一性とは何であるのか。それはコリント王子の身であれ、テバイ王の身分であれ、比類のない王→王子→権威・権力→支配という一連の系譜に関わる自己同一性であるといえる。その王的自己同一性は、都市国家や王制などの制度・伝統というある自同的実体の象徴なのである。そうである限り、オイディプスが神託によって危機にさらされた「存在の故郷」の喪失とは、この王的自同性の根拠と起源の喪失であったといえる。従って、彼が神託に「先手」を打ったのは、自らの「存在の故郷」をまもろうとするためであり、それは真理の差異化・恐るべき「自同性」の破壊者の到来からの逃亡に外ならなかったといえる。

実際にこの世界の誰が、どんな存在者がこの真理の差異化に耐えられようか。人間は存在者である限り、やはり安定した自己同一化、自己存在の充溢力（conatus essendi）を求める。さらにこの努力が主我的利己性、存在への固執のエロスへと傾くと、他者を排除し、自らの自己完結的世界への構築へと向かう。その構築には諸々の仕方が考えられるが、その点は後に言及しよう。このようなわけで、人間が真理に従うとは、自己の生や歴史や存在界に現われ対立する差異、無化、矛盾、逆説を自ら蒙りその意味を洞察し新しい言葉を探すことに外なるまい。旧来の言葉と沈黙、充溢した言葉と無意味、余剰な言葉と論理的禁欲などの間を放浪しなければなるまい。だからもし人が真理の差異化を否定し、差異の一方の項や自らの言葉に他を還元し、語られざる秘めごとを一挙に暴き制御しようとするとき、真理と真理に従う自己の可能性を殺すことになる。オイディプスも、そしてその妃にして母のイオカステが陥った物語的自同のバリアーがそれである。さらにそれは自らにとって明白な正当化言述システムや文化文明に他を還元し、語られざることをいよいよ抑圧して隠蔽することになる。それが傲慢と呼ばれるのである。傲慢が、真理（神）制御の座に上り自ら神に成ることだと古来語られてきた由来である。だからオイディプスがデルポイの神託をうけたとき、「汝自らを知れ」という碑文に思いをいたさず、「汝より大いなる智者はいない」との神託をうけ、智者といわれる人々に問い「無知の知」の地平を披いたソクラテスのように探究せず、僭主的孤高に自閉し、その結果神託の意味を考えず、逆にそれを先駆的に制御しようとして碑文の言葉から遠ざかったとき、傲慢による自らの神格化と悲劇が始まったともいえる。

だがわれわれはこの悲劇が、真理を知ろうとする人間の知の営みそのものの中に深く根差していることにも注意しなければならない。それはどういうことなのだろうか。

ギリシア語の知る（oida、現在分詞 eidôs）は、肉眼で見る（horaô, アオリスト形 eida, eidon）と同語源的な言葉であるとされる。そして視覚作用は、対象を見られた形（eidos）としてみることで成就する。それは視向の領域で一定の布置関係の中に物ごとを置き据えることである。だから見るとは、背後や側面の見えないところで成り立つのではなく、いわばそれらを視野に入れないで、眼前に、つまり現在の空間内に対象を置き、視向の届く視界内に形として据える限り、それは所有作用ともいえ、その限り見る者の構成作用と構成作用の中心としての主体の立場を際立たすといえる。それは魂の眼である理性の知る働きにも類比的に語られることである。すなわち、知解作用は形として対象を知的視界に置き知的に制御すべく据えることである。そのことは、対象理解がすでに空間的現在的表象の視界内で成立すること、その限りその空間の外の闇の域に放たれ理解できず語りえぬものはその表象の現在的空間から排除されていることを意味する。だからその際語りえぬものとは、理性的一般的概念（類種関係、カテゴリー）から脱落する他者的なものである。例えば感情、歴史的一回的カイロス時、唯一回的人格、狂気、異端などが挙げられよう。

以上のように理性は自らの世界を構築支配し、その合理性に他を還元する性向をもつ。その後その支配的性向を超克しようとする異種であるが、これまたやはり知の運動も勃興しこうして知の歴史は反復される。いずれにせよ、その中でこの知の根本的性向を担ったのが現代の「自然科学」知であるといえる。それはどういうことか。その問いをオイディプス物語における「先手を打つ」思想や人間の傲慢と関係して簡潔に考察したい。

科学知が全能知に変容して神の座に上る第一歩は、計算的表象によって宇宙自然現象の一切を計量化し合理的に再構築することであった。それは物理科学的世界像の構築として構成された。その際その物理科学的世界像とは、世界の質的生活的在り方でなくその量的運動的在り方をこそリアルな相とし、そのリアルな動態を一義的で明析な言語・数学的記号関係に翻訳し、法則化することで成り立つ。すなわち、世界とは法則の集合として捉えられるわけである。しかしそこで重要な一点は、法則とは過去・未来を現在の方程式空間に収めとった表象知だということである。例えば天体の法則は、ある惑星の過去から未来への軌道を眼前に示し、それによって人はその惑星が何時、何処に位置するかを予知できる。

こうして未来を予知できれば、人は技術力によって予知された未来に現実対応できる。月にロケットを飛ばして月面着陸できるのも、様々な法則知の協調の成果である。一九世紀にあって人類はたとえ今は未知であっても自然宇宙を法則の網でおおい、その動きを予知し制御し、従って自然を既知なものとして征服し支配し、さらには改造しうると夢想した。それはまた人間中心的世界の構築のあくなき夢想であった。

言語論的視点でみれば、科学知はいわば情報伝達言語の中でも明析な数学的記号系に、人間が用いる多彩で多義的な言語をみな還元したものといえる。今日、社会科学や人文科学でさえ、知のモデルとして科学知をたてるのはその法則知の明析性と有効性のゆえであるといってよい。だがしかし、未来を一切先取りし宇宙自然を制御しようとする知（例えば原子エネルギーによる物質文明の構築）は、今日、人間自体の改造にも着手している（臓器移植、遺伝子工学による生命操作、クローン人間の製造など）。それが新しい傲慢と悲劇の誕生につながることの予感に世界はみち、地上の終末的出来事（戦争、テロ、地球環境の破壊、致死的ウィルスの出現など）に人々は恐れおののいている。

オイディプス物語の悲劇的結末は、未来の予知（真理に先手を打ってそれを人間の主我的思いに還元し支配しようとする傲慢)、つまり多彩な対話やソクラテス的問答法や異言の地平を自分の言語用法から排除して、自分の言葉へと一切の表現を還元してしまう恐ろしさをわれわれに語ってくれている。それを反面教師として、われわれは、今日の科学知の征服的側面に代表される知の全体主義的業を洞察し、真理がもたらす無限の差異化に聴従するように促されている。この点を今少し深めて考えると、ソポクレスは『オイディプス』の悲劇のいわば埋め合わせでもするかのように『コロノスのオイディプス』という続篇を今日に残している。その内容を悲劇を超える視点から眺めて言えば、オイディプスは決して自殺などせずに、むしろ盲目の見えぬ者として漂泊の旅に出かけるというものである。つまり、人間の傲慢をいましめる象徴として盲目を己が身に担いつつ自己脱自の放浪の旅を続けるという筋立てになっている。そのことは彼が真理のもたらした、語られないことと語ってしまったことの間、隠れていることと実現したことの間、希望と悲劇、聴従と予知、生と死などの間、すなわち差異を担って生きそこで自ら傲慢を超える出来事となりつつ、傲慢を超える言葉の探究に出発したことを語り告げるものであろう。そう思うとあの「父を殺し母と交わる」と告げた神託は、スフィンクスの言葉、デルポイの碑文と同じく人間に巣食う根本的な傲慢を異化・無化し、他者・異言へと自覚させそれを超えさせようという真理の異化的な呼びかけであったとも理解できまいか。[4] とすれば、オイディプスはあの神託の先手をうたずに、神託の異化を直ちに蒙ってこそ披きうる言葉を求めて、聴従の旅に出発してゆくこともできた。しかしそれをなしえず、彼も父も僭主王の権威にかけて未来予知に一切をかけた。そこに悲劇は誕生した。けれども、真理の筋立て・謀計はさらに巧妙に今日に至るまで働き続けている。つまり、オイディプスの悲劇的な姿こそ、現代のわれわれの姿であり、それは今日の知と生に対し疑義を呈し問うてくる真理の差異化する声なのだともいえる。それにしても悲劇を生き荒野をわたる盲目の旅人オイディプスは、「無」を身に蒙った一つのこと(事・言)であり、こと成りの作品(花)として、今日もわれわれの間に旅しつつ何か希望の言葉を授けてくれる荒野に咲く花である。

## 二　ホセア物語　預言をめぐって

ホセア物語を物語りテキストとして織りなす根本的言葉は「君はもう一度行って、他の男を愛し姦淫を行なう女を愛せよ、丁度イスラエルの子らが他の神々に向かい、乾しぶどうの菓子を愛しているのに、わたしが彼らを愛すると同じように」(三1)というヤハウェの言である。それはいわばすでに織りなされていたホセアの生に突如おかれた真理の新しい織りなしとしての異化作用であり、彼の絶望的自閉を裂開し、その生の秘義をホセア物語という作品に結晶化する、最初の核分裂であった。それではホセアはどのようにその言葉に応えたのだろうか。

ここで彼の悲劇的ドラマの始めにかえって語りの筋を追ってゆこう。

ホセアはディブライムの娘ゴメルを娶り、その平穏な結婚生活から三人の子が生まれた。その愛の営みにあってホセアはゴメルの愛を絶対的な仕方で摑み所有しようとしたと想像するのもあながち的はずれではあるまい。ゴメルの方も結婚の幸福を摑んでいた。すなわち、二人は共に秘密もなく語り語られる生の文脈に、ある自己同一的生(レヴィナス的意味での自同 le même 的生)の安隠に生きていたといえよう。

けれども、ホセアの生に異化と無化をもたらす事件が突如起こった。それは彼にとり明らかな結婚という、愛の摑みによる自己同一的生の破綻であった。すなわち、ゴメルが彼を裏切り他の男性の許に走ったのである。われわれはそのときの絶望したホセアの悲鳴と呪いの叫びを聞くことができる。その叫びは、結婚の全面的否定の声である。その声は妻の離別だけでなく、二人の共同の生(koinônia)の実りである子にも向けられ、子の存在を否定するまでになって逬る。

「告発せよ、お前たちの母を告発せよ。
彼女はもはやわたしの妻ではなく、わたしは彼女の夫ではない。……
彼女を荒野のように　乾いた地のように干上がらせ、
彼女を渇きで死なせる。
わたしはその子らを憐れまない」（二4－6）

と。しかし他方で詩人ホセアの繊細な心はゴメルへの愛着を断ち切れず、愛憎の間をゆれ動きその間にひき裂かれ血を流す。このような真理の異化自体とそれを蒙った自らの生がホセアにとって「語りえぬもの」となったのである。

他方ゴメルはどうか。彼女はホセアとは別な共同の生、愛を追い求めたようである。「愛人たちについて行こう。パンと水、羊毛と麻、オリーブ油と飲み物をくれるのは彼らだ」（二7）と語りつつ。

この言葉が示すように彼女は飽くことなく次々と複数の男性を追って彼らと結ばれ、そして別れた。それはゴメルが何か絶対的愛の占有を目指したこと、つまり自らが愛の絶対的支配者として自分の欲望に無限な愛を還元しようとしたことを示そう。けれども、有限な者の中に、絶対的無限なものを探そうという人間の傲慢な企ては、真理そのものの差異化・無化の働きの前に破れざるをえない。こうして破れた彼女の生は、彼女にとって語りえぬ謎となった。その彼女について、次の言葉を真理の声として聞くことができよう。「わたしは彼女の行く道を茨でふさぎ、石垣でさえぎり、道を見いだせないようにする。彼女は愛人の後を追っても追いつけず、尋ね求めても見いだせない」（二8－9）。そこにゴメルの企ての挫折、つまり真理の異化作用が生じたのであった。そのとき、彼女は最初の愛を想起し、そこに回帰しようとする。「初めの夫のもとに帰ろう。あのときは、今より幸せだった」（二9）と言って。

ここで「帰る」（'ashubâh）というヘブライ語は、本来真理に聞き従って在るときの在り方・自らの本分に「立ち返る」という意味で回心を意味する。それは傲慢からの解放ともいえよう。しかしそのときすでにゴメルは後にみるように、絶対的愛を求めて逆に愛されず蔑まれる身に、奴隷の身分に堕ちていた（三2）。それも真理の差異化であり、ゴメルはその差異の極みを身に蒙って生の辺境を歩み、何か到来してくること（事・言）を待望し続けていたのであろう。

他方愛を呪ったホセアはどのように差異化を蒙り生きたのだろうか。ホセアは「出エジプト」というイスラエル民族のエジプトにおける奴隷状態からの解放とその後の王朝設立およびその分裂などに関する伝承と出会ったに違いない。それは後代旧約聖書にまとめられる、エジプト脱出後神とかわしたシナイ契約とイスラエルによるその背反の歴史的ドラマを語る伝承である。その歴史的民族的ドラマを神（真理）の声としてホセアは受けとった。「まだ幼かったイスラエルをわたし（ヤハウェ）は愛した。エジプトから彼を呼び出し、わが子とした。わたしが彼らを呼び出したのに、彼らは私から去って行き（神との契約の無視）、バアル（パレスチナの豊饒を象徴する偶像の神名、主人という意味）に犠牲をささげ、偶像に香をたいた」（一一1－2）と。この契約関係をホセアは愛の契りと見、その民による裏切りを姦淫と象徴的に強く呼んだのは、ホセアが自分を民に裏切られたヤハウェに、ゴメルを裏切ったイスラエルの民に重ねて見ていることを示す。そうした神へのいわば感情移入や強く深い共鳴・一体感はどうして生じたのだろうか。その秘密は伝承が伝える神の姿にある。われわれは文字通りの伝承を知らないが、次のように煩悶し怒り愛するヤハウェの心を示すホセアの言葉からそれを洞察できる。

「わが民はかたくなにわたしに背いている。
たとえ彼らが天に向かって叫んでも、助け起こされることは決してない。
ああ、エフライムよ
お前を見捨てることができようか。
イスラエルよ
お前を引き渡すことができようか。
……
わたしは激しく心を動かされ
憐れみに胸を焼かれる。
わたしは、もはや怒りに燃えることなく
エフライムを再び滅ぼすことはしない。
わたしは神であり、人間ではない。
……怒りをもって臨みはしない」(一一7―9)。

ホセアが出会った右のようなヤハウェに関する伝承の言葉は、まさに真理(神)自体に生じている差異化・自己無化(ケノーシス)を告げている。すなわち、一般に真理は分裂・矛盾なき一であって、それ故多として生成変化するものを判断する際の、永遠不動な基準であると考えられているし、古代では神性とこの一なる真理は等しいとされた。けれども、このホセアが示す神は、いわば内的にイスラエルに対する憐れみ(racham)と憎しみ、愛(chesed)と正義(裁き)、後悔と怒りの間をゆれ動いている。この真理の自己矛盾・自己差異化こそ、実は「語りえぬもの」の中核に働いている。その真理自らの「語りえぬこと」にホセアはふれてゆく。それはどういうことであろうか。アブラハム・ヘッシェルはこの神の性格を無感動（apathos）でなく、他者・人間に関心をもつ感動（pathos）として洞察した。(5) 実際に憐れみと訳されるヘブライ語 racham の原義は、女性の子宮を意味し、その生命的な育みの性格から compassion, sympathy などの意味が派生したとされるが、それはこの真理なる神が、他者の運命をもその身に蒙って感受する pathos 的存在であることを示すといえる。そのことは真理が裁くことを歎き、正義の裁きを撤回して裏切った者を迎えとり、無感情な超越を破って他者の許におもむいて感動的に連帯しつつ、自同的存在を自己無化すること、真理自体が差異を含み、その差異の間・ずれを自ら蒙ることを通し、結局他者に面し自らの無・限を通し、限り無く開いてゆくことを示している。

ここで右の事態を「預言」という文学ジャンルと関係づけて語り直してみよう。

預言とは、ヘブライ文学にあっては、人間が神の言葉を預かること、その身に蒙ることを意味し、この言葉を預かって人間の言葉にして人々に語る者が預言者といわれる。そこでホセアの預言の場合、預言がヤハウェ神の言葉である視点からすると、それはヤハウェがどのように他者イスラエルに向けて預言的に自己脱自したのかを物語る物語として理解できよう。他方でそのヤハウェの物語を身に受けて預かったホセアは、自らそのヤハウェ物語を体現して「ヤハウェ物語」となる。すなわち、ホセアは自らゴメルとの関係で自閉する憎悪の言葉、自同・自閉のドラマから脱自して、いわば無から他者をになう物語を織りなしてゆく。そこにホセアの物語としての自己同一性が成り立ってゆくわけである。しかも、この自己同一性は脱自的であるので、実体的自己同一性ではなく、物語的ヤハウェ的自己同一性に外ならない。

それではヤハウェ的自己同一性とはどういうことであろうか。「ヤハウェ」という神名は、旧約文学においては存在動詞「ハーヤー」に由来するとされる。そこで後に詳細に述べるが、ヘブライ的存在は決して不動不変な実体的存在を意味するわけではない。むしろそれは不断に自己脱自する未完了態なのである。この点は特に「出エジプト記」三章14節の神名を考究することによって手がかりがえられる。そこで神ヤハウェは自らを「エフィエー」として示す。この「エフィエー」は一人称単数未完了態であって、存在の自己脱自性を示すといえる。サルトルが対自存在（l'être-pour-soi）を「在るところのものでは無く、無いところのもので在る」として定義するが、ハーヤー存在はその意味に近い。(6) しかしサルトルの対自存在（人間）は全き実存的自由として他の自由な対自存在と葛藤（conflit）関係に入り、他者をサディズム的に支配するか、あるいはマゾヒズム的に他に支配されるかして男女を典型とする人間関係は挫折せざるをえない。これに対し、ヤハウェ・ハーヤー存在は、「出エジプト記」三章の文脈では、無力で自由もない奴隷、つまり他者の叫びをきき、彼らの解放に向けて自己脱自し、歴史に関与し、他者に応えてゆく動態なのである。その意味で上述のヤハウェ的自己同一性は、「出エジプト記」で物語られ、物語の進行に従って他者と共に協働態を創り、そこで自己同一性を証しする。そのような他者的脱自的自己同一性といえるわけである。

右のようなハーヤーの言葉は、当然言葉自体が、不断に自己を差異化し他者をも異化しつつ在るハーヤーの言葉として、次々と新しい物語を創ってゆく。その物語は他者に関わる物語であり、彼と協働態を成す物語であり、未来に希投されて不断に変容する物語的自己同一性の形成といえる。その自己同一性の表現は従って脱自しゆく動態そのものおよびそれを絶対的に肯定する自由意志の根源的自己決定の道行きともいえよう。それは他者との創造的関与である以上、即倫理性を伴っている。こうしてホセアは、ハーヤーの言葉を預かって、自らハーヤー的存在として自己脱自し、新しい物語を他者、つまりゴメルと共に創り語ってゆくことになる。その語りの道行きがまた彼の物語的自己同一性の形成そのものに成るわけであり、「ホセア預言書」全体が彼の物語的同一性であるといえる。そしてそうした預言書を読んで、われわれもそこから言葉を預って他者と共に協働しつつ、自らのドラマを創作してゆくことができる。それはわれわれの物語的自己同一性の形成に外ならず、その自己同一性が恣意的独善的な形や、あるいは一切の価値を相対化する価値中立的な虚構あるいは他者なき非倫理的な投企（project）などに陥らないためには、常に自己脱自し他者の呼びかけに聴従し応えてゆくことが必要で、それこそ、このハーヤー的自己同一性を語る上での根本的条件なのである。さて以上のようなハーヤー存在や物語的自己同一性の道行きは、不断の差異化を伴っているのであり、実はわれわれがこれまで真理と呼んできた差異化的在り方に外ならない。

以上のような意味で、預言文学類型は、ハーヤーの体現、物語的自己同一性の形成、他者との協働的歩み、自己脱自と新たな地平への跳躍などの根本的諸動態を自らの特徴としていることが理解された。

それではホセアの預言は、具体的にどのように展開し、どんなストーリーを形成してゆくのであろうか。

この真理の具体的痛み（差異化）を洞察してホセアはゴメル事件の真相を自覚した。すなわち、ゴメルの裏切りとはこの真理の差異化に外ならず、それがそれまで自同的に愛を摑みそこに愛執していた自らの愛への固執を直撃したことを知った。しかもなお、自分の愛憎の絶望以前にすでに神・真理がその差異に生きたことを知り、その差異なる神のpathosに共鳴したのである。彼がsympathētikos、つまり存在の奥から存在全体をかけて共に蒙る人・共鳴的な人と呼ばれる由縁がそこにある（A・ヘッシェル）。従って共に蒙る人だからこそホセアは、ゴメル事件に神の裏切られつつ赦し迎える歴史を重ねて見ることができたわけである。そのことは、彼にとり差異を直接もたらしたゴメルを赦し迎えることの新しい地平が拓けたことだといえる。その新しい地平とは新しい言葉の誕生であり、それが曙光のように絶望していたホセアの闇の心を照らしホセア物語をパトスのパラダイムとして織りなし始める。

「行け、夫に愛されていながら姦淫する女を愛せよ。イスラエルの人々が他の神々に顔を向け、その干しぶどうの菓子を愛しても、主がなお彼らを愛されるように」。

ホセアはこの言葉に応えて、銀十五シェケルと、大麦一ホメルと一レクテを払って、奴隷となっていたゴメルを買い取った（三2）。このようにホセアはゴメルが彼を裏切ったという真理の差異化を通して、他者ゴメルと出会いうる愛を知ったといっても過言ではない。他方ゴメルも諸々の愛に破れ零落して初めて愛を知りえたといえる。そうした自己無化を通して二人の協働的生が実現してくる。ホセアはその第一歩を荒野から始めようと次のように語る。

「わたしは彼女をいざなって、荒野に導き、その心に語りかけよう。そのところで、わたしはぶどう園を与え、アコル（苦悩）の谷を希望の門として与える。そこで、彼女はわたしにこたえる。おとめであったとき、エジプトの地から上ってきた日のように」（二16－17）。

さてそれでは荒野とは何を象徴するのであろうか。

それはまず死と不毛の地であり、人間的文化や活動が死滅する地である。だからイスラエルの民がかつて仕えた偶像「バアル神」さえ存在しえない場所である。次に出エジプトの民が放浪し新生した荒野を象徴する。だからそれは裏切りの歴史を没にして神とイスラエルの新しい契約を結ぶ終末論的な場であり、ことが新たに始まる無の場ともいえよう。そうした歴史的背景を考慮しつつ今日的に言いかえれば、荒野とは人間の文明、つまり人間の主我的支配的な知が自然や生をそのカテゴリーや言語記号に還元して改造した人間中心的な空間とは異なる、還元主義の効かない無の場ともいえよう。以上のことを、ホセアとゴメルとの類比においてさらに言いかえれば、荒野とは正にヤハウェ神がもたらす差異化・自己無化の場、辺境であって、それは無の場だからこそそこに新しい創造的ドラマが展開しうるような無・限な地平であるといえる。それは具体的にホセアとゴメルの上にどのようなドラマをもたらすのであろうか。

一つはそこでホセアがゴメルに語りかけ、ゴメルが最初の愛に燃え上がったおとめのように応えるドラマである。そこでは愛を支配しようという自己存在の固執（E・レヴィナス流に語れば、conatus essendi）は影をひそめ、そしてやり直しようもない程に絶望したホセアが裏切りの過去を無化してやり直しの語りを始め、それに対面しておとめになりようもないゴメルがおとめのように応え、互いに無化を経た者相互の協働態、つまり新たな仕方での男・女の契約関係を創造するドラマが始まる。だからそこでは愛の苦悩（アコル）が希望に変容し、歴史の不可逆的流れが逆転するという新しい創造的出来事が起こるのである。

このような神の差異化を経た愛の新たな契《ちぎ》りのヴィジョンは、恐らくホセアの影響をうけたと思われるエレミヤの「新しい契約」預言に結晶化してくる（「エレミヤ」三一31－34）。今はその内容に立ち入る余裕はないが、その後のユダヤ共同体の歴史が、その人間的傲慢と真理への聴従の象徴としてホセアとゴメルの協働的生の歩みを暗示しているように思えてならない(7)。

ヤハウェ神・真理の差異化が個々の共同体や人々の中にどのように実現され、どのように人間の存在への固執、つまり一切を自己中心的に限る意志を超越するかをレヴィナスは無限者（L'Infini）という理性の本有観念（idea innata）を用いて説明しているので、今はその点に言及して類比的にホセアのドラマ理解の一助としたい。彼によると、人間は無・限者（In-fini）の観念を有する。その場合、人間という有限者（le fini）の中に（in）、無・限が孕まれていること（concept）になる。その際、それだけであれば無限者は有限者の中にとり込まれ、有限者の限る働きに同化され何ら彼の存在努力に衝撃を与えないで了ってしまう。しかし限りを無化とする無・限者は、有限者(le fini)の内に孕まれつつその中から有限者を否定超出する。その突破的動態として、In-fini の In は否定の意味に変容する。(8) 以上のような無限者の分析から、それは自同的存在のうちに無化をもたらし、それをその存在への固執から反転させその「外」へ、さらに言えば他者の邂逅に超出させる。しかもこの無・限者が、思索する者にすでに本有的に孕まれているということは、無限者がすでに常に有限者の間・中に働いて差異をもたらしているということを示そう。

このように無限者は、真理・ヤハウェ的存在としてホセア・ゴメルの安隠な自足的な生と彼らの愛の支配領域に異化をもたらした。すなわちホセアはゴメルに裏切られ、ゴメルは情人たちに裏切られてその生は無と化したのである。その自己無化の辺境において、そのおかげで彼らは灼熱の「外」にさらされて身を焼かれ、初めのときのように、愛の異化を経て初めて荒野で新しい共同の生を語り合うことができたといえよう。そのときのよろこびと希望を、sympathētikos の人ホセアは、ヤハウェ神の pathos を蒙ってその口をかりて次のように歌いあげている。

「わたしは背く彼らをいやし、
喜んで彼らを愛する。
まことに、わたしの怒りは彼らを離れ去った。
露のようにわたしはイスラエルに臨み、
彼は百合のように花咲き、
レバノンの杉のように根を張る。
その若枝は広がり、オリーブのように美しく、レバノンの杉のように香る。

その陰に宿る人々は再び、麦のように育ち、ぶどうのように花咲く」（一四5－8）。
以上の意味でホセアの生と言は、「無」を語る花であり、荒野に咲き出た百合であった。

## むすび　語られざる真理の声をきく

語りえぬ真理を語ることは、誰にでもできることではない。それどころか、語ろうとして語りえず、遂には言葉・語りの犠牲となった幾百万、幾億の詩人、哲学者、文人、芸術家がいるのであろうか。実にそれ故、語りえぬ真理を語ることは、人がどのような仕方で真理・語られざるものの前に立ちあるいは背面にまわって、黙しそして語ろうとすべきなのか、という問いを含んでいる。

われわれはこの点について、どのように先人オイディプスとホセアに学ぶことができるのであろうか。

以上の問いがこの「むすびとひらき」の思索の基調をなす。それはどういう応えを呼び起こし、どんな地平を披くのであろうか。われわれは真理が語られ顕現しその語り・顕現の様態が真理を同時に語られない処に隠すという風に、真理とは顕現と隠れの差異であり、ずれであり、間であり、その意味で自らの存在充溢と同一性の無化であり、ハーヤー的存在であることを語った。その上でその差異化がわれわれの存在と生にも異化的事件や異言として起こることを洞察した。それはまた同時に真理が人の自己存在追求の自同的生を破り、異化をもたらし、無限として他者との邂逅の機縁となることをも学んだ。従って、その際、人間がもし自分の実体的自己同一的存在に固執し、真理の自己無化とさらにそれがわれわれの生とその文脈を差異化することを忘れ、逆に自分のこと(事・言)だけにかまけて真理をそこに還元し、それに伴って他者のこと一切をそこに還元するとき、自らの固執する存在の自同的王国を、文明の名の下に構築する。それは他者の支配・征服であり、自らの文明の利益・進歩のための世界改造であるとも言える。それが人間の傲慢（hybris）であった。その傲慢が人の生を悲劇に導くことを『オイディプス王』物語は告げている。すなわち、その物語の中心的筋立て（intrigue）は、この真理の差異化をうけて「自分自身」の探究、新しい物語の創作、問答法による神託的運命の逆転などを試みず、むしろ逆に先手をうって自己の「存在の故郷」を護ろうとし、真理が送りつけてきた差異的な運命を予知しそれに対処し、運命に対し自同的王的体制を確固としたものにし、全知全能の支配者になろうとした人々（オイディプス、ライオスなど）の陰謀（intrigue）であり、また真理が巧妙に仕掛けた語りのドラマである。だから真理はこの物語を通して、人間の知がいわばアプリオリに孕む傲慢を示してくれたのである。そして人間がその予知の罠に見事にひっかかることも、真理の陰謀であるのだが、それによってむしろ人は真理の差異化に開眼し、自らの運命を担って差異の間を新たな言葉を求めて旅することが促されているというのも、物語の最終部とその続篇『コロノスのオイディプス』が暗示するところであった。以上の意味で『オイディプス王』の悲劇は、人間の知がひたすら進歩と文明の名の下に築いてきた今日の科学技術的世界像への警鐘となっている。

他方『ホセア』物語は、ヤハウェが送りつける真理の差異化に開眼し新しい愛（chesed）という言葉やハーヤー的存在の地平を見出した筋立てをもつ。すなわち、そこでは秘められ語られず摑みえない愛を摑み所有し実体的存在の固執に生きようとし（ホセアによるゴメルの私有、ゴメルによる情人への愛執）、その結果、破綻した人の群像（ホセア、ゴメル、イスラエルの民）が登場した。だからその物語は、愛の傲慢、他者の私有化（appropriation）をめぐる悲劇を発端とした。しかしホセア物語には、ホセアがこの悲劇、つまり自らの愛の苦悩をヤハウェ神のハーヤー的存在差異化としてうけとめたこと、それだけでなくヤハウェ自身が、ホセア以前に常にイスラエルに裏切られ、苦悩と希望の差異を生きたパトスの神であること、この希望と苦悩の差異をヤハウェがさらに異化し超出し他者であるイスラエルを迎えることの感動が脈打っている。

こうして真理自らの差異化を愛として共に感動したホセアは、自らの自同的存在の中からゆり動かされ、ハーヤー的存在を体現してついに他者ゴメルを迎えるまでに自らを超出したのである。そのとき、彼は共感動的な(sympathētikos) 人間像に作品化されたといえる。それは新たな愛（ヘセド）というダーバール的こと（言・事）の誕生であり、協働的空間（結婚や契約協働態など）の拓けであった。それではそのことは、今日のわれわれにどのようなことを示し促すのであろうか。

それは「こと」の差異化に注目しそこに参究することであろう。

まずわれわれには言としての「こと」の差異化に参究する道が拓けていると思われる。というのも、知の支配は何か一義的情報伝達言語によって真理を摑み伝えその普遍化に務めつつ、文明のある物質的現実、物理科学的世界像を無限にひろげることができると考える。それは隠れ語られざる真理をそうした文明とその言語に還元し、あるいは逆に語られざるものを覆い抹消してしまう。そこでわれわれは言語の多様なジャンル、すなわち日常言語、文学芸術、神託、科学、哲学、宗教さらには預言などの言葉を真理の差異化としてそこに学びつつ限りある自らの言語とその意味作用を突破・超出してゆくよう呼びかけられているといえよう。勿論、言語ジャンルの細分化は、真理の差異化によって無限に続きうる。例えば同一の思想ジャンルでも、ギリシア、ヘブライ、ラテン、英独仏また東洋やイスラムなどの思想の差異化があり、存在論的ジャンル一つ取りあげてみてもそこに様々な異なる言挙げが見出される。このような言語の差異を考究しつつ、そのジャンル間の間を辿ることが新たな言語の誕生とそれによる他者に向けての自己超出の機縁となると思われる。

以上のテキスト・言葉の差異化からの学びと一応区別される形で、次に事としての「こと」の差異化の学びに注目できよう。というのも、われわれの生は様々な出来事によって異化され、われわれは人生の道行きの挫折・破れ、希望や成功、苦悩や愛の出来事を蒙りつつ生きざるをえないからである。そのことはさらに異民族、異文化、異なった宗教などの差異化を、すでにわれわれの生の文脈として生きていることを想起させる。このようにして人間は棲み狎れた自同的存在地平（個人やそれをとりまく文化など）、自分自身やあるシステムや体制、結局「存在の故郷」から出て否応なくその辺境に赴いてそこを放浪・漂泊せざるをえない。しかもその辺境をすぐさま越境すれば、不毛な死に至る砂漠が限りなく続き死す外にないこと、限りあるこの身をも自覚し、文明と砂漠との辺境を辿るということを蒙って生きざるをえない。それが人の自己無化とハーヤー的自己超出、そして他者との邂逅の地平を披くことであろう。

実際に人間が語られざるものを語りつつ、また語りつつ語られざるものの前で沈黙する者であることは、真理がもたらすこと(言・事)の差異化の無・間をひきうけ、そこで新たな物語を共に創ってゆく、故郷なき漂泊者であることを示している。

オイディプスもホセアも生の辺境を歩み自らハーヤー存在となって、荒野に物語の花を咲かせ、「無」を語る花になって今日のわれわれに語られざる真理を通し、新しい「はじまりと語り」の一歩を語っている。(9)

# 第二章　はじまりと語り

はじまるということは、「新しくはじまる」というまでもなく、直截に新しさを含意している。その新しさは、新しい以上、「すでに在るものごと」を再編成したりあるいは突破・超越しているのでなければならない。そして単に突破するだけでなく、すでに在るものごとの「外に」、新たなものごとをはじめているのでなければなるまい。さらにはじまりが、人間であるわたしにとって問われる限り、それは言葉と不可分の関係にあるというだけでなく、もっとふみ込んでいえば言葉によってはじまるとも新たな言葉がはじまるともいえよう。

すなわち、はじまりは、新たに語り（書き）はじめる、あるいは語り（読み）直すこと、つまり言葉の誕生によって始動する。激しく語る例をとれば、檄を飛ばす、革命演説をする、また時代を画する独立宣言をする、あるいは新法を発布する（聖徳太子の一七条憲法、新憲法など）、さらに様々の例をとれば宣教や文学創作、結婚の誓い、自然科学の新法則の発見（ビッグバン、遺伝子配列など）、あるいは浄土教史上で善導、法然などがなした浄土教典の読み（語り）直し、新しい象徴系の創出、説得など、これら言(事)はじめを始動する言葉に関し枚挙にいとまがない。こうして如上の例から考えると新しく語ることは、新たに在りはじめることを始動しそれに止まらずに主導し成就させるということが理解できよう。

そのことはしかし、すでに語られて在ることに対し、あるいはそのことに関連し深刻な問題を引き起こす。ここではその問題に連動する二点にしぼって簡単に考察してみよう。

その一点は、新しく語り在りはじめることは、すでに語られて在ることの中ではじまる以上、容易でないというばかりでなく、不可能ではないか、という問題である。第二点は、すでに語られて在ることの中で、それに対してどのように新しく語り始めうるか、という突破、開放、超越の手がかりに関わる問題である。というのも、まず第一点についていえば、すでに語られて在ることは、われわれが言葉によって築きあげた社会・組織であり、伝統・歴史でもあり、文化の諸形態であり、経済的巨大市場と体制であり、さらに個人の発達史であり、今かく在る自己自身でもあるからだ。そこでは文化的象徴言語、科学的記号、交換価値（貨幣などの物言語）、教育的言語などが、それなりの強力な構造・システムあるいは因果的世界、習慣的社会などの、異を排除する自同的存在を築きあげて異端的反システム的運動を許さないだけでなく、新しい表象や言語と思われる語りさえその自同的表象や存在に再回収・同化してしまうからだ。

第二点に関していえば、第一点の帰結として新たな言(事)はじめである語りは、当然如上のシステム内に封じ込められる。あるいは語りはじめたとしてもその語りは、旧来のすでに語られて在ること（意味世界、システム、権力体制）にとっては、余剰な言葉であり、無意味であり、徹底的に異なること、いわば無である。そうである以上、人々に聞かれ読まれ、システムをゆるがす衝撃も与えず、幻想・夢幻として消滅してゆかざるをえまい。それでもそうした自同的語りとシステムをその内から裂きその裂開に立って「外に」新たにはじめることは全く不可能なのであろうか。

このわれわれの問いは、はじまりとは自同的存在の機構の外に新たに語り在りはじめることとして、新たに異様に語る他者との何らかの出会いの予感を伴っている。従って、如上の二点をふまえつつ、われわれの考究は、意味や権力のシステムの無化およびそれと同時的に他者との邂逅に関わる新たな語りと在り方をめぐるのである。そのために、本論はまず、われわれと同様な問いをそこにおいて見出しうる三人の先達、F・ソシュール、P・リクール、E・レヴィナスの言語論的トポスである新たな語り口を簡単に示し、それを参照しつつさらにH・アレントの手引きによってヘブライ的「創世記」テキストのはじまりに関わる語り口を考究して、如上の問いに可能性をひろげてゆきたい。

## 一　F・ソシュール

ソシュールは、一切の人間的システム、文化、構造の根源的モデルを言語と考える。それに拠って後の構造主義はこのモデルを深層的心理（ラカン）、未開社会（レヴィ・ストロース）、マルクス主義的経済構造（アルチュセール）など非言語系システムに応用したわけであるが、そのことは語ることが構造的存在を在らしめること、在ることを構成するということを示唆するといえよう。

そこでソシュールがいう言語の構造を次の五つの視点から考察し、彼において新しく語りそれによって在りはじめるものごとの構造・特徴を調べ、はじまりの地平の可能性を探ってみたい。

第一に彼は発話・語り（parole）と言語（langue）と言語能力（langage）を区別する。そして言語学の対象を一過性の発語行為であるparoleでも、人間の象徴化や抽象化能力である潜在的なlangageでもなく、それ自らのコードをもった制度としての具体的国語（日本語、英語等の言語）、つまりlangueであるとする。その際、当然parole というメッセージ行為は、langue のコードに則ってなされ、逆にまたlangueは、parole がlangue コードを私的実存的に使用した時に産出する意味的付加を自らの構造に沈澱同化してゆく。このparoleによる新しい意味の生成がどのように言語構造内で可能であるかは大きな問題である。いずれにせよ、そうしたlangueとparoleとの相互的関係を忘れてはならない。

それにしても言語が学の対象となることはさらに何を意味するのか、ソシュールの周知のチェス・ゲームの譬えを手がかりにして次にそのことを考察しよう。

「おのおのの駒の価値は、駒ごとに固有の価値というよりは、むしろ諸条件の複合である一つの体系〔全体（集合）〕から出ている。チェス・ゲームの歴史を画することのできたもののなかで、内的または外的であるものが、かなりはっきりとわかるだろう。こうして、それのペルシャからヨーロッパへの移入は外的であり、かりに何かを示す用語のたぐいが、これこれの起源であるとするばあいも同様である。ひとり内的なのは、体系に関係しているものである。……たとえば、かりに駒が象牙製、または木製であるとしても、それは体系にはどちらでもよいのであり、したがって外部的である。かりに役駒を一つ、あるいは枡目の列を一つ加え入れるとすれば、これは体系にとって重要であり、内部的である。……内部的であるとは、諸価値を何らかの一階梯で変えることになりがちであるもの、ということである。ひるがえせば、それぞれの外的事実は、理論にとって、それが諸価値を変えることのできる範囲内でしか考察すべきではない、ということである(1)」

右のチェス・ゲームの譬えから第二の言語的特徴として、その関係的システム性が挙げられる。すなわち、チェスの駒がゲーム・システムの中で他の役駒との差異・対立からその役割・価値・意味をもつように、言葉・言語単位である辞項は、システム内の他の辞項との差異・対立から価値・意味を帯びるということである。このことはウィトゲンシュタインの言語ゲーム論における「言葉の意味はその使用」という考えと対比しうる。そこでは言葉がそれ自ら体系外の実在・事物を指示する機能は否定される。この第二の特徴は次のような語記号（signe）の質料的表現面（signifiant）と意味内容（signifié）に関する、第三の言語論的特徴を生み出す。すなわち、チェスの駒の材質はそれだけでは駒の価値やゲームを変化させない（非関与性）。他方でゲームの駒の相関的差異性こそ、その価値やさらにゲーム自体を変化させる（関与性）。しかしそれは恣意的である。そのように語記号の表現面と意味内容との区別や結合は言語の分節化によって生ずる偶然的恣意的現象である。語記号の差異性の変化こそ、その価値やゲーム全体の変容に関与するが、それは恣意的である。また語記号の表現面だけでは言語システムの変化に何ら関与しない。こうして言語システム内の辞項・語記号関係および語記号の表現面と意味内容との関係・区別は恣意的（arbitraire）とされる。この点は言語の第四の特徴に連動する。すなわち、理論・言語学の対象はあくまで共時的なシステムとしての言語構造だということである。それはチェスがペルシャからヨーロッパに移入されたことが、チェス・ゲームの構造や諸価値に直接影響しない意味で外的・非関与的であるように、言語の通時的歴史的変化を言語にとって非関与的非本質的なこととして示す。言語の通時性とはその際、この言語システムが断面として不連続的に変化連動する連続を意味し、だからそれがシステムの「価値関係を変えうる範囲でのみ参照」研究されるにすぎない。そこではヘーゲル的な動的歴史的な法則における発展・影響の思想は排除されてくる。あくまで言語は静的空間的システムとしての恣意的構造なのである。

さて記号はそれ自体が無意味で、システムこそ差異の網の目をはりめぐらし、それを記号的関係として有意味化し構造化している。その際、言語内では言述（discours）における二つの主要な構造的契機や関係が見出されてくる。すなわち、連辞的・統辞的関係（rapport syntagmatique）と連合的関係（rapport associatif）とである。前者は言述の顕在的な線状的構造面であって、命題でいえばS→Pの方位で表わされよう。後者は言述の潜在的な記号の沈澱層であって、命題でいえばS記号と結合しうる結合価（valence）をもつ記号P群であって、同義語のみならず反義語も加えられる。例えば、花というSに関し、咲く、開く、笑う、こぼれるなどの同義的P群の中から「笑う」が、しぼむ、わずらう、かなしむ、くちるなどの反義語との対比の上で選ばれ、「花が笑む《え》」という言述を構成する。従って統辞機能は、結合能力であるのに対して、連合機能は選択能力といえる。後に考察をゆずるが、はじまりの考究にとって言語のこの第五の特徴は大いに注目される。

以上のようなソシュール言語論において、どのように「新しく語り新しく在りはじめ」うるのであろうか、またどこに言語システムに同化されないその〈外〉の他者との邂逅の場が拓けるのであろうか、疑問は尽きない。P・リクールなどは、やはり如上の疑問を背景に次のような構造主義的言語論に対して批判をくりひろげる。(2)

第一にlangue中心の研究は、実存的で一回的な発語や言述であるparole, discoursへの注目を抹消する。従って第二に、言語のシステム的理解は、そこから苦悩し希望し新しく語って生をはじめようとする自己・人間主体を除外する。第三に、言語システム論および記号の非指示的性格は、記号宇宙の閉域（la clôture de l'univers des signes）を自己の空間とするゆえ、辞書のように言葉が言葉を次々と指示するのみで、現実世界への超出性はもたない。この点を歴史的観点から見直すと第四に、共時的なシステムは、クロノス的な通時性と対比されるだけだが、一期一会を核とするカイロス的歴史性とは無縁である。最後に恣意的な言語システムが、日常生活を支配しそこに人が棲み狎れる結果、実体化され（文化や権力構造を構築し）、その物象的世界が幻想共同体に変貌する。そういう危険性をこの言語システムは如実に示している。(3)

以上の批判や危険性にも拘わらず、われわれは「はじまりと他者との邂逅」の手がかりをこの言語態に探ってみよう。それは言語の二大構成要素である「記号を選び結びあわせる」言語関係態、統辞と連合関係の異常事態（もしそういうことがあるなら）に見出せるのではないか。それはどういうことであろうか。それは、命題「SはPである」においてS・Pの結合価にも拘らず、Sに異様なP′が、Pに異様なS′が結合するときである。そのときこそ「新しい言分け」がはじまらないであろうか。そう問うてみることができる。そのことを次に考究してゆこう。

これは　うのはながきだ――――A

これは　卯花墻《ウノハナガキ》だ――――B

AとBのparoleは、統辞形としては全く区別がつかない。Aは文字通りの卯花の垣根である。しかし、Bが国宝の志野茶碗への命名文であるとすれば、その場合述語記号は「茶道文化」「陶器の歴史」に新しいはじまりを起こしていることになる。この箱書に「やまさとのうのはな　かきのなかつみち　ゆきふみわけし　こゝちこそすれ」と書き付せば、既成の日常が破れ新しい文化が胎動してゆく。すなわち、すでに語られてほとんど実体的に習慣化されて在るAの日常世界が破れそこに新しい声・言が息吹き、Aの外にB文化が現出しはじめたわけで、それは新たなS・P結合に拠ったのである。

このぶどう酒は　こはく色に輝く――C

このぶどう酒は　キリストの血だ――D

この例にあっても、Cはすでに語られて在る棲み狎れた習慣的世界の記号結合とそれが織りなす自同的日常である。そのS・P結合が切断され、新たにD文のようにP′が結合されたとき、全く新しい言・事はじめとなる。すなわち、歴史的キリスト教の中心となる聖餐式と協働態のはじまりである。(4)

今度はPよりもむしろ新しい言語記号Sに関わる。

イチローは　球界のメシアだ――――E

大工の子イエスは　メシアだ――――F

Eはごくふつうに語られる象徴的な語り口で日常それ程劇的作用をおよぼすわけではない。しかしFが語られてゆくとき（「マルコ」八29）、それはローマ史上のドラマとなり欧州のキリスト教的性格を決定する言・事はじめとなる。今日では一般に信仰告白として用いられるが、やはり特異なメッセージであろう。新たなS・P結合の生起の由縁である。

かすみ目は　空華を見る――――G

正法眼は　空華を見る――――H

Gは、かすみ目が日常現実内に幻想的現象を見ることを意味する。だからGは、幻想－現実、主観－客観、非実在－実在などの二分法的世界観を前提とし、そこに人はすでに棲み、そこでの言語コードを用いて語っているので、空華現象を奇異なこととうけとる日常を示している。しかし、道元が「空華を見る」といえば、一切は実体なき縁起による生起であると見、その見ることも縁起であることを語るのである。そうである以上、一切は、見るもの――見られるものも含め実体なき空華に外ならない。その意味での空華は、Gの空華の思いおよぶ範囲になく、それを含めた外に限りなく自由な（つまり、実体に執着することなき）世界を言・事抜く。それは実体世界が新しい言葉において息吹かれ流動化し転回する全きはじまりである。

以上は統辞と連合構造からシステム内に、新たなparoleが生じ、それが新しい記号価値となる次第の考察であり、言語システムや世界の再布置化の新たなはじまりであるともいえる。けれども、ソシュール的言語論の場合、こうしたparoleの産み出す諸価値や、既成の差異の再布置化は結局巨大な言語システムに吸収され、その「外」に他者との邂逅を常に新鮮にもたらしうる言語的力や行為がどのように働き出し続けるか、それは問題として残らざるをえない。これに加え、新たなS・P記号結合が、システム内でどのような根拠で生じてくるのか、あるいはそもそもシステムでシステムの内的異変を説明できるのかとの問いも残る。その異変の根拠をlangageというシンボル化能力に求めることもできまい。そのような考えは、能力論的一般的な仮説に終わるからであり、むしろわれわれは構造的言語論そのものが扱いえないparoleやdiscoursという「自己」の語りをはずせない地点で「はじまり」という言・事の真相を参究しなければなるまい。その「自己」の語りにこそ他者は介入してくるのではないかと問いつつ。以上のようにソシュールにおいてつみ残された問いに挑戦すべく、次にP・リクールの言述（discours）論を考察してゆこう。

## 二　P・リクール

リクールは、信じ苦悩し希望する自己が語り、新たな可能性にかけて在りうる発語言述と意味論的世界を問題とする。それから彼は、従来の記号論と新たな意味論を区別する。すなわち、言述（parole）を言語の出来事（événement du langage）と考え、コードの言語学からメッセージの言語論に移行する。しかし、了解は一回的出来事自体でなく、出来事の意味を求める。そこに言述においてそれが含む出来事と意味、唯一回的現場的発語と普遍的可能的意味世界との逆説・矛盾が問われる。リクールは、結論からいえばこの矛盾を次のように説明し解明している。つまり、意味において出来事は超出されるが、他方で出来事は瞬時なこととして消えるとしても、同一の意味として保たれる、と。それは一体どのようなことなのであろうか。

まず言述（メッセージの言語論）とコード系言語（langue）を比較してみよう。その際、リクールは言述を記号ではなくまず出来事として、次に意味として理解する点に注意したい。

(I)、㋑、言述は顕在的で時間的出来事であるのに対し、langue 記号系は潜在的で時間的出来事に直接関わらない。㋺、言述は指示により話者を示すが、langue は語る主体や parole に直接関わらない。㋩、言述は世界現実を指示し、そこに超出するが、langue の世界は記号関係の相互指示的閉域である。㊁、言述はメッセージを分かちあう聞き手をもつが、langue はコミュニケーションにコードを供給する条件である。以上のような langue に対する言述の特色、㋑、㋺、㋩、㊁は、言述の出来事としての側面を構成する。誰かがある人にあることを語るとき何かが起こる、からである。しかし以上の言述の出来事面は決してその意味論的側面を構成しない。それでは言述の意味論的面を考察するとき、再び構造主義的意味論にもどって言述の意味論を再考しなければならないのか。

右の問いに応える形で、リクールは、出来事は意味に超出するといい、出来事と意味のそうした関係は、parole 的発話や語りが、書きもの（écriture）に移るとき典型的に理解されるという。つまり、出来事と意味の分離および意味の指示への止場がエクリテュールにおいて見事に顕在化するというのである。それでは次に対話的語りと対比させつつ、エクリテュールの特質に検討を加えつつ言述における「はじまり」を参究してゆこう。

(II)、㋑、語ることが書き記されるとき、われわれは多彩な音声や表情、身ぶり手ぶりの代わりに、紙、羊皮紙、竹、パピルスなどへの刻字（inscription）に直面する。今や書記行為の伝達手段として刻字は、言述を固定化する。固定化されるのは出来事としての言述ではなく「語られたこと」（le dit）、つまり言述の意味である。こうして言述の出来事と意味の分離がはじまる。

㋺、言述は指示詞で語り手を示し、その際、語り手の意味志向（意図）と語り・言述の意味は重なる。しかしエクリテュールにおいては著者の意味志向とテキストの意味は重ならない。なぜなら、著者からテキストが時と所を経て遠ざかるに従ってテキストは自律し、その意味理解も時と所で異なって処理されるようになるからである。それはテキストの著者に対する分離・疎隔（distanciation）のはじまりともいえる。

(ハ)、このテキストの自律は同時に読者が時空をこえて誰にも及ぶという普遍化と連動する。つまり、発話の場合に聞き手は、眼前のあなた・汝なのに対し、書物の場合、潜在的に誰でも読める未知の読者となる。このことは書物が対話状況・現場性の狭さから解放されることを意味する。解釈学が対話の終わる場ではじまるというのもその意味である。こうして出来事としての言述と受け手の疎隔はテキストを読むことにおいて決定的となる。

(ニ)、最後に指示の問題が浮上する。リクールによると対話における口頭の指示ができるのは、ある単一の実在を示す指示標識が対話者たちの共通の状況にあって、特定する記述や明示的指示詞をこの単一実体の hic et nunc へ向けそれを同定する媒介になりうるからである。ところが、エクリテュールの指示においては、明示的指示詞や特定記述は依然対象を同定しえても、肝心の対話状況とそれが含む指示標識を喪ってしまうので、同定と指示標識の間に疎隔が生じざるをえない。つまり、テキストでは著者と読者の対話状況、固定する文学伝達手段による直示の可能性、特定の相手などが喪われ、指示は宙をさまようかにみえる。それは言いかえれば、エクリテュールが文字標識により、口頭の身ぶり手ぶりという身体的標識やそれによる著者の志向、それに対する読者の直接的応答、両者の対話、直示的状況などの狭い境界（hic et nunc）や指示範囲を解放し拡大することを意味しよう。それでは指示の拡大は、現場性と対話的発展を喪った空疎なものなのか。リクールはここに虚構の物語文学の例を挙げる。すなわち、詩などの虚構は明示的で記述的な指示を犠牲にし、いわば自律的なメッセージや意味空間を想像上の眼前に展開する。その指示方法は、象徴言語が展開するようにある「世界」の拓開をもたらすといえる。それは新しい存在様式を示す世界であり、世界の提案であり、何かのはじまりなのだという。

以上のようにリクールはエクリテュールの自律性が披く世界を積極的に説く。(5) その際、プラトン以来のエクリテュール批判をも超克しようとする。それはどのようなことなのであろうか。

プラトンが『パイドロス』の中でソクラテスに次のように語らせていることは周知のことである。つまり、エクリテュールは絵画・肖像画に似ている。生きた人間のような顔をしているが、そこで表現されていることについて問うても「いつもただ一つの合図をするにすぎない」。従ってその合図は無意味な同一性である。次にその読者は誰でもよく、対話は成立しない。さらにその表現について論争が起こると、自力では何も語り答えず、父親(著者)の助けを必要とする私生児みたいなものだ、という。このような不毛なエクリテュールに対し、プラトンは語る人が自己弁護でき、聞き手の魂に真理を書き込むディアレクティケーの言葉を正嫡子にたとえ、エクリテュールをディアレクティケーの種子的ロゴスの影にみたてたのである。これに対し、リクールはプラトンのエクリテュール=絵画肖像論を逆手にとって反駁しはじめる。すなわち、絵画が視覚的アルファベットを用いて二次元の狭いカンバス上に宇宙をとらえその意味を増幅し、再生でも生産でもない変容《メタモルフォーシス》を生み出し、そうした肖像的増幅によって原物以上の世界を創出するように、エクリテュールも文字を書くことによって肖像的増幅を創出する。その増幅されたテキストの世界こそ、物語作品、文字ジャンルに外ならない。ここにおいてlangueの記号から記号へのロンド(ronde)を超え、対話的言述の明示的指示をも棄て、エクリテュールは現実的指示なき文字を、つまり旧来の世界の解体による新しい世界をテキストの前に展開し、解釈を誘う。ここまでリクールに誘導されてわれわれは今や新しいテキスト世界とその解釈というリクール言語論のキーワードを参究しなければならない地点に達したのである。

langueは言述の出来事へと超出し、その出来事はさらに了解のプロセスに入ると共に意味へと超出する。そのことはエクリテュール（テキスト化）において典型的に示された。しかもその際テキストの意味は、テキストの指示の側にあった。テキストの指示は、対話的言述のように直示的でなく、著者や読者の状況性を無化するような暗示的可能的な総合的指示である。テキスト了解とは「意味から指示へ向かう動き、つまりテキストが語ることから、テキストが言及することがらへ動くことである」。こうしてテキストの意味と指示が同化し、解釈者の前にテキストが展開する新しい世界、つまりテキストのことがら（Sache）が拓ける。そこでテキストの意味に従って、意味の矢のあとを追い、意味を占有（appropriation）することは、解釈者がこの新しい世界に自らを企望することであり、そうである以上、解釈的占有の内実は自同的自我の無化・放棄（désappropriation）に外ならない。そこでそもそも解釈者がテキストのことがらに自らをさらしてゆくという自己無化がどうして可能なのかが問われ、そこに自同的存在に息吹きそこを空とし突破するプネウマが予感されるわけであるが、それは後の考究にまかせることとしよう。今は次の問いを一応投げかけておこう。すなわち、解釈者のテキストのことがらへの企望・自己無化とはどういうことかという問いを。この点に関し、リクールは聖書テキストの解釈例をよく用いている。

テキストのことがらとは、世界の提案であるという。聖書テキストでは例えば、新しい契約、神の国、復活などである。それらは、聖書が読む人の前に展開する新しいことはじめであって、宇宙的、協働態的、歴史文化的、人格的な多様な次元を拔き、読む人はそこに企望するわけである。「神の国は近づいた」（「マルコ」一―15）は、そうしたことはじめであり、人々に対する企望の呼びかけの言述であったし、今日もテクストとしてそうしたことはじめ・呼びかけであり続ける。しかし人はその呼びかけに応えず自閉しうる。この自閉を拔くには、さらなる考究が必要となろう。

これまでのところ、リクールにおいてparole的言説は、客観的な意味理解を媒介として、実存的了解・企望に止揚され、その際、意味の占有が自己放棄という仕方で、新しい実存のはじまりを拔く、とされた。そこでは、システム的自同的言語をつき破り、その〈外〉に新しいはじまり、自同と異なる他の地平を拔く（プネウマ的）他者の介入が考えられなければならない。

だがしかし、リクールのいう他の地平は一方で非常に温かい人間の顔がのぞくのであるが、他方でそこにはなぜかアウシュヴィッツに耐えうる現実の他者の顔がみえない。あるいは顔が突如として「殺さないで」と叫びつつ到来する現実がよくみえないという問いが生ぜざるをえないのである。それには、リクールのいうテキストの世界が、何よりも実在的可能的世界、意味的世界であるからという理由もあろう。だが、すでに構成され結晶化された意味世界に、他者が現われるときは、すでにそれは他者の面影をひきずっていても結局同化された他だから、という理由に落着する。そこで、リクールの他者性の意味を、さらに明らかにするために、彼の主体性の成立と他者との関係を吟味してみたい。

P・リクール哲学の核心は、「行動し受苦する主体」（soi-même agissant et souffrant, p. 35）の確立にあると思われる。そのために彼は、まず分析哲学を用いて人間的主体の客観化された諸形態を明らめようとし、言語、行為、物語、倫理の諸領域を考察する。その考察を通して、自己（soi）としての主体へ新たに回帰するという反省哲学の手法を採用する。

その分析哲学と反省哲学が見事に結合して、長い分析的思索の迂回路を経た後に主体が豊かな自己認識に到達するという探究が結晶化したのが、リクールの集大成的倫理的著作『他者のような自己自身』（Soi-même comme un autre）であるといえる。そこで今やわれわれは、リクールの主体性の哲学にとって他者がどのような位置を占めるのかという問いを、この主著に依ってさらに参究したいと思う。

そこで自己以外の他者によって触発される自己の特別な受動性が問題となり、それは言語、行為、物語、倫理の四プランに従って考究されてくる。

第一に言語領域においては、誰が語るかという問いは、諸々の言語行為の分析を要し、それら言語行為は語る主体を、反省的に遡って示す。しかも、語る主体は、言語の対話的構造にまきこまれており、その際、語りかけられた言葉を聞くという、他者を前提とする地平が拓けるのである。

第二に行為の領域にあっては、行動の意味論、つまりxは状況zでyを為すという文法に即した文脈で、唯一の行為者が反省的に示され、それは誰が行為するかという問いの答えとなる。この行為者は、相互の承認の関係におかれ、その際、行為者「わたし」を行為の張本人として対格で指名する他者の地平が拓けるのである。

第三に物語の領域において、誰が物語るかという問いから考究が始められる。その際、物語る人格は、読者として、物語における三人称の人物像をその筋立てや行為に我身をひきあてながら引きうける。こうして他者から与えられた物語で、自分の生の物語を充実し創作してゆくのであり、そこに物語的自己同一性（identité narrative）が成立する。このプロセスは、三人称的物語の世界が一人称的読者の世界へ転位することに外ならない。そのせいか、リクールは「他者のような自己自身」はここで最も典型的に成立すると述べている。真に物語においてこそ、他の人々との人生史のからみ合いがドラマとして展開するのである。

第四に、誰が責任をひきうけるのかという問いが生じ、これは法的またはモラル的責任主体の成立に関わる。この主体は、自分の言語行為や実践的主体や自分の物語的歴史の語り手として自分を指名できる者でなければならないが、殊に善悪の視点で評価される。リクールによるとそれには三つのレヴェルがある。

第一のレヴェルは、アリストテレス的目的論のレヴェルで、善い人生を送りたいという願望と結びついている。

しかしそれがモラル的ナルシシズムに陥らないためには、他者への心づかいと正しい制度において生きるという二点で補完されなければならない。こうして「正しい制度において、他者と共に他者のために生きる」倫理的主体が確立してくるが、その前提となる他者性は二つに区別される。一つは、友情・愛情関係という近い関係における顔をもつ他人であり、二つ目は、一度も会ってはいないが、様々な制度において「わたし」とからみ合う第三者としての他人である。しかし、この第一の目的論的主体は悪に無知で他者に悪をなしうるので、禁止の力に出会わなければならない。その意味で、禁止は、人格的自己同一性の構造化の機関になる。これが義務・規範・禁止のレヴェルの主体である。第三のレヴェルは、具体的状況内におけるこの規範の解釈的主体である。というのも、具体的状況にあって価値観や規範は時として激しく対立し悲劇的な結末をもたらす。従ってそこでは、実践的知恵とその遂行主体が要請されてくるわけである。そして正義・平等などが語られる。

以上のような四つの領域において、主体は様々に分析され、他者との関係を通じて内実が豊かにされ、「行動し受苦する主体」の地平が再開されるわけである。

こうしてリクールにあって、〈他〉は主体的〈同〉の単なる対応物（contrepartie）ではなく、その意味の内的構成（constitution initime de son sens）に属するといわれる。

それでは彼において様々に語られ「自己同一性」の内的構成たる他者は、さらに結局どのような意味を担っているのかが考究されなければなるまい。

問いは「他者の他者性」（l'altérité d'autrui）に関わる。

リクールは〈同〉と〈他〉の弁証法において他者性を考えようとする。まずそのため引用する素材はフッサールの認識形而上学である。

フッサールは、知の絶対的根拠を求める基礎づけ行為として、日常的に〈他〉・他人に負っている日常的経験をエポケー（判断停止）する。その現象学的還元は全くの純粋意識の場を抜き、そこから志向性を媒介に世界と自己の意味探求に向かうわけである。その際、リクールによると「他に開かれている道」とは、わたしの意味「における」(in)、その意味「から」(aus)、他人の意味を構成することになる。すなわち、自我の意味は、別の物体に移入され、その物体は身体として、それもまた自我の意味をおびてくる。しかし、このわたし以外の他を志向する「類推的移入」によっては、他・我「alter ego」の「我」(ego) の意味しか生み出さず、他・他者に到達できないのであるとされる。(6)

リクールによると以上のフッサール的な〈自同〉から〈他〉への方位を否定して、〈他者〉から〈自己〉の方位の転換を計ったのが、E・レヴィナスであった。レヴィナスは、徹底的に〈同〉的自己同一性が、全体主義や自閉的存在論に外ならないとして批判する。

レヴィナスによると、フッサールの志向性とは表象 (représentation) に外ならず、表象は過去・未来を現在の時点にまとめあげて概念的な同一的体系や世界を構築し、自分の概念や学知に合わないもの（非合理的な偶然性、唯一回性、自由、感情、狂気など）を異として排斥してしまう。その結果、学問的システムや理論的体系などの自閉的で独我論的世界に他者を還元しうる形で同化するか、あるいは如上のように還元できない異として排斥・抹消してしまうので他者性を否定してしまうこととなる。だから先述のフッサールの「類推的移入」も、レヴィナスのいう表象の支配を超克できず、認識形而上学では他者の地平は拓けてこないことになろう。ここでフッサール的移入・移出の方法が他者の地平を拔くわけでもないが、それを逆手にとった「ある他者論」を考察したい。

大森荘蔵氏に「ロボットの申し分」(『流れとよどみ―哲学断章―』産業図書出版、一九八一年) という「今一つの自己（alter ego)」を扱った面白い文章がある。親が子の気持ち（喜びや苦悩など）を解るというとき、「実際にあなたがなさっているのは、〈お子さんに変装したあなた〉の気持ちの想像でお子さんを〈包んで〉おられるのです。〈今一つのあなた〉の想像をお子さんに投げかけ、そこでお子さんをくるんでおられるのです。感情移入という言葉がありますが、移入ではなくて移出であり、投射であり、投影なのです」というわけで、氏の「立ち現われ理論」による解釈であろう。そうすると「他人をして心あるものにする、それはあなたがするのです。あなたが他人に心を〈吹き込む〉のです」ということになる。そしてこの吹き込みこそ、アニミズムの態度であり、昔の人々は、獣、魚だけでなく山川草木に心を吹きこみ、万物は心あるものであったと説く。そこで「ロボットの申し分」とは、わたしにも心を吹きこんで「あなた方同士の間のアニミズムの中に入れて戴きたい」というロボットの要求である。

このアニミズムの要求は率直に人間社会の枠をひろげ、様々な分野でその豊かさに直結する態度と聞きとれなくもないが、裏返せば「現象学的な移出の方法」による間主観性やさらに他者との邂逅への企ての否定といえなくもない。つまり、ロボットを人間性に加えるとは、人間の側（心）へのロボットの還元であり、同化であり、人造物という最大の異議申し立て、つまり人間にとっての最大の異質性を解体し、皮肉にいえば「そういう申し立てのできるロボットの個性」の無視につながるからである。われわれとしてはむしろ永遠にロボットにこのような異議申し立てを続けて欲しい、その人権や平等や尊厳を社会的に認めるよう申し立て続けて欲しいのである。その方が、社会に彼が同化され結局人間の方言を使わせられるより、人間社会への異言、異議、告発、問題提起となり、一層優れた他者性を保ち続けられるからである。

話をもとにもどそう。そこでレヴィナスは、エチカ構築に着手する。その際、リクールの指摘していない重要な一点をここで想起しておきたい。それはアドルノのいう「アウシュヴィッツ以後」の問題とも関連するが、レヴィナスが『存在とは別の仕方で、あるいは自同的存在の彼方へ』（Autrement qu'être ou au-delà de l'essence）のいわば「序」で、彼の主著をナチズムの強制収容所（絶滅の檻 Vernichtungslager）で抹殺された幾百万の同朋ユダヤ人に献げている点である。そこでは西欧の哲学・文化が何世紀もの間営々と築き上げてきた人間への信頼（ヒューマニズムや人権・平等という市民的理想など）が分断され廃棄されたその廃墟から一つの新しいエチカが立ち上げられようとしていると同時に、その立ち上げの出発点として、そうした人間の廃墟をもたらした哲学的合理性《ロゴス》とその根に伏在する存在論（ontologie）がまず批判されているのである。[7] レヴィナスにとって存在（être）とは、アリストテレスやトマスの存在理解と全く異なって、自同的かつ全体主義的な他者排斥を伴う存在（essance）に外ならなかったといえる。それでは彼は伝統的なエチカと人間論の廃墟に立って、新しい人間の絆をどこに求めようとしたのであろうか。その出発の橋頭堡こそ、顔（visage）であった。顔は赤裸で弱く暴力にさらされてわたしに現前する。それは飢餓であり、貧しくさまよう孤児であり、肖像でさえない貧困であり死である。顔はわたしに「汝殺すなかれ」と呼びかける言葉（le Dire）そのものであり、わたしは顔に向けて「君をたった一人で死なせはしないよ。わたしはここにいる（me voici）」と応える（répondre）。この応え（résponsabilité）を応えること、つまり責任をとることにおいて、わたしは対格として指名され、個体化の道をふみ出すのである。リクールによるとそこで「自己の責任帰属が、今や非対称的な対話的構造の中に記入され、その構造の起源は外部である」という出会いが生起する。この他者への責任的応答は、彼の「身代わり」になる処まで進む。それをリクールは、言説的誇張（hyperbole）というが、レヴィナスにとって自己同一性が成立するのは正にそこまで他者に対し責任をとることに拠ってなのである。

以上のフッサールの他者論（自から他へ）と全く逆の方向をとるレヴィナスの他者論（他から自へ）との間に立って、リクールはどのような立場をとるのであろうか。

フッサールの他我論に対し、それが他者論でないとする彼の批判はすでに述べたが、レヴィナスに対しては次のように語っている。

「他者の呼びかけに答えられる（責任ある）応答をめざめさせるのは、受け入れ、識別、承認の能力を前提することによってのみであり(8)」この反省的な受容能力を主体であるわたしの側に認めなければならないとする。「換言すると、わたしに〈汝殺すなかれ〉という〈他〉の声は、私の声となって、私の確信に到達しなければならないのではないか(9)」と述べる。リクールにとってそこで際立つ主体は、対格的な「わたしはここに」(me voici) をさらに、主格的に「私はここに立つ」(Ici je me tiens)(10) とおし進めた主体となる。

さらに次にフッサールとレヴィナスに対して次のように述べる。「〈同〉の〈他〉への開示と、〈他〉の声の〈同〉への内面化を媒介するために、言語はそのコミュニケーションの富を、……相互性の富をもたらさねばならない」と。そして対話性を語り、フッサールとレヴィナスを総合止揚する。

リクールは他者性の考究をさらに「良心」をめぐっておし進め、今度はハイデガーとレヴィナスを対比的に解釈する。

古来、良心は、やましい良心と潔白な良心という風に二分され、モラル的視点で理解されてきた。このモラル的性格を良心からとり去って、存在論的次元に定位したのがハイデガーなのである。彼によると良心（Gewissen）の声（Anruf）は、現存在の内から響き来て、世人（das Mann）に埋没せずに、先駆的決意性によって本来的自己へ企投するように呼びかける。この良心の呼びかけという高次のメタファーに、リクールは命令（injonction）

をつなぐ。命令も声のメタファーと共に、他者性の契機を含む。つまり、良心の声を聞くことは、「他者」によって命令されることであって、最初の命令とは「私は正しい制度において他人とともに、他人のために、善く生きるよう呼びかけられていること」(Je suis appelé à vivre-bien avec et pour autrui dans des institutions justes)[11] に外ならない。こうして、二人称で彼に語りかける他者の命令的声に対応する倫理的主体が成立してくる。但しここで命令というのは、「雅歌」で若者が「愛して」と乙女に呼びかける、その呼びかけのニュアンスで聞きとらなければならないという点で、掟と異なる自発的自由な応答の次元がリクールにおいて拓けていることが注目される。こうしてリクールは、ハイデガーとレヴィナスに対して、命令されるという他者からの働きかけが、自己成立の構造をなす点を際立たせ、「行動し受苦する自分自身という確信」、つまり主体的応答者の自己の証しと連帯してのみ、他者の命令が意味をうる点を強調する。

以上のようにリクールの主体の哲学は、分析と反省の長い迂回路を経て、行動し受苦する主体へと豊かに回帰し、その回帰のプロセス上で他者・他人により触発される関係が主体の意味論的な内的構成となるとされる。

このように考察すると、リクールにあって他者はそれ自体としてよりも、それがどんなに主体の構成的契機であれ、やはり主体成立との関係で考察され、他方で他者との出会い以前の主体的存在が確保されていることが明らかである。その他者を受容する主体性の立場で彼はレヴィナスの「絶対的」(absolute)、つまり同・主体から解放されて (ab-solute) 在る他を批判するのである。

そこでわれわれは、次にレヴィナスの考究に移る前に、両者の立場の相違の由来を指摘しておきたい。すなわち、第二次大戦中に民族的抹殺を経なかったフランス国民の一人であり、生命的に生き長らえたキリスト教世界のプロテスタントであるリクールにとって、やはり人間の尊厳とその出発点である主体は、決して破壊・無化されなかったのであり、主体成立の問題を、主体に関して生き残った文化や価値の伝統から考究しえたのである。

他方レヴィナスにあって、同朋ユダヤ民族は、ジェノサイドによって抹殺の危機を経、そしてそのような抹殺を許した西洋の人間観、文化、信仰的伝統、哲学は廃墟と化したといってよい。その廃墟に立って、何もない無から「わたしの主体」「他者との関わり」を構築しようとするとき、尊厳にみちた理性的主体やあるいは平等で人権ある対話的他者などから出発できず、その廃墟と同じく無力で暴力にさらされた「顔」の絶対性からしか出発できなかったのである。そこにその廃墟まで至り原理的に他者論を思索できないリクールの他者論の積極性も限界も見られるのである。(12) そこでこの限界を突破する手がかりとして次に、自己の実存的構成的境位を消し、ひたすら他者の呼びかけの受動に徹し、そこでのみ意味生成のはじまりを語るE・レヴィナスの言語論の参究に着手せざるをえない。

## 三　E・レヴィナス

レヴィナスにあってわたしが「語ること」(le Dire) とは可能的実存世界への企望に止まらず、まさに他者への全き責任・邂逅であり、そのはじまりに外ならず、そこに唯一者としての自己がはじまるとされる。だがまず彼にあって顔こそ、語ること、つまり「殺すなかれ」そのものであって一切の意味作用の根源的意味作用なのである。しかし、語ることの矛盾・悲劇が直ちに生ずる。つまり、その顔の語ることはすぐさま「語られたこと」(le Dit) に吸収され、他者・顔は暴力にさらされ抹消され、従って他者との邂逅も消滅してしまうという事態である。それは全く絶望的事態なのか。この語られたことの語り直し (se dédire)、それが他者との邂逅の機縁となる途は閉ざされているのだろうか。

以上の深刻な問いをもって次にレヴィナスのいう「語られたこと」「語ること」「前言否認・語り直し」について考察してみよう。

㋑　語られたこと。語られたことは、ロゴスという語によってその全容がよく理解されるであろう。ロゴスは周知のように legein（集約、回収すること）に起源をもつことが示すように、他としての過去や未来が散在化しないように現在の空間に言挙げし、主題化することを意味する。それは過去が歴史物語として、現在に想起され、未来が終末論や黙示文学などとして現在に再現前化（représentation）されることだとも言いかえられよう。そこに起源（arché, origine）をもちかつ目的や終末をもち、従って過去から未来に分節化され現在に共時化されている自己同一的な言語コード、例えば、近代国家建国の物語や科学の法則・理論システム世界が成立する。そのことは語られたこととその永続的蓄積が自己同一的に在る世界の創出に即連動してくることを意味しよう。なぜなら人間は言葉・ロゴスによって文化・文明を築きあげてきたからである。レヴィナスは、語られたことが人間の不断の存在努力（conatus essendi）であり、存在論であると述べている。それは自同的な、他者排除の存在世界であり、存在の固執、顔への暴力といえる。「生存競争に明け暮れる生物の生。人間と人間の、国民と国民の、階級と階級の戦争ゆえに流された血と涙がこびりついた人間たちの自然な歴史(13)」などすべての暴力の根源に「存在することへの固執」があるという。このように「語られたこと」は、存在の固執としての排他的な自同的世界、暴力的な在ること（essance）としての「内・存在・性」（intér-esse-ment）の世界を創りはじめる。

㋺　語ること。レヴィナスにとって「語ること」は顔（visage）の一方的な「汝殺すなかれ」であり、その呼びかけに対して「わたしはここに（me voici）」と言うことである。それはどういうことか。弱く、赤裸であり剝ぎとられ、暴力にさらされている他者の顔という言葉に直面して人は彼を殺すこともできる。しかし顔は「殺すなかれ」と呼びかけている。この呼びかけに対して「彼を一人では死なせない、わたしは他の誰よりも彼に対して責任がある」と言うとき、その責任は個体化の原理（principium individuationis）となり、個たる主体「わたし」がはじめて成立する。それはフッサールともリクールとも逆の立場であった。ここでまたレヴィナスは、個体化の原理を指定質料（トマス）、形相性・haecceitas（スコトゥス）という存在論的言語とも全く異なって、存在を突破する倫理的言語を用いて語ろうとしている点に注意しなければならない。さて、この責任は、他人のために身代わりになること、一切の自同性が剝奪され（主格・主体性 je の剝奪）、他者から選ばれた者（l'élu）、対格（me）として指名されることであり、それは他者へのさらし（exposition）としての語ることに外ならない。それは能作との対を絶した受動中の受動であり、内存在的我執からの超脱として「在ること」「語られたこと」・システムを内から核分裂させ、その外で他者に邂逅することである。従ってこのような語りは、存在論に基づく西欧の合理性とそこから生じた暴力（的全体主義）的秩序とその語り口の外で、新しく語りはじめること、顔の意味作用に応ずる倫理的意味の生成の場となる。以上の語ることをレヴィナスの引用を借りて次に示そう。〈語ること〉は一者と他人の近さ（proximité）であり、諸言語に先だつ言葉である。「〈語ること〉は、……言語的諸体系に、これらの体系のうちできらめく意味に先行している。〈語ること〉という近さは接近するという誓いであり、他人のためにある一者である。このような様態としての〈語ること〉、それが意味の意味すること（signifiance）なのだ」[14]

㈧　以上の「語ること」と異なる「語られたこと」と相関的な「語ること」にもここで触れなければならない。というのも、語ることにおいて「存在とは別の仕方で」は、主題化され、システム・存在（essance）の中に現出してしまう。そのとき語ることは、語られたこと（言語システムや存在論）に従属してしまう。

あるいは語り口を変えれば「第三者が介入するや否や、この近さはかき乱され、問題と化す」。というのも、第三者はいま一人の隣人として介入し、そのときわたしは語る相手の外にその相手と比較する第三者をもつからである。両者のうちどちらが優先権をもつのか、一方が他方を迫害していないかどうかなどという比較考量や判定・正義の問題、つまり主題化が起こるからである。[15]

こうして比較不可能なものを比較するということを通して、正義、法廷、法律、ロゴス、組織、国家権力、交換と労働、技術などが生ずる。語られて在ることは、全体主義支配のはじまりとなる。そこに語りも同化される。

㈡　従って語ることは同時に不断に語られたことの超克としての語り直し（se dédire）でなければならない。有責的な語ることは、主題化・本質と一方で関わりつつも、同時に自同的存在、全体主義的な在ることに呑み込まれないように倫理と倫理的言葉の開披へと向かわざるをえない。だから倫理的責任が果たされるほどに、責任が軽減されるのではなく逆にふえ続けるのである。だからまたそれは語られたことの起源に先立つ、存在以前また言語的システム以前の無起源的な（an-archique）語りとして他者へ「存在するとは別の仕方で」語り直す。この事態をレヴィナスは次のように語る。「根源的な語ること、いや、起源にさえ先だつ語ることは、言葉に先だつ序言として、有責性の陰謀の筋立て（intrigue）を仕組む。この筋立ては存在よりも重々しく、かつ存在に先行する秩序である[16]」と。しかしこのような語り方は、従来の存在とその合理性に基づく文法、言語的コードからすれば無意味にみえる。レヴィナス自身が、そうした語り口を余剰と語っているが、ウィトゲンシュタインと異なって逆に言語の限界に向けて無意味に語り続ける。そうするとレヴィナスの全著作と語ることの軌跡は全く無意味なのであろうか。然り。ロゴス中心的な自同的実体的存在論にとっては。だが、それこそ存在論の外を拔く他者の倫理の言葉のはじまりなのである。そして彼が「語る場」を日常的な「シャローム、ボンジュール」に求めたことは、倫理という日常底において「存在の彼方」の言い直しが不断にはじまっていることの証しといえよう。

以上のようなレヴィナスの言語用法にあって、他者・顔がリクールなどに比べると深刻に際立ったといえる。それは凝固した自同的存在の中に息吹き間・空を開け、限られない（in-fini）他者の声を響かせ、その中からそれを破り、存在論の線状的時間軸の〈外〉を披く。それはいわゆる時空軸に位置づけられるはじまり以前のはじまりとしての新たな倫理的言語の開披でもあった。その限り、その言語は非存在論の言語として無意味・余剰ともいわれる。他方われわれにとって残る問いは、存在論的言語の全き外部性で個体化されるレヴィナス的〈わたし〉の身分は依然謎だということである。その際、他者は全くen soiに非対称的にわたしと断絶し、顔としてのみ語りかけるのだろうか。それに応じて「語り」「語り直す」ことをはじめるとき、わたしが主体として成立するとすれば、この自己は、余剰の倫理的な「語ること」そのことなのであろうか。あるいはレヴィナスと全く異なる語り口を語るとき、唯一的唯一回的な仕方で自己が語られはじめるのであろうか。他と自己との関係に関わるこの問いは残ると思われる。

しかし今やはじまり以前のはじまり（無い時）を語る以上、存在の以前を語ろうと無意味な企望にかける以上、われわれにとって「無」の問いはさけて通ることができないように思われる。しかも無が多義的である以上、ここで無と関わるテキストと対面して、はじまりに潜みはじめる無について一つの語り口を探ってみたい。テキストは、ヘブライ文学「創世記」一―三章である。

## 四　「創世記」物語と無からのはじまり

詳細な分析は示さないが、祭司資料テキストの一章―二章4節（以下二4の如く記す）aまでは次のような結構

を成すと思われる。(17)

(0)　一1－2　天地創造のプロローグ
(1)　3－5　一日目　光の創造の業
(2)　6－8　二日目　蒼穹の創造の業
(3)　9－13　三日目　大地と海の創造
植物の創造
(4)　14－19　四日目　太陽、月、星の創造
(5)　20－23　五日目　鳥と海の生物の創造
(6)　24－31　六日目　家畜の創造
人間の創造
(7)　二1～4a　七日目　神の安息　エピローグ

右で示されたテキスト構造は、六日間の創造の業が、天地創造の宣言と安息に括られて分節化されていること、次に三日目、六日目は各々二つの創造の業を含むことを示す。さらに、前半の一－三日間は、光、蒼穹、大地と海、植物などの場の創成であるのと対照的に、後半の四－六日間は、輝く星、蒼穹の鳥とその下の水生生物、家畜と人間という「場に置かれる個物」の創成であり各々前半に対応していることを明らかにしている。

この全体的構造に加え、各創造の業は大略、①言葉による神の創造発語、②創成の定式（そのようになった）、③創成実現の描写、④賛嘆（被造物は美しかった）、⑤日数の表示（～日目であった）という構成要素から成り、大体この①－⑤の順で各々の業が描かれている。

われわれは、右に示した如くテキストの全体的構造とその構成要素を明らかにしたが、その統一的テキストから横溢する意味と指示を辿ってゆかなければならない。そこで次に以上のテキストはどのような「はじまり」を語り、そこでわれわれが何者として成立するかが深刻な問いになる。今や、これまでの言語論の参究とその成果、すなわち統辞論的な新たなはじまり（ソシュール）、新しい世界の可能性（リクール）、意外な他者との邂逅（レヴィナス）を念頭において、創世記テキスト内で断出された如上の構造を手がかりに、この問いの参究に着手したい。

まずプロローグは、H・アレントが語るように[18]、七十人ギリシア語訳に即して思索した後代のギリシア教父以降、無からの創造として理解された。その場合、次の三点が注目される。第一点は、無の意味が過去・現在・未来の時間軸上のはじまり以前の、しかしそこから創造の言・事がはじまるはじまりとして、その限りはじめなきはじまりとして理解されるということである。これはアリストテレスが可能態から現実態に向かうエネルゲイア論を基盤として、自然学上で万物の運動やさらに倫理学上で目的達成のため複数の可能的選択肢から手段を選んで現実化するという自由選択を説明したのと異なる、はじまりの説明方式といえる。つまり、アレントのいうように「創世記」物語のプロローグは可能態さえ介入できない絶対的はじまり、つまり無を示し、またそれを基盤に因果関係を脱し、行為論的に全く新たに意志するという根源的な自由意志論を可能とする。第二点は、いわば質料的カオスさえ、創られたということである。先取りしていえば、一日目以降の創造の業は、言葉によってこのカオスを分節化し善美に形成する作業であり、その限り言葉による創造作業は、無を前提として無を場とする「はじまり」といえる。第三点は、質料的カオスにルーアッハ（気、息、プネウマ）が働いているという点である。それはさらにどういうことなのか。

そこで一〜六日目の創造の業を考究すると、前述のように言葉によって世界の分節化がなされる（①、②、③）。

しかし、その音声とは気息に拠る以上、予示的にここで言葉とルーアッハ・気との協働に注目してよいであろう。他方で各々の創造の業に分節化の完了事態と連続性とが日数順⑤に示されている点が際立つ。つまり、各日はそれ自体充足完了的創造であり、そのことが、語られて創られて在るものが善美であると表白する賛嘆の形式④で示されているとみてよい。従って次の日の創造は、新しくいわば無からはじまる業といえるが、しかし日数順はこの創造の業の連続性をも示す。だから、各日の業のはじまりは、プロローグのような絶対無ではないにしても、無を場とし気息も息吹く「語ること」によってはじめられ語られて存在する世界が成立するわけである。

七日目における神の安息を語るエピローグは、文字通りの七日目を語っているわけではない。完全数七はある期間の構造的業の完了を示すヘブライ的象徴であり、神の無限な創造力やその一面である連続的創造の観念を禁ずるわけではない。

以上はテキストにおける「はじまり」に関わる神のふるまいとその言語行為の分析であるが、それはわれわれ人間の「はじまり」にどのような新たな解釈と実践的方位・他者との邂逅の地平を披くのであろうか。その問いの手がかりとして神の似像（imago Dei）として開示される限りでの人間の考察の焦点が向けられる。

この点について次の四点を指摘したい。

第一に、人間は神の似像として語る者である限り、彼の原像・神に応答できる他者として在るという点である。だから人間も応答する他者を求める。第二に、似像として人間も無限者のそれでないにしても、その言語行為を絶対無を場として、根源的自由において遂行しつつ、世界を創造的に分節化し、かつ自らに似た子、すなわち語る者を生み育てる者だという点である。第三に、神の似像は男・女一対で構成されていると示されている（一27）。従ってテキストにおいて男・女が互いに他者として担い合いつつ、対話にせり出して協働態を創造してゆくという対話的協働態的空間への展望が拓けている。そのことは、実体的に凝固し宿業的に定められた時空間に気息によって音声を響かせそこを裂開し、〈外〉〈他者〉世界を披くことである。その男・女および音・気が各々、協働し合う協働態が神的言祝ぎを伴う以上、それは祝祭的空間の性格を帯びよう。このようにして人間は、関係的存在として無の場において気息に拠って語りつつ他者と邂逅する途に立つ。それは新たなはじまりであり、出来事であり、その創造的語りに停滞せず、自同的空間に息吹き言吹き語り直しつつ新たな邂逅と祝祭的協働態空間を創出すべく招かれている。それが人間に対するテキストの意味論的開示であり、実践的な呼びかけといえる。しかしテキストは、人間の語りについて恐るべき深淵を示す。それが第四点の言葉の虚無的使用なのであり、三章の所謂「アダムとエバの失楽園神話」において示される。それはどのようなことであろうか。

### 男と女の創造（第二章）

4主なる神が地と天を造られたとき、5地上にはまだ野の木も、野の草も生《は》えていなかった。主なる神が地上に雨をお送りにならなかったからである。また土を耕す人もいなかった。

6しかし、水が地下から湧き出て、土の面をすべて潤した。7主なる神は、土（アダマ）の塵で人（アダム）を形づくり、その鼻に命の息を吹き入れられた。人はこうして生きる者となった。8主なる神は、東の方のエデンに園を設け、自ら形づくった人をそこに置かれた。9主なる神は、見るからに好ましく、食べるに良いものをもたらすあらゆる木を地に生えいでさせ、また園の中央には、命の木と善悪の知識の木を生えいでさせられた。……

15主なる神は人を連れて来て、エデンの園に住まわせ、人がそこを耕し、守るようにされた。16主なる神は人に命じて言われた。

「園のすべての木から取って食べなさい。17ただし、善悪の知識の木からは、決して食べてはならない。食べると必ず死んでしまう。」

18主なる神は言われた。

「人が独りでいるのは良くない。彼に合う助ける者を造ろう。」……

22主なる神が彼女を人のところへ連れて来られると、23人は言った。

「ついに、これこそ
わたしの骨の骨、わたしの肉の肉。

これをこそ、女（イシャー）と呼ぼう
まさに、男（イシュ）から取られたものだから。」

24こういうわけで、男は父母を離れて女と結ばれ、二人は一体となる。

25人と妻は二人とも裸であったが、恥ずかしがりはしなかった。

### 蛇の誘惑（第三章）

1主なる神が造られた野の生き物のうちで、最も賢いのは蛇であった。蛇は女に言った。

「園のどの木からも食べてはいけない、などと神は言われたのか。」

2女は蛇に答えた。

「わたしたちは園の木の果実を食べてもよいのです。3でも、園の中央に生えている木の果実だけは、食べてはいけない、触れてもいけない、死んではいけないから、と神様はおっしゃいました。」

4蛇は女に言った。

「決して死ぬことはない。5それを食べると、目が開け、神のように善悪を知るものとなることを神はご存じ
なのだ。」

6女が見ると、その木はいかにもおいしそうで、目を引き付け、賢くなるように、そそのかしていた。女は実を
取って食べ、一緒にいた男にも渡したので、彼も食べた。7二人の目は開け、自分たちが裸であることを知り、
二人はいちじくの葉をつづり合わせ、腰を覆うものとした。

8その日、風の吹くころ、主なる神が園の中を歩く音が聞こえてきた。アダムと女が、主なる神の顔を避けて、
園の木の間に隠れると、9主なる神はアダムを呼ばれた。

「どこにいるのか。」

10彼は答えた。

「あなたの足音が園の中に聞こえたので、恐ろしくなり、隠れております。わたしは裸ですから。」

11神は言われた。

「お前が裸であることを誰が告げたのか。取って食べるなと命じた木から食べたのか。」

12アダムは答えた。

「あなたがわたしと共にいるようにしてくださった女が、木から取って与えたので、食べました。」

13主なる神は女に向かって言われた。

「何ということをしたのか。」

女は答えた。

「蛇がだましたので、食べてしまいました。」……
16神は女に向かって言われた。
「お前のはらみの苦しみを大きなものにする。
お前は、苦しんで子を産む。
お前は男を求め
彼はお前を支配する。」
17神はアダムに向かって言われた。
「お前は女の声に従い
　取って食べるなと命じた木から食べた。
お前のゆえに、土は呪われるものとなった。
お前は、生涯食べ物を得ようと苦しむ。
18お前に対して
土は茨とあざみを生えいでさせる
野の草を食べようとするお前に。
19お前は顔に汗を流してパンを得る
土に返るときまで。
お前がそこから取られた土に。
塵にすぎないお前は塵に返る。」

「失楽園神話」によると神はアダムに「エデンの園のすべての実を取って食べてよいが、善悪の知識の木の実は食べないように。食べると死ぬ」（二16－17）という誡命を与える。誡命がこの場合、生死に関わる言葉である以上、この誡命とはヤハウェ神の「語ること」であり、人間との創造的で生命的な関係に外なるまい。

他方蛇はこの誡命の言葉を全く全面的に言いかえてしまい、女に尋ねる。「園のどの木からも食べてはいけない、と神は言ったのか」と。

女はほぼ正確に誡命に準じて、言いかえると、他者関係を尊重して答えるが、微妙に言いかえ、別な言葉を付加している。つまり、善悪の知識の木を園の中央に生えている木と言いかえ、「触れてもいけない」という造語を付加する。

こうした言葉の言いかえは、すでに誡命への他者関係のずれ、女の心の自同化、他者関係への虚無の侵入を示すといえる。この関係のずれや虚無に入れ込み追いうちをかけるように蛇は、誡命と女の関係を破ろうとしていう。すなわち、当の木を食べても死ぬどころか、神のようになる（神が人間を嫉妬しているのだ）と。これは人が神になるという関係の逆転的倒錯・虚無化を実現する言葉である。アウグスティヌスもそう解釈した（『告白』二巻四章以下）。こうして女とアダムは木の実を食べる。その後、誡命を破ったことを神から詰問されたアダムは、神・汝が、わたしに与えた女が、木の実を食べるきっかけになったと言って、神と女に責任転嫁し、男・女の他者としての尊敬し合う関係を破る。同様に女も、蛇（の言葉）に騙されたと言って責任を転嫁回避する。このようにして神と人間、男と女、人間の内部・心、さらに人と生物・自然（三16－19）、それぞれの間に分裂が生じたというのが失楽園物語の筋立て（intrigue）である。ここには人間の語ることのうちに、一章での創造的な意味とは逆に虚無的な意味で統辞論的に新たな言語的結合関係が創られ、それは人間の協働態的空間を破壊するような企投でありうることが示されている。その意味で失楽園のドラマは、人間の言語使用に抜きさしならない仕方で根付いている虚無化を示すといえよう。因みに「創世記」中の有名な「バベルの塔」神話は、人間が言葉によって全宇宙自然と社会を支配する自同的全体主義（天まで届く塔がその象徴）を構築するという、彼の語使用の第四の特徴を如実に示すことも理解される。失楽園物語、バベルの塔物語のいずれにせよ、無から創られた人間が根源的な自分の無を自覚せず、語ることを自己の自同的世界の構築（アダムによる善悪の知識の世界構築やバベル的一義的言語支配の構築）に向けたとき、それは他者との邂逅を一切空虚化することを示しているように思われる。その他者がこの物語では、ハーヤー的神、男・女、自然そして自己にも及ぶ広い射程で語られていればいるほどに言語の誤使用の虚無性をこれほど如実に示した物語はまれである。

## むすび　はじめなきはじまり

われわれはこれまでの考究において、人間が根源無（はじめなき無）において大気にのどを開き気息に拠って語るとき、新しい創造的関係がはじまること、それが他者との邂逅であり祝祭的協働態空間の成立であるという、わずかな他・外への裂開に臨んだ。実際に創世記テキストだけでなく、ソシュール言語論においても主－述記号の結合の切断と再結合において存在を裂く無の場を垣間みることができるように、またリクール言語論において、テキストのことがらを前にして読み手が自己無化しつつ、旧来の現実を同時に無化し新しいはじまりに企望するというとき、やはりそこに無の場を読みとれないこともない。さらに、レヴィナスにおいて他者の顔（殺すなかれ）の言葉に対して全く受動的に語ること（me voici）は、実体的自己や存在の〈外〉を示しつつ、自同的存在論の無化としての無の場における語りを語っているともいえる。その無化は凝固した実体内に間・空をもたらし外に裂開さす気を前提としよう。とすれば、はじまることは、無（はじめなきはじまり）に乗ぜられて、気と共に語りつつ分節化し（完了・不連続）、しかも不断に新しく語り直しつつ創造してゆく（未完了・連続）こと(言・事)を日々生きることといえる。

それがわたしが成りつつ在り、そこに滞留せず流れて在りつつ成るという生であり、古くから語られるペルソナ(persona)が、per-sonare（彼を通して、気・音としての言葉がひびく者）の謂であれば、わたしとは不断に呼吸しつつ語ること・同時に語り直す者としてのペルソナとして成立しよう。

そうしたペルソナの邂逅においてこそ、協働的邂逅は新たにはじまり、しかし無の自覚に根差す限り、この協働態的空間そのものも広義のペルソナと呼ばれうるであろう。だがしかし、あくまでこの無の自覚は、構造的に概念的に対象化できず、むしろ息吹き語ること・はじまることの場であってみれば、それを自我表象（レヴィナスのいう存在論）の語り口に回収しようとするとき、息吹きも停滞し音声も響かず、かくてペルソナ（個と協働態的関係）は破綻せざるをえない。言葉の誤使用がはじまりを閉ざすのである(19)。

以上のように無やプネウマの地平が展望されはじめたので、次章ではわれわれは「存在」の突破に関し、無を語り解釈することが自己・他者の成立と関連した場において考究を続けたい。

# 第三章　「存在（essance)」の死

語ることは在ることを現出させる。「この黄昏時に花が咲きにおうではないか。微風に一片の花びらが散り去るではないか。ああ、この生は虚妄にして美しき開花であることかな」。この語りにおいて黄昏の花とわたしの生の在ることが一挙に現出している。そこではその花はわたしの心の面影にすぎないのか、あるいは花がわたしの心の「外」を抜き、またわたしを心の「外」に抜き出すのか、そこでわたしは誰で在るのか、が深刻に問われている。なぜなら、わたしの在ることがこの花との出会いの在り方で決まり、他方でこの花との出会いにおいて、天地の真相、すなわちおよそ在ることの消息（生は虚妄!!など）もそこに現われるからである。

このように在ることは、語ること（legein)、つまり言葉（logos、古い言い方では思惟）において示される。そしてその際、どう語るかによって、語り手さらに天地の在ることの質やかたちも決められる。というのも、語り示されることはまた、限られ界限されてかたちとして在ることだからである。古来から在ることは、言葉の器にもられることの謂であった（ヘーラクレイトス、パルメニデスなど）[1]。つまり、在ることが、現世にかたち（eidos）として現出し、それを人がありのままに見る・知る（oida, eidōs）限り、在ることは真理（隠れなきかたち alētheia）であると告げている。従ってギリシアの哲人は、語られて在ることのかたちの現出を、真理を見ること、知ることだと説いた。

ヘブライの思索も、別の形態ではあるが、語ることと在ることとの緊密なつながりを示して止まない。預言者が獅子のように吼えて語ることは、危機的歴史の内に滅亡と再生の出来事としての在ることを出来させる。すなわち、イスラエルの歴史の中にカイロス的終末的危機が生起し、新しい契約が語られ、また預言者自らも終末的象徴である出来事となって在る。(2)

以上の意味でわれわれは、語ること、在ることの事態および知る・考えることを思索し、わたしが仮そめでなく真に誰(何)と出会うか、という問いを問わせる根拠に参究してゆきたい。

しかし、現代にあって上述の事態はそれほど単純ではなく、むしろその事態が虚妄・迷妄の暗雲となって立ち起こり、われわれの参究に障壁となって立ちはだかるか、あるいはわれわれの問いに対して根拠をも覆い隠してしまうかするという点を自覚しておかねばならない。すなわち、わたしの在ることへの問いが現代では、様々な在るものの重複複合や肥大拡張などによって幻惑され、在らぬ所にもち運ばれ忘れ去られているのである。例えば、この消費物質文明がつむぎ出す多彩な語り口(商品の宣伝、保険の勧誘など)が、日々人々の語り口を襲い、人々は「商品」に代表される在るものの物神化的地平にしばりつけられ、自らの生の在ることを商品に似せた在り方にしているといっても過言ではあるまい。つまり、そこには他の様々なおしゃべりが誘発され、誰もかれもがそのおしゃべりの演出する商品と生の在り方によってそれ以上自らの在ることを問うことはない一蓮托生化文明が現出している(女の子の化粧に関するかまびすしいおしゃべりは、世界と自らの生を化粧化し、まるで商品のように売り出すのではないか)。さらに例えば、現代技術の語り(三次元的コンピューター・グラフィクスや記号システムやモデルなど)は、仮想現実(virtual reality)を開発構成し、あるいはインターネットは均質に世界を覆い尽くす斉一的空間世界を展開してゆく。それは従来にない「存在世界」の幻出であって、地球全体が一つの共同体であるかのような幻を描いている。地方、辺境を無視して。

こうして文明は文明固有の語り口で、その文明の在ることを尺度とし、他者の在り方まで決定しその自らの尺度に吸収同化して自らの自同的閉鎖的な在ることを拡大してゆく。これをミクロの次元で語り直すならば、わたしがわたしの心の中で自分に対してのみ通用する語り口で、一切の他者を自らの心の論理に則って仮構しそして在らしめることだともいえよう。それは独我論的に閉ざされた自同的世界（E・レヴィナスによる自同 le même）の構想であり、それの実際上の構築に外ならない。

以上の現代的事態をも考慮し、われわれは語ること・在ることの諸相を参究するわけであり、その参究は、どのようにしてある文明やシステム、あるいは心の思い込み、そして結局わたし（あるいはわれわれといってもひとし並みのわれわれ）の語りの自縄自縛から脱却しうるか、という悲劇的問いをまず問いつつ、それが新たな語ることにおいて他者と出会って在ることとどのように通底しうるか、そのことはわたしをも含む存在の歴史と天地の実相・根拠の現成とどう関わるのか、というような問いの参究に落着してゆかざるをえない。

## 一　語られたこと＝語られた存在

まず語ることが、因襲固陋の自閉的自同的な在ることを現出する一つのモデルとして「語られたこと」を考究してみよう。(3)

「すでに語られたこと」は、過去に凝結固着して化石化する仕方で、在ることを界限し、それによって在ることは規定されて自同的存在として現出する。語られたことは、例えば、法律として écriture 化され、法律的存在を実定法的に社会に現出さす。あるいは習慣（習わしの意味でのエチカもそこに含まれる）や社会集団・体制を現出さす。あるいは日常生活やそこに用いられる道具連関さらに商品・生活必需品を現出さす。すなわち、語られて在ることは、在るものとして実体的なものの世界を構成するのである。従ってこの実体的自同世界は、自分と異質なあるゆる異に対してはそれを同化吸収して自らの拡大の糧とするか、そうできない場合は、異を異端や異物として断罪し排除抹殺する。こうして語られて在るものは、自らを他者に披くことなく、また新しく語ることに外の在ることにつきぬけてゆくこともない。それは、E・レヴィナスが言うところの存在努力（conatus essendi）であり、自同（le même）であり、essanceとしての在ることなのであり、倫理的に悪といえる。だからまた語られて在ることの世界から織りなされるテキストや言説はイデオロギーとなり、異端を改宗させ自らに回収するか、排除する。そうした語ること（logos）は自己を中心としての外の一切を回収（legein）表象する意味での自同的把握（compréhension）に執着するゆえ、ロゴス中心主義として今日批判されるイデオロギーであり、(4) 世界征服を目論む在るもの（国家、権力集団など）をも現出さす。

それでは次にこのような仕方で「語られたこと」に帰結する在るものの典型を簡単に示してみたい。

### （1） 存在－神－論（onto-theo-logia）

われわれが語ること・在ることの動態的《ダイナミック》な真相の考究に向かわぬ時、例えば存在の現実態（actus essendi、トマス）を忘れ一義的存在を存在とする時、静態的な自同的なもの・在るものに覆いつくされた世界を全体と見誤まる。その見誤りにあって自己完結体としての世界秩序を構想するのが、存在－神－論といえる。すなわち、在ることを最普遍的観点（ens qua ens）で考え（存在論）、そして神のような至高の存在者（ens supremum）によりその存在者世界を秩序づけ意味づける（神学）。こうして一切の存在者が至高の存在者を頂点とするその秩序的ヒエラルキアの中で意味づけられ布置され、自同的世界が成立する。だからこの存在世界に属さない存在者は非存在・無意味とされるわけである（ロゴスの貫徹）[5]。この存在－神－論的な自同的在ることとは別な仕方で在ること（異）は、当然異端とされ忘却される。

### （2）表象的主体（cogito ergo sum）と近代科学的世界像

デカルトに一瞬拓けたコギトという語ることが、「それゆえわれ在り」と語られたとき、その「われ在り」は表象・思惟する在るもの（res cogitans）と化した。彼が続いて身体・物体（corpus）と区別されるこの考える在るもの（表象的主体）を根拠として延長的物体界と神の存在を根拠・説明づけ（形而上学の成立）、続いてモラルを確立し、かくして思惟や物体世界、神やモラルを包括する世界を構築したことは余りに周知のことである。そこに表象的主体がいわば至高の存在者として従来の存在－神－論的神の座を奪い、近代的存在－神－論という在ることが成立していることは疑いえない。われわれとしてはその際、ただここでその在ることの総体が近代物理科学的世界像として語られたことに注目したいのである。それは数学をモデル・媒介とする、従ってそこでは在るものの総体が計量される斉一的な意味での合理的世界として語り出されたのであり、それは物理・数学的存在世界の誕生に外ならない。味も香りも生活のにおいさえない物理科学的世界像の誕生である。従って非合理的で非斉一的非普遍的な在ること、つまり感情や唯一回性やカイロスや狂気や超越などは異とされ、それらが数量的一義的記号に還元され把握されない限り、そこから忘却されるか排除される。

## （3）第三帝国の強制収容所・忘却の穴

ここでは「金髪碧眼のアーリア人種」という人種主義的語りだけに焦点を定めて考えよう。その語られたことは、一九世紀の全般的な領域での進歩主義や進化論で語られたことと重なり、さらに優生学的語りも加わり、至高的存在者アーリア人種を頂点としスラヴや黄色人種を経てユダヤ人に至る人種的ヒエラルキアを現出させた。従ってそのエリート的自同から異として排斥されたのが最劣等とされたユダヤ民族であった。その排斥は「ユダヤ人問題の最終的解決」という官僚的語りによって、VL（Vernichtungslager 忘却の檻。強制収容所のこと）という「忘却の穴」にて行なわれた。その抹殺が普通の大量殺人やジェノサイドと異なる「記憶の抹殺」という思想性を帯びて実現され、それこそが、他のどのような殺人さえ追い越しえない限界的抹殺であったことは、H・アレント以来決定的に解明・暴露され、(6) 映画「ショアー」もそれを如実に示している。このようにVLを下部構造とする人権主義的システムは、生物学的存在－神－論の様相を帯び、他民族・他者の究極的抹殺を企図する自存の努力（conatus essendi）といってさしつかえあるまい。

## （4）技術的存在－神－論

現代では、生物進化の先端を歩む生物学的至高者や計算し世界を表象・支配する主体にかわって技術が神の座に着いている点を看破したのはハイデガーである。後にまた詳しく述べるが、彼によると技術は道具連関としてでなく、「立て集め」（Gestell）として世界の存在論的在り方を構成しているという。すなわち、存在者は「用立てる」（bestellen）、「役立てる」という用立て集めの中で、次々と用材（Bestand）としてかり立てられてゆく。例えば、人間は人材、人的資源、人手として、有効なロボットとして次々とかり立てられ、また自然もエネルギー源、不動産、観光資源、生産材などとして次々と用立てられてゆくという「立て集め」の中にあり、それ自体自律した個体的存在者は何もない。それら事物を操作・支配していた主体的人間も、立て集め構造の中に任用され、用材の中にやがてその一部として用立てられ、主体性を喪っている。こうして一切の存在者が主体―対象関係さえ喪失して、用立て構造の中に「用材」「役立つ存在者」として現前し、存在忘却は深まるというのである。このように現代の科学技術における革新の時代では、神も表象的主体としての人も最早至高的存在者ではなくなり、科学技術殊に電子機器が神の座を占め、そこに仮想現実という存在―神―論的世界が展開されているといえよう。この仮想現実が人類の創造し来たった演劇ドラマや文学などのフィクション的文化創造の世界とどう重なり合いどう異なるかという問いは非常に深刻な問いとなってきている。その問いをも含め、仮想現実は確実に将来にわたり、ある自己完結的で地球規模の空間を占有することは疑う余地もない。その斉一的記号による情報空間の支配は、強制的に生活の根や「わが家」を奪い、他方で監視や盗聴の秘密警察を育て、やがてどこかでナチズムのイデオロギー的語りが現出させた抹殺の檻に成る予感にみちていまいか。

その点を深刻に考察しているのがJ・デリダである。まず彼は古典的な意味で他者を歓待する「わが家」(le chez-soi)、原則として不可侵である私的空間が、様々な人工補助装置(dispositif prothétique)、つまり携帯電話、ファックス、電子メール、インターネット、テレビ、電話回線などの発達と侵入によって公共空間へと再構造化され、そこで私的なものと公的なものの境界がかき乱され変形・解体されていることを指摘する。それは次の三点の注意すべき結果を生じさせてくる。第一に、私的空間が拡大し、人は誰でも国境さえ越えてコミュニケーションを交わし、超国家的地球規範での人間的連帯を可能にするという点である。しかし第二に、その「遠隔通信技術」(télétechnologie)の発達は、かつての親密なわたしたちの友愛と対話と静かな時間のリズムと歓待などにみちた「わが家」的空間を破壊しうるので、それを保護するため、異邦人（日本では外人、最近の欧州では移民や難民など）を拒否し嫌悪する、民族中心的あるいは国家主義的レヴェルに至る潜在的外国人嫌悪（xenophobe）が生じてくるのである。第三にこれと同時に国家は、この拡大する超国家的公共空間の情報網とそれを用いる犯罪や企画を監視し、コミュニケーション内容を盗聴や電子メールの傍受などによって把握し、あるいは法的規制を加えてもコントロールしようとする。

いずれにせよ、技術的存在–神–論は、他者を歓待する場を危機的な状況に陥れているといえよう。そしてデリダはこの状況を超克するよすがとして「語ること」を挙げているように思える。「遠距離通信機器は、遮断をいたるところに導入し、場という根を奪い、家という場の解体（dis-location）をもたらし、わが家へ強制的に侵入してくるものです。さて、言葉や母語は、こうした場の解体に対して、単に抵抗力として対立させられる……〈わが家〉〈自己の自己性〉だけではありません。言語は私とともに移動するものですから、あらゆる可動性に抵抗するものなのです……」と（*De l'hospitalité*, CALMANN-Lévy, 1997, pp. 83–85）。

以上のような神学的、物理科学的、生物学的なそして技術的な語りと語られて在ることは、いずれも他者に向かって自らをつき抜くことはできないばかりか、逆に新しく語ることを封じ、在ることを様々な在るものによって隠しおおせている。それは技術的システムや世界像や政治体制の直接的次元の作用だけというより、さらにその根底に潜みつつそれらに宿る人間の心の作用とからまり合って働いている。つまり、そのからまり合いの中核には自己中心的な心が、心のうちで語りつつ、一切を心に還元し、世界を構成・征服するという自閉的語りとそれによる存在（essance）化の作用が窺えるのである。そこで次に心を核としそのようにからまり合った語られて在るものの自同的存在の突破・空脚ということ（言い方と在る事）の参究が着手される。

## 二　語る（読む）ことと再び・語る（読む）こと

「語られて在ること」を突破するには、「語る」という語られたことに先行する動態的根源に遡源することがまず参究されよう。と同時に、語られたことのうちでそれに継続し、しかしある断絶を求める仕方での再び・語る、語り・直すこと（読まれたエクリテュールに対しては、再・読、再・解釈ということになろう）が語り出されよう。

それはどういうことであろうか。

### （1）語ること

ここではマリオンを手がかりとしてはじめたい。「意味に先立って、ノエマに先立って、充実に先立って、〈essance に先立って（宮本）〉、《語ること》が、それゆえ、聴取への私の曝露、他なるものへの私の開放が……」[7]とある。その意味は、語られたことに先立つ語ることは、語られて在る自同以前、つまりその「外」を抜き、従って、他に出会う可能性を秘めた言語行為だということである。その場合、その他とは一体誰（何）と示されるのであろうか。

さて語られたことに先立って語ることとは、すでに在ること以前に遡源することに外ならない。すでに在ること以前に遡源するとは、自同的に実体化されて在ること（essance）以前の「無」「外」に対面することになる。存在に対比されるこうした無への語りかけは、先述のようにヘブライのテキストが語っていることである（「創世記」一）。すなわち、その創世物語の語りはヤハウェ神が一切の語りと存在に先立って、無へと語りかけ、そこから新たに在ることを、他者を現出させる地平（vision）を披き示している。この場合、無とはいかなる他者にも先立つ他である。その意味で元始の初めての他としての無である。この神の語ること、在らしめることが後に「言葉による無からの創造」（creatio ex nihilo per Verbum）と呼ばれたのは周知のことであろう。

しかし、われわれ人間は無（死）から存在（生）へと立ち上がらされて留めおかれている以上、語ること即無との対面即在らしめることの仕方で、在ることの外に先立つことはできない。けれども、それにも拘わらず、人は彼の在ることをある仕方で無化するようにして無を語ることができるのではあるまいか。それは在ること（例えば、共同体、システム、ある意味論的世界、歴史など）をつきぬけてゆくような語り口として、他なる無に対面する方位と力働性を帯びるのではないのか。今はしばらくこの問いをおいて「すでに在ること」の無化を参究しよう。

## （2） 語られたこと（読まれたこと）を再び・語ること（再・読すること）

語られたことをそのまま反復し、再現前化（représentation）してゆくことは、在ることの自同をむしろ補強し、自己完結的システムや心の世界に自閉することであった。従って、すでに語られたことを語り・直したり再・解釈することは、語られたこと以前の語ることを根拠にしてそこに根差して再び・語ることであらねばなるまい。それはどういうことであろうか。われわれの参究の筋立てに沿って言えば、それは「すでに在ること」においてその中で無と何らかの仕方で対面するということになる。その自覚において、再び・語ることや再・読は、先行する語り・読解との連続ではあるが、その自同時な語られてあることやその連続の中に、再〔無〕語り、再〔無〕読という仕方で、間、無をもたらし、無化された連続の断絶、つまり不連続の深淵を何らかの仕方で過越す働きを示す。すでにできている文章なら文章間の矛盾や断絶あるいは行間がその無を秘め解釈を要求し無の深淵を示すとしてその箇所に無化・異化を見出し解釈をさし向けるのである。(8) そこで語り手あるいは解釈者は、その間・無に身をおいて、すでに語られて在ることの充実に対して裂け目を見出し、その無を押しひろげ外へと開けるのである。それは例えば、現在に収束充実する存在を無の未来・裂け目へと解き放ち、外なる他者をひきうけるべく解釈し、他者と協働して未来に企投することでもある。このessanceから脱する未来は、過去・現在・未来という仕方で時間軸上に線状化され、次に現在に再現前化され空間化されたクロノス時ではなく、正にそうしたクロノスの「外」なる無として、クロノスを切断するカイロス時の明るさなのである。そうした未来は、例えば今・ここに拓けるカイロス的終末的出来事ともいえる(「カイロスは満ちている。今神の国は近づいた」「マルコ」一15)。

以上の参究からどのような語りの地平が拓けたのであろうか。

(1)と(2)からわれわれが参学したことは、存在の空脚の語り口(の一つ)は、無をどう語るかということにかかっているということである。その点でわれわれの方策は、語りうることが全世界であるように語り、「わたしの言語の限界がわたしの世界の限界を意味する」(『論考』五・六)、「語りえぬものについては、沈黙せねばならない」(同七)と語ったウィトゲンシュタインの方策とは立場を異にする。というのも、われわれは彼の方策を、否定神学的に採用するにしても、当面無を語ることを通して存在の炸裂・突破の可能性を見極めてゆきたいのであるから。

## 三 無を語ることと存在の無化

さてわれわれは無の語り口を参究するため、今、無に関して対比的な語り口で語った二人の哲学者の思索を考察し、それに基づき新たな語り・直しの地平を追究してみたい。二人の哲学者とは、M・ハイデガーとトマス・アクィナスである。

### （1）　無と無の語り口　ハイデガーとトマス

ハイデガーは存在論的差異を通して、存在（Sein）と存在者（Seiendes）との区別を明示した。その際、存在論的差異は存在は存在者では無いことを語り示したのであった。その無いということは、全存在者を存在では無いという仕方ですべり落とさせる（das Nichten des Nichts）。そこに諸々の存在者にとり囲まれて安穏に生きていたわれわれの日常に隠れていた無が顕現する。それはまた存在者に覆い隠されていた存在の顕現でもあり、こうしてハイデガーにおいて存在者では無い無と存在は同定されるにいたる。[9] そこから存在の歴史がどう分節化されるかという話が展開するわけであるが、そのことには今は立ち入れない。われわれとしては、存在＝無≠存在者という存在論的語り口が、ハイデガーにおいてわたし（現存性）にとってどういう事態であるか、に関心がある。さて現存性はそこで存在が顕現する特別な存在者として、無と深刻に関わる。その無との関わりは、現存性の死との関わりとして示される。しかも死は、現存在にとって「彼に最も固有な、没交渉的な、確実な、そしてそのようなものとして不確定な、追い越しえない可能性」（『存在と時間』第二篇）なのである。現存在は、存在が日常そこに依拠して実存していた存在者で無いとの自覚において自己の「死への存在」に目覚め、先駆的決意性を媒介に死という自らに最も固有な存在可能性に企投するのである。詳細は省くが、ここでは死が現存在の可能性として、いわば企投し実存する生の側にとり込まれている点に注意したい。言いかえると、死は人間の在ることの外ではなく内なのであるともいえよう。とすれば、わたしは死、すなわち無に対面しても、存在の外に脱出できない。無が存在である以上。人はだから存在者に隠れそして顕現する存在の遊戯（Seinsspiel）の波の間に間に翻弄されてゆく。こうして彼は存在の外の他者と出会うことも、あるいは存在の外から倫理的要請を聞くこともない。

トマス・アクィナスは、存在論的差異や無に関して、ハイデガーとは別な語り口で語る。というのも、彼は純粋現実態である存在自体がいわば存在の第一原因として、存在界の創造をなしたと考え、その際、何らかの資料的前提や形相的条件なく、存在を無から創造したとするからである。そこでは無はいわば存在と異なり、実在的原理ではないが、存在の「外」として示されてくる。[10] 人間存在もこの無から在らしめられており、彼の死は彼の存在を無に帰する。すなわち、生にとって死は外であり、内にとりこむことのできない異である。それゆえ、死は人間存在の可能性ではなく、彼の外から無をもたらす現実に外ならない。人は死ぬのである。それが端的な死・無を語る語り口であり、人の在ることを限りなく有限に限るのである。

このように無を存在の自同に同化せず、その外とする地平にあっては、存在の外から死が到来し、人間がどれほど在ることを語って確実な自同性としようと、人間のessanceという内在的自同存在性を確実に奪う。そうである以上、死の語り口が内存在突破の手がかりを示すと言いうる。その語り口は、それでは具体的にどのようにハイデガーのSeinやレヴィナスのessanceをも含めた「存在」の突破、存在の死に連動して働くのであろうか。

その具体的展開を次にM・エックハルトの語ることの参究を通じて示しつつ、無の語り口を示しつつも同時に語り・直しの可能性を考究してゆきたい。

## （２）　存在の無化言語　エックハルトの場合

エックハルトにとって自同的存在を造化する方位をとる語ることは、像化すること（bilden）に該当するであろう。というのも、人はみな語られて在ることを確実に安定して在るもの・実体像（Bild）とみなし像化して、それに依り執着しそれを根拠として生きているからである。そうした語りかつ語られたものを実体視する中心こそ主体であり、彼も自らを安定してゆるぎないものとみなす自己像化の我有的主体（eigenheit）に外ならない。eigenheit の eigen が、私有し自分のものとみなすという意味であるように。エックハルトにとってこうした自同的なものや世界は、像であり、像とは先述の essance とも言いかえられよう。それら像の例を挙げてみると、まず日常生活を成り立たせる根本的なものであり、その意味で主我の執着の対象となるものとして、生産財、産物、富、社会的地位、権力、名誉などが語られて在る。次に心に浮かび心のドラマを成り立たせる喜怒哀楽などの情念や様々な心象や記憶像、創造される幻想的で多彩な魅惑の絵画《えず》、つまり心をとりこにする心象風景などが在る。さらに修徳上の実践として断食、節制、不眠、禁欲、善行などが語られて在る。エックハルトは、これらの行為が神から報酬を受けるために神と交渉する際に持参される商品とさえみなし、そこからの脱像化・離脱を勧めている[11]。さらに信心上のキリストや聖母マリアにまつわる様々な像に加え、エックハルトは神学上の正統的で信仰の根幹となる創造、創造主、神、三位一体なども像とみなしている。つまり、彼によれば如上の一切は、主我が像化し、それに執着するゆえ、純粋な在ることをおおい隠し、在ることに対し、人を盲目にする虚妄の像であり、人はその虚妄な像に生きつつ自ら虚妄になるというわけである。

　そこでわれわれにとっての関心は、次の問いに存する。すなわち、エックハルトはどのような無の語り口で、像の無化、虚妄な像的 essance の炸裂とそこからの離脱をなそうとしたのか、と。

　彼は「説教」において離脱、空脚、貧、死など無化に関わる多様な語りを展開しているが、その根底の存在論的言語用法は「帰属のアナロギア（analogia　attributionis）」であると考えられる。ここでは比例性のアナロギア

(analogia proportionalitatis) との対比でその言語用法上の特徴を概括的に示してみたい。

次のように無造作に並んだ数字を例にとって比例性を考える。3、12、9、7、4、21……。この数字は、「9／3」対「12／4」対「21／7」という風に比例関係におかれると、各々ばらばらだった数字が3倍の比例関係の中で統一化されて一つの世界を成し、その世界の中で各々の割り当てられた比例的位置を占めて安定する。これは数学の世界なので、「対」は等号を意味する。次に存在をEと記して、その比例性を考えてみよう。さて一切が何らかの意味で在ると語られる以上、神、陽炎、小花、小説、天使、夢、プラトンなどみな在ると述べられる。それが比例関係におかれると、「神／E」対「天使／E」対「プラトン／E」対「夢／E」対「小花／E」対「陽炎／E」対「小説／E」などと関係づけられる。しかもこの場合のEは、上述の数学的比例性から推測できるように一義的ではなく、分数の分母が示すように（3、4、7…）、意味内容が全く多義的であるといってよい。神の存在と陽炎の存在は、同名異義といってもよい程、天地懸隔の差がある。にも拘わらず、比例関係において存在は何らかの仕方で無の相異を超えて相互に類似しており、各々に述定される。そこには存在の類比的統一の世界が拓け、いかに超絶的であり、他方で卑小であろうと各々は各々に固有な存在性を帯びてその世界に位置づけられて在る。存在の超越と内在が非対称的にしかも劇的に調和している「存在のアナロギア」の世界は、しばしばゴシック建築になぞらえられもした。(12)

これに対し、帰属のアナロギアにあっては、周知の「健康な」の述定に窺われるように（太郎が健康である、この薬は健康的である、この部屋は健康的である、この尿は健康である……等々）、健康が内在するのは太郎においてであり、薬は健康を原因する限りで、部屋は衛生と関係づけられる限りで、尿は健康のしるしである限りで健康という述定を受けるのである。そうでなければ、太郎も薬も尿も部屋もそれ自体として独立しているので何の相互的関係をもたず、ばらばらに在るだけにしかすぎない。この帰属のアナロギアは、従って第一項がそこに内在する質（健康の例）の述定を他の諸項（尿とか薬とか部屋とか）に貸し帰属さす限りで成立する、いわば外在的関係による多の統一方式なわけである。この帰属のアナロギアがそれではどのような帰結をもたらすかを、やはり存在の述語によって二つの仕方で簡単に考究してみよう。

第一の語られ方では、まず「神は存在である」と語られる。そうすると、天使も陽炎も夢もプラトンもそれ自体存在と関係のない無であるにも拘わらず、みな各々の様式で存在たる神に関係づけられ帰属される限りで、各々は存在すると語られて在る。そこで、存在たる神に関係づけられるということは、エックハルト的創造論によれば、神の観念として本来無である可能的イデア（イデアとしての天使、プラトン、陽炎など）に神から存在が貸し与えられることである。この存在の不断の連続的貸し与えにより、現実に天使、プラトン、陽炎などが存在すると語られるのである。これは連続的創造（creatio continua）ともいえよう。この存在の不断の貸借関係によって、神と被造物界との関係が観想されるとき、それまで比例のアナロギアによって各々の事物が存在性をえて安定していた世界が、突如としてゆらぎ始め崩壊し始めるとさえいえる。すなわち、帰属のアナロギアは、比例のアナロギアが露わな純粋存在たる神と被造的諸存在の間に内的存在関係を立て存在世界を安定させたのに対し、各々の在るものと神との全き外在的関係を示しその世界の内存在性を炸裂させ、世界の無性を暴露するからである。これがエックハルトにおける無を語る第一の言語行為論的方策である（ショック一）。しかし、それでも人間の主我は無が本来ものの真相であるのに、ものを実体化し執着する。そこで新しく第二の無の語りが登場する由縁がある。

第二の存在の語られ方によると「神は知性である、無である」と語られる。先述の第一の語り口は、諸存在者の本来的無性を示すにも拘わらず、やはりそれが在ると述べる限り、それに存在の残滓がまとわりつく。この第一の語り口の残滓を払底さすために、諸存在者は神の無に関係づけられ、その実体的存在性を奪われてゆく。それは

essanceという自同的内存在性の炸裂であり、端的な無化である。ただしこの「神は無である」と語られるとき、無と知性が同定されることに一応留意しておこう。というのも、後でふれるが、一切のものごとを知るためには、一切のものごとに無(白紙)でなければならず、神は無だからこそ、一切を知るのであるから。そしてこの点がまたわれわれの自我性自体の突破や無化・脱自の根本的動力になるわけである。

こうして「神は無である」と語られるとき、比例のアナロギアによって構築されていた存在世界や自己自身も無にさらし披かれてゆく(ショック二)。

以上の語り的ショック一と二は、実存的に「わたしが在ること」にどのようなショックと外・他への開放を与えうるのであろうか。

先述のように、わたしの像化する(現代的にいえば、表象する)主我は、在るものだけでなく自らをも像化し、在るものの世界を構築しそこに棲み狎れて執着して生きている。その像化された虚妄なものに対する執着は所有欲をよび起こし、こうして虚妄なものの私有を求める主我と主我との間に所有をめぐる阿鼻叫喚地獄が現出する。この地獄において、無を語るショック一の語り口は、存在者が無から刻々とよび出され在らしめられているにも拘わらず、その在るをわれわれが像化・絶対化していること、そして、確実に実体として在るとすでに思いなされた主我の許に虚妄なそれらの像をとり集め(legein)、このようにして自らの自同的世界を立てその虚妄に棲み狎れていることを示しつつ、敢然と世界の根本的無性へと思いを向けかえる。その向けかえは、無を語るショック二の語り口によって徹底的に遂行される。その第二の語りは、なお無からよび出されて在ると思うわれわれ主我の思いとその像化作用および幻影のような諸実体から一切の存在性を奪い去ることである。エックハルトの場合、その存在性の強奪を実現するのは知性(intellectus)である。というのも、彼にあって知性がものAを知るとき、知性はそのものAに対して白紙・無でなければならないからである。従って、無そのものである神に至るために、神の知性の無によって自らの知性も無化に放下し、先述のような日常生活を根本的に支え支配する権力的な存在者から始まり心のうちなる情念や精神的価値、さらには信心や神学的な根本語（神、三位一体）さえ無化してゆく道行きを辿ることになる。(13) それは知性の自律的能動的働きの道行きではなく、無化するアナロギアの言語作用に乗ぜられた知性の在り方であり、さらにその背後には、無化という仕方で外から到来する無の到来が働いているのである。というのも、知性の無化作用をそのまま肯定し続ければ、それもまた知性の絶対的な自己定立となるからであり、彼に到来して働きかけている他と決して出会えないだろうからである。そうするとエックハルトにおける強力な知性の自律的能動的無化とみえた作用は、無（中世的な memento mori もそこに含まれよう）の到来に裏打ちされてあることが理解できよう。さらに語られたことに先行する語ることが、レヴィナスのいうように他への開け、他への聴従を披くとすれば、エックハルトにおいて無を語ることは、主我の根源的受動性においてそこにすでに到来している無化する他者への聴従の地平を示していると考えられる。それは、無自身が外からわたしの essance に気・気息としてプネウマ的に息吹き、そこに空をうがち、裂開しつつ音をどよもしつつ語りかけてくるという、逆説と矛盾にみちた外的干渉・呼びかけを予感し証言するともいえよう。

われわれは以上でエックハルトを手がかりとして自同的存在を無化する言語の働きを参究してきたが、それでは一体彼の無を語ることは、現代においてどのような語り口を披き示しうるのであろうか。どのように、どんな呼びかけが、どこから誰に響いてくるのであろうか。存在はどのように死を迎えるのであろうか。それは新たな存在（例えばハーヤー）の誕生を予告しないであろうか。そして今・ここでどのように存在をつき抜けた他者が現成するのであろうか。こうして問いは限りないが、その方位は結局、心言語と様々な存在－神－論とそれが在らしめた存在とがつむぎ出す在ることやものを空脚する一点に向かって収斂してゆく。

## 四　存在の死と「無・限」に語るペルソナ

在ること（essance）の中でそこにおいて人が無を語りうるということは、彼がある意味ですでに他者としての無に乗ぜられ、とらえられて在るという証左であった。その際、無は精神的死を含めた様々な死から始まり最後に存在と端的に対比される無に至るまでの意味を含むことに留意しておきたい。さてそこで、本論の最終部分にさしかかりつつある今、語ること↓在ること↓在ることの空脚↓死の到来↓無を語ること↓他者との出会い↓……に至る以上のような筋道を再・考しつつ、今・ここにおける全天地、全歴史の根拠の現成を参究してゆきたい。

われわれがこれまでとり上げてきた「在ること」は、ある自同的な存在世界であり、限られた自己完結的システムといえる。それは伝統的には本質（essentia）という意味論的可能的存在に該当する。レヴィナスは、それを essance として現実性をもたせているが、いずれにせよ、その限られて在ることは、限りを語ることによって成立してきた。そのことの諸様式を列挙しつつ、今はもう少し解明の途を辿ってゆく。

まず日常言語の限る語り方が、なんといってもわれわれ人間にとって最も基底的といえよう。この限る語り方によって、われわれの生活を円滑に生きるために、生活上のものや行為が分類されたりあるいは習慣化され、そこに限られた日常的生活世界が現出されるからである。そこではあるものが主語として限られ、それをめぐる生産活動や流通売買など日常生活の運用に関わるおしゃべりがかしましい。次に現代では自然科学的言語の語り方が最も強力に人間世界を改造しつつあるといえる。それはおよそ観察可能な感覚的世界を解釈し法則化して限る理論的言語であって、一義的で整合的で普遍妥当的な法則的体系世界を現出さす。しかも技術力を物質的世界を限る有効な力として用い、その法則知に適用しそれを通して世界をいよいよ限定・制御・改造してゆく。しかしこの理論言語の有効性や妥当性は、やはりものとの何らかの合致にあり、そこで実験的検証が要請される。こうした自然科学を手始めとして学問的な限る語り口はみな、数学的言語を典型とする論理的な語り口を用いる。というのも、論理は人間の心がもつ共通の思考形式や言語形式およびその普遍性を基にして、人工的記号世界を現出させ、その記号系の最共通性と一義的形式性が学問的な法則知の世界の成立を最も有効にもたらすからである。

以上のように、多寡を問わず自然や社会歴史の事実とのすり合わせによって自らの語りについて検証しながら、限られて在る世界を現出さす語り口と異なり、比喩、メタファー、象徴などの想像的虚構的な語り口は、非日常的非実証的な文学や詩の世界を幻出する。人間の心はその虚構的世界に遊びつつ、その限界内に在って充足している。人間にあってはその他にも様々に限る語り口は考えられるが、ここでは書く仕方で限る言語用法も考慮されなければならない。というのも、過去に書かれて在る世界や作品が披き示す人間の精神的あるいは歴史的あるいは……的な新しい可能世界に向けて人間は未来につき抜けることができるからである。それができるのは先述のように、書かれたことを再・読する場合、人は一たび過去(とその書かれた書)を無化してそこに到来する未来に身をおく仕方で無に思いを潜めること(潜心 recueillement)をなす限りにおいてである。まことに、潜心する(se recueillir)とは、すでに在り今も在るものにおおわれて在ることから、もう一度心を撤退させ、その外に到来する他者に耳をすまし自己の存在努力を放下すべく沈黙し語らず自己の能動的主我を無化することだからである。その意味でわれわれが参究している語り口は、この潜心において到来する根本語(善、一など。われわれの場合では無)に聴従し、そこからこの根本語の深層において、自然、歴史、精神、価値などを意味づけ価値づける限り、それらと共に生きる途を辿ることに外ならない。そこでは、無・死を自分の外としてそこに聴従しないような如上の限り語ること↓限られて在ることを徹底して空脚することが問いとしてつきつけられているわけである。この限る語り口およびわたしの essance の限りあるかたちを無化するとは、それは無・限を語ることではあるまいか。実際にレヴィナスは、無・限 (in-fini) に関する論考の冒頭において次のような説明をしている。すなわち、われわれは有・限 (fini) の中に (in) 限られて閉じこめられて在る。あるいは言いかえれば、in-fini はわれわれの心の中に (in)、観念として在る。しかしその in-fini の in とは、以上のように中 (in) だけでなく、否定 (négation) をも意味する以上、それはわれわれの essance の中で朽ち果てるのでなく、中で核分裂を起こし炸裂してそこに infini である他者をもたらすという。[14] とすれば、無さらに死を語ることは、この無・限を語ることであり、無・限を無・限に語ることに成るはずである。それはいつか語り了《おわ》るというような有・限を前提としない無・限に語ることでなければなるまい。しかし、有限なわたしが、どうしてこのような無限に語ることができるのであろうか。できるとしたら、どうしてそれが可能なのであろうか。しかも、自らが勝手に無限を語っていると思いなす幻想にどうして陥らないあるいは陥っていないと保証できるのであろうか。こうしてまたもや問いは果てしない。

これまでの参究においてわれわれは、無限を語ることは、あくまでわれわれの内存在に由来する可能性ではなく、外から到来する死の迎接であること、それはわれわれの根源的受動性に到来すること、従って迎接の仕方は沈黙と聴従であることを解明したのであった。[15] そのようにわたしの存在を解体・異化しつつ到来する他者は、すでにハーヤーとして語られた。ここでは詳細に立ち入れないが、そのことをふまえ、そのことを生きかつ生きつつある伝承の具体をも言挙げしつつ、語ることおよび再び・語ること (再・読) を参究しよう。

## （1）語ること、聴従すること、存らしめられて在りつつ、在りて在らしめられつつ……

語られて在ること essance の内に在る限り、「外」「無」「死」の到来は、何らの基準にも依らず予測合法則化されえぬ形で突然として、異、脅威、未曾有の新しさとして到来する。(16) そのことは、語られたことの手前にそれに先行する語ること、殊に無・限を語ることにおいて顕わとなる事態である。そしてその無・限を語ることは、有・限に自閉するわたしに死んでゆく放下であり、その放下の受動・潜心において初めて聴従しうる。そのとき、それにも拘わらず、自己が無において何か新たな異他と出会い、新たなことが始まっており、そのこと始めにまき込まれて在ることを自覚する。つまり、聴従とはハーヤー的他者の到来とそれによる自己存在の異化において正に新たに在らしめられて在りつつ、しかもその在ることが在らしめられつつ在ることなのである。とすれば、無・限を語り、有・限な主我に死んでそこに立ち上ってくるわたしとは、在りつつ在る者、言いかえれば成りつつ在る者、結局、ハーヤー存在の体現の一つのすがたに外なるまい。そしてこの「在り成りつつ在るハーヤー的体現者」とは、逆説的で絶対矛盾である「成ること」と「在る者」(hypostasis) とを兼備した者といってよい。そうした者の具体としては、他者に責任をとることにおいて、つまり「わたしはここに」(me voici) と語りつつ初めて個体として在る（個体化の原理）ような、レヴィナスのいう倫理的わたしが語られよう。というのも、「わたしはここに」と語るとき、彼は無限なる他者と出会い、その無・限の語りにおいて初めて在ることができるのであり、それ以前、彼は全く何（誰）でもないからである。(17) 他の具体としてわれわれはアウグスティヌスの「告白する自己」を語ることができる。というのも、彼は告白する語り口において、過去の自閉的主我に死に、そこからよみ返って新しい自己を開き示しつつあり、その告白は時を超えて今日に至るまで、今・ここに彼を在らしめ在りとした天地の根拠（ハーヤー）を同時に披いているからである。(18) それゆえそこで成立する告白する人間像は、告白という語りを通し、やはり今日に告白しつつあるわれわれと一つの協働態をなし働いている。このように語りつつ在り、在りつつ語る具体として、ニュッサのグレゴリオスが旧約「雅歌」を再・読しつつ作品化した、エペクタシス(無限聴従)の途を歩む花嫁・魂を語ることができよう。というのも、受肉のキリストになぞらえられる「雅歌」の花婿は、花嫁の語りかけや悩みの言葉からまるで自由な仕方で訪れそして去り、顕れそして隠れつつ花嫁たる魂に語りつつ彼を essance 的存在から解放し、魂はそのハーヤー的花婿に聴従しつつ、完全な花婿との出会いを今・ここに生きるからである。その道行きにおいて、ハーヤー的花婿と協働して魂は在らしめられて在り、在って在りつつ歩む[19]。

## (2) 再び・語る(再・読すること)、在らしめられて在りつつ、在りて在らしめられつつ……

「語られたこと」になお先行する「語ること」は、沈黙と聴従においてハーヤー的他者の到来とそこに息吹きとよもす音声の呼びかけに主我的自己の空脚を促され自同を開けわたす。自己の無化の足下に他者が現成する。従って、その無・死の足下においてしか、再び・語ること、再・読することが、自閉的な自存の努力から離脱して新たな伝説やテキストの創造の契機となることはない。その無の足下においてしか、それは因襲にみち固陋な伝統や解釈方式を突破できるよすがにはなりえないのである。

それでは今は、先の(1)に倣ってその再・読および語り・直しの具体を想起し、そこにいささ潜心してゆこう。再・読とそれに基づく新しいテキスト創造の典型は、新約聖典の成立にみられる。新約聖典成立のプロセスにあって、旧約は新約の予表として再・読されており(例えば、「ガラテヤ」四21－五1)、その再・読において読者が旧約的 essance の外に他者と出会い(パウロのいう律法からの自由と信など)えたのは、紛れもなくキリスト自身の自己無化である死に身をおいたからである(律法に対して死んだ、とはパウロの言。「ガラテヤ」二19以下)。イエス自らハーヤー的父なる神の言葉を受けその無化（ケノーシス）・死に身をおいて再・解釈し、甦りという仕方で新しく他者の地平を披いたのである（「フィリピ」二6―11）。このイエスの根源的な再び・語ること（再・読）を働き出すケノーシスに乗ぜられて、新約や旧約文書の再・読の伝統が次々に披かれ、創造的に人間の出会いと協働態的円居を現出していったと考えられる。

東洋的伝統、殊に日本仏教の再・読の一典型は、法然や親鸞による「浄土教聖典」の再・解釈である。ここでは『大無量寿経』中の第十八願をとりあげてみよう。第十八願は、「たとい、われ仏となるをえんとき、十方の衆生、至心に信楽《しんぎょう》して、わが国（浄土）に生れんと欲して、乃至十念せん。もし、生れずんば、正覚を取らじ。ただ、五逆（の罪を犯すもの）と正法を誹謗するものを除かん」とある。この文章の再・解釈を通して「日本浄土教」が成立したといえるが、ここで「乃至十念せん」と「五逆……を除かん」の二箇所の再・読に注目してみよう。[20]

まず「乃至十念せん」に関していえば、七世紀の中国における浄土教大改革者・善導以前には、十念の解釈は、阿弥陀仏に対する観相（観仏）を意味したとされる。しかし、善導は、このテキストを「十方の衆生、わが名号を称せんこと、下、十声に至るまで……」「上尽一形、下至十声、一声等」（『往生礼讃』）と再・読し、従来の思念を称名念仏と読み変えたのである。

「偏《ひとえ》に善導一師に依る」とした法然は、念仏の立場を承け、自力的な観仏三昧の境涯からひるがえって、阿弥陀仏の誓願に身をたくし仏を信じて称名念仏をなすことで、それがたった一遍であっても、浄土に生まれうるとした（専修念仏）。しかし六、七万遍の念仏行を生き、下品上生の立場に立ったとされる聖僧法然に対し、「地獄一定すみかぞかし」と語って自らを下品下生の極悪人とし、非僧非俗の立場に立った親鸞は、さらに徹底してテキストを読み・替えている。すなわち、『仏説無量寿経巻下』には、「あらゆる衆生　その（無量寿仏の）の名号を聞きて信心歓喜し、ないし一念せん。至心に廻向して、かの国に生れんと願わば、すなわち往生することをえて、不退転(の位)に住すればなり……」という本願成就の文があるが、『教行信証』の信巻で親鸞が「あらゆる衆生、その名号をききて信心歓喜せんこと乃至一念せん。至心に廻向したまえり。かのくにゝ生ぜんと願ずれば、すなわち往生をえ、不退転に住す」とただ一句を書き・直したこと、語り・直したことが歴史を転回し、絶対的他力の希望にみちた世界すなわち、阿弥陀と悪人との協働態さらに悪人の自覚に生きる人々の念仏協働態を創造していったのである。「経にいはく、あらゆる衆生、その名号をききて信心歓喜せんこと乃至一念せん。至心に廻向したまへり」(『教行信証』信巻)と。そこでは、名号の信心と称名念仏の一体化およびその念名が仏の力に乗ぜられて(「廻向したまへり」)可能になることが語られているが、実存的にはその廻向はただ親鸞一人のためであったと述懐する(『嘆異抄』)。しかし、それはかけがえのない仕方であらゆる人々一人ひとりへ全き他力の地平を開放した語り口だったのである。

次に「五逆を……除かん」の解釈に移ろう。五逆とは、無間地獄に人をおとし仏の救いから除く五つの大罪であって、善導以前には阿弥陀仏の救いの手のとどかない領域とされていた。善導はこれに対し、簡単にいえば、『大経』は五逆などの大罪を犯せば往生できないと予めさとし、そのさとしは衆生摂取のための仏の慈悲による抑止の方便であると再・読する。法然もこの点で、師善導の教えを相承し、阿弥陀仏の救い・大悲が平等にすべての罪業深重な救いがたき人間に今・ここで注がれている深層を暴き示している。しかし、善導も法然も念仏の廻向によって救われるという仕方で、念仏の修善性の残滓を残すと同時に、往生を臨終時以後とする仕方で「往生＝天地や人間真実の根拠現成」・根拠の到来の今・ここ性を甘くしているかにみえる。親鸞は、これに対し死後浄土に再生化生するという伝統を承け継ぎつつも、正定聚(浄土に生まれ仏の悟りに入ると約束された位)をめぐり一見識を示している。すなわち、『末燈鈔』一に拠ると、人の臨終時に仏が来迎して救いとるという考えは、自力作善の報果という考えである。これに対し十悪・五逆の罪人が真実に仏の本願を信ずる時には、すでに正定聚の位に住し、往生が定まるので仏の来迎を頼りにすることはない、というのである。そのことは『教行信証』「信巻」冒頭で、「至心信楽の願（第十八願）正定聚の機」と記されている箇所からも窺える。こうして親鸞にあっては、念仏の信心者に対しある不思議な仕方で今・ここに阿弥陀仏が現われている。

こうした浄土教の祖師たちは、いわば無に身をおいて伝統的テキストを再・読し、「外」から到来する仏の現前に逢い、その出来事を示しえた。彼らが、その無に身をおき仏と出会いえたのは、結局のところ第十八願で「正覚を取らない」と語って自らの無化を成就した法蔵比丘の誓願の語りとその力に乗ぜられたからだといえまいか。

### （3）その時（カイロス）と新たな自己の文法的位格性（主格・属格・対格・与格・呼格）

以上（1）（2）から、われわれは語ること、そしてまた再び・語る（再・読する）ことが、限り在る身で無に身をおくことによって無・限を語り、無に聴従しつつ、このようにして初めて新しいテキストや解釈を創造しうることにふれた。それは無・限としての無の働きに支えられて、わたしが在らしめられて在る、在りつつ在らしめられるというハーヤー的自覚を深める。その自覚の時（カイロス）に、このわたしとは、どのような新しいすがたを帯びて生起してくるのであろうか。

まず、その時わたしは、何ものかに従属する属格でも、何ものかを所有することを表わす属格でもないであろう。無化は属格に対し脱自的であって非所有という異次元を披くからである。しかし、またわたしはハーヤーの言葉を預る者でもある。さらに、その時わたしは欧米語の主語に当たるような在るもの（je, I, ich……）でもありえない。

これら主語は、否応なくconatus essendiによって在ること(essance)を指示するからである。その新たなわたしはまた対象として指定・凝固させられる対格的わたし(me, me, mich……)でもありえないが、ハーヤーにより唯一回的存在者として指名される。それでは、主語的でも、対格的でもなく、属格的でもなく、わたしはどのように生起するのか。わたしは無・限を語りつつ、しかもあくまで限られて在るという有・限をまぬかれない以上、その都度在りかつ在りつつ在るハーヤーの体現者である。だから先にもふれたように、わたしはある仕方で在ること(hypostasis存在基底)と脱自的生成とを一挙にわが身とする者であるといえる。その「わたし」とは、レヴィナスの語る「語りかけられ呼びかけられ応えて在る(me voici)者」とも近く、ニュッサのグレゴリオスにおいて隣人を通し神人に無限聴従しつつ現成する「魂」とも重なる。その意味で、一回的に呼びかけられて応える「呼格的存在」ともいいえるが、しかし、それに了らず漂白し旅ゆく仕方で長い道に立つ者でもある。あるいは「わたしに」ハーヤー存在が到来しエネルギーとして秘められて彼によって支えられて在る者として、受動的与格的存在ともいえる。しかし、主格的能動的に応える者でもある。このように呼びかけられて成り支えられて在り、指名されて能動的に応えるようなその「わたし」を、伝統的に語れば、ペルソナ(persona)とも呼びうるであろう。なぜなら、語ること(sonare)によって限られて在るというhypostasis実体面と同時に、外から到来する他者の声に聴従しつつ、自己のhypostasis性を無化しつき抜け、他者の声がそこにおいて響く(per-sonare)、開かれた生成とを矛盾的に身とし生きる者、それをペルソナとして語りうるからである。だから、彼は出会いつつ交流を形成してゆく者であるが、他方出会いにも滞留せず、再び旅立つ者であるとも言いかえられる。(21)

## むすび　ハーヤーの声とペルソナの文法的位格性

語ること、在ることを参究しつつ、今日の時代に在ることが自閉的存在努力を根本的動態として暴力的に他を抹殺することに荷担せざるをえない局面にぶつかった。もっといえば、人間の在ること自体が主我的なのである。その自己中心的存在が、自身や諸体制さらに歴史の流れなどを征服・制御している。そこでその空脚が無・限を語ることとして示されたといえる。その無・限の語り口の参究において、すでに到来している無の自覚を通し、essance（存在）の死・突破を媒介として自・他の新たな立ち上がりに逢着したようにみえる。その逢着は、アブラムをアブラハムと呼び直して無化と甦りの道を示したあの同じ声のカイロス的出来事といえる（「創世記」一七）。本章にあってその声の今ここでの現成とわたしのカイロス的成立との啐啄同時的出来《しゅつらい》の場は、ペルソナという言葉に託して語り直された。そのようなペルソナは、単に主格でもなく属格でもなく、対格でもなく、与格でもなく、呼格でもなく、限られないが、ある仕方でそのどれでもある。言いかえると、彼は文法的位格のどれでもあり、どれでもないので、表現や言葉の中で限られず、否定を媒介に縦横無尽に位格的に転位でき語り直す破格なのである。こうして彼は、新しく再び・語る破格的ハーヤーであり、語られたことを限りなく先行する語ることへの脱自でもある。

「序」においてわれわれは、次のように感嘆・慨嘆した。

「微風に一片の花びらが散る。ああ、この生は虚妄にして美しき開花であることかな」

この感嘆において、わたしの心のとびらを、すでに訪れてそこにいる無が外からたたいているのか。そして「美しく開花していること」とはどのようなことか、と悲痛な問いが迸った。

この序の問いとわれわれが語ることは、さらに大いなる問いと呼びかけ(わたしの呼格性)の自覚をもたらし、これからもわれわれを指名する(わたしの対格性)。その呼びかけの根拠に応え(主格性)、呼びかけに支えられつつ(わたしの与格性)、彼への聴従を基に新たな言葉を預り(属格性)さそって止まない他者の地平に言葉と生の協働態を開拓してゆくのである。破格なペルソナである限りは。[22]

# 第四章　ハヤトロギア（ヘブライ的存在論）の胎動

本章はこれまでの章における多面的なハーヤーへの迂回的解釈を結集し、それを基にして従来の西欧的存在論（ontologia、すなわち存在 on に関わる学 logos）では十分参究できなかった人間の邂逅ということについて、ヘブライ的存在 hāyāh の立場から参究することの目論見《もくろみ》である。それはオントロギアの死角から、起死回生の参究を介してハヤトロギア（hayatologia）[1] とその協働態的他者論とを拔く道行きともいえる。それは一体どのようなことなのであろうか。

さて、如上の目論見にむけて、まず人間が語ること（dire）、語る人間から考察がはじまらなければなるまい。というのも、語りこそ人間に固有な徴候であり働きだからである。そして人間とは、すでに人と人との間であるとすれば、彼の語りには根源的な邂逅の力働性が孕まれていると考えられる。

実に日々人は、その妻あるいは夫、友、師から学生、あるいは子あるいは母に出会い、その恩愛と憎悪、憧憬と忌避、再会と別離の喜怒哀楽において生きている。その際、すでに何らかの仕方で相手を受け容れ、かけがえなき唯一者として邂逅している。たとえそれが意識されず実感されないとしても。この邂逅あるいは別離・背反の生は語ることによって始まり了るともいえる。子をあやし育てる母の語り口、恋人として語りかけはじめる新鮮な語りから愛の背離をもたらす裏切りののしりに至るまで、あるいは師としての教えと弟子としての学びの言葉、さらにインター・ネット上の交流で用いられる言語記号等々、列挙すればいとまがない。語りによって邂逅がはじめられ新しい生の世界が拓けるのである。しかも、このその射程や奥行きは日常の邂逅に限られない。

語ることはまず他者から発し、あるいは他人に対し他人と共である（対話）が、また自分で自分の心にささやきかける、あるいは心の中であれこれ思ったり、論理的に思考しようとして独白することを経験する人は多いと思う。さらにこのような自己に対称的な対話の相手を超えた超越的他者（例えば神仏からはじまり理想化されたマドンナに至るまで）に語るからである。このように語りの様相と奥行きは深い。

逆に邂逅によってわれわれの語りの新しさや飛躍がなされる点にも予め注目しておきたい。芸術作品に出会って自分の感性が震撼され自ら芸術家を志すこともあろう。たとえそれがキルケゴールのいうような美的・倫理的・宗教的実存の三段階における一時の「美的段階」であるとしても。リルケは天使に出会い詩的神的空間を創造して、その詩魂を養う言葉の世界に踏み込んでいった。あるいはアウシュヴィッツの一乙女は、常識では共生も対話も出来ない一本の樹の声を聞いて、彼と対話した（V・フランクル著『夜と霧』）。これらの出来事を一応邂逅の射程に入れてその広さを確認し驚嘆しながら、しかしわれわれ一人ひとりにとってまず眼前一人の他者との邂逅を語り出すことが第一歩なのである。なぜなら、われわれが現世を生きる生とその問いの場は、宇宙大であるが（パスカル）ここ、つまり貧しくも豊かさを秘めるわたしの局所に限定されており、そこからしか出発しえないからである。

われわれの問いは従って、どのような語りによって人間・汝（との邂逅）が語り出され、そしてどのような新たな協働的生（convivialité）とその意味の地平が披かれるのか、ということになる。

われわれの参究の方位がそれほどずれていないこと、およびその奥行きを予め証しして本論を出発さすため、ここで邂逅に関わる、一つの古典的な事例を参究したい。それは『告白』第四巻（四章七–九章一四）で語られた若きアウグスティヌスと夭折した親友との邂逅・別離の物語である。(2) 物語の筋立て（intrigue 罠）を紹介する前に、告白文学が他者への呼びかけ・対話という仕方で他者への参照をすでに織り込んだ語り口である点に注目しておきたい。さて彼はその友と当時人々を魅了した東方の二元論的宗教（思想）マニ教の熱烈な心酔者となった。しかも修辞学という若者の未来の夢がたくされた学芸（ars）にも共に熱中した。その当時の友情の激しさを形容して、アウグスティヌスは、『告白』の中で「あらゆる甘美なことにまさって甘美（suavis super omnes suavitates）」とか、「二つの身体におけるただ一つの魂」とか、「彼にとって、〈第二のわれ〉であったわたし」とか語っている。恐らく二人は当時、そうした類の甘美な語り方で、自分たちの融合的な情熱の、同じ存在の世界を創出していたと思われる。それは、superstitiosas fabellas（作り話）のような世界であることを彼は暗示している（四章七）。

しかしその融合的情熱による二人の一なる同の世界が幻想であったことが露呈されたのは、友の突然の熱病死においてであった。というのも、友はその高熱による昏睡時にカトリックの洗礼をうけた。アウグスティヌスにとってみれば、その洗礼は彼の意識喪失時のいわばだまし討ちのような強制的な儀礼に外ならず、従って意識回復後に友はキリスト教の洗礼を嘲笑し、マニ教の信仰告白を続けるだろうと確信したわけである。しかし事態は逆に展開し、友はアウグスティヌスに対しきっぱりとキリスト教の信仰告白をし、その後死出の旅に発った。この出来事を通し彼は友（情）を喪い孤独のうちにただ「泣く事だけが甘美な」幻想的逃避にひたり、友情とそれによる融合的一致の世界に絶望し全く無力感にさいなまれた。すべてが死に絶えた。自らも含めて（四章九）。そして正しく死の荒涼にたたずむ無力な彼にとって「自ら自身が大きな謎となった」（同）。その謎が問いを生んだ。「なぜ悲しみ、苦しむのか」と。彼は問い反問し参究し語る。「それは私が死ぬべきものを、あたかも不死のもののように愛して、私の魂を砂上に注いだからではなかろうか」。こうして彼は「愛そのものが見捨てられないところ」（一一章一六）

を探求しはじめる。それは個々の生成消滅する事物でも、その総体でさえない。なぜなら、その総体は宇宙時をはるか彼方からはるかな未来に経過してゆくとしても、依然として諸行無常の次元に在るからである。そこからアウグスティヌスは、愛もそこでは過ぎ去らず、そこにおいて逆に一切を愛しうる存在、つまり実存的ないこいの場としての不動の存在に辿りついたのである。(一五―一六章)。

こうしてアウグスティヌスは、友の死をその身に蒙って友情の虚無と真実との境界を証しつつ、新たな友情・愛《アガペー》の根拠としての「不動の存在」を語りえた。だから彼はこの愛の根拠・存在を存在論的次元からせり出して、彼の語りの対話的ペルソナとして「汝」と呼びえたのである。この汝と共なるその語りは「告白」という思索的物語形式と同時に彼の「物語的自己同一性」を創り、それはそこから他の人々に呼びかけ共有しうる語りとして新たな「告白」の語り部を産み育てる契機となる。と同時に、告白的語りは、過ぎ去りゆく幻想的な友情の語りから新生した滅びない語りの根底に働く「汝」をも示しえた。そのことはその語りの言表的特徴からもいえることである。すなわち、「告白」言語とは純粋に思弁的な説明言語ではなく、自己の悔悟を含む心情・感情(affectus)表白や他者への呼びかけを徴候とする言葉なのである。というのも、ラテン語affectusは、afficio(働きかける、傷つける、蒙らす……)の受動的完了分詞と同根源的であって、誰(何)かから働きかけられ蒙って在る人間存在を意味する。そしてその蒙りは、さしあたって思弁的に反省意識化できないが、存在に沈潜し深く人格的変容をひき起こす実存的気分に外ならない。言いかえると、アウグスティヌスにおいて気分・感情言語は心理学的に対象化して分析できる心理的性質ではなく、ハイデガーの気分(Befindlichkeit)・不安に似て、存在根拠とそれに関わる自己の在り方を開示する気分を示している。こうしてアウグスティヌスの「物語的自己同一性」には根源的汝を暗示する気分、愛(amor)、意志的なものが構成的言葉となっているといえる。

以上のような語り口に倣ってわれわれも本章において自らの生とそれをめぐるテキストの解釈をおし進め、他者（汝）との邂逅の虚偽と真実、その謎と真相を参究し、その深淵に働いている邂逅の根拠を尋究して物語ってゆく。その作業は次のような結構をとるであろう。すなわち、まず第一節で自ら他者に閉ざして在ることの悲劇と傷手とを自覚吟味し、それに拠り次に第二節で他者との一期一会に自己開放する機縁を考究し、その流れで第三節では他者を試金石として自らの「物語的自己同一性」を参究するような邂逅の解釈学を実践してゆく。それは「物語的解釈学的自己同一性」を支えるハーヤー的根底の自覚であり、新しい人間のすがたと存在に変容する道行きに外ならない。他方でそれはその道行き全体を支え照らすハーヤーの言葉と根拠にふれ、それをハヤトロギアとして表現してゆくことをも含意する。従って、この苦しみ問い語り証しすることを含むこのテキスト解釈は、解釈行為そのものがエチカに外ならないし、エチカとなることを目指す（第四節）。

さて全体の概括的結構が示されたので、その結構に従って人間の言葉の閉ざしと披きにおける他者排斥と歓待を考究する前に、本章の解釈学的方法として、実生活（生）というテキストと文学的テキストの解釈における語りの四つの相を上述のアウグスティヌスの「告白」文学の語りを参照しつつ簡単にデッサンし、「序」の予備的作業を了りたい。

一　どんな言葉・語りも記述的相を含むことは明らかである。この相は、言葉の意味を確定し、意味論的な観照《テオーリア》の世界を披く（自然科学の事後的説明・理論世界など）。あるいは逆にそれはそうした意味の理論的世界やシステムに自閉して棲み込む傾向・志向が強いといえる。この言語の基準は大旨真・偽である。われわれの参照するアウグスティヌスは、「告白」テキストにおいてギリシア哲学の思弁的言葉を用いているが、それは記述的語り口である。あるいはP・リクールのいうような、テキストが読者の前に展開する意味論的世界・ことがら（Sache）

などもその一例として挙げられよう。

**二** 語り口の第二の構成的徴候として行為論的相が考えられる。すなわち語りつつ邂逅を抜くか、閉ざすか或いは隠すかという働きをする。さらにこの言語的働きは他者への関わりに向けて自己の在り方を震撼させ変容させる働きをするといえる（異化作用）。この点のモデルとして「汝」に告白しつつ、告白的人間像へ変容していったアウグスティヌスが想われる。

**三** これと連動して第三に、語りの証しの徴候が注目される。これは他者に呼びかけつつ邂逅の根拠を証しつつ、互いに一つの出会いの協働態を創る語りである。そこでの言語の基準は信実と嘘偽となろう。その意味で『告白』文学そのものがアウグスティヌスの回心の証しと友への告白行為・それに信頼する友との協働態結集の呼びかけになっている点が注目される。

**四** こうして第四に語りが他者とのエチカ的協働態を構築する相が際立つ。言いかえると、語りは本来的に他者に対して自己をも含めた新しい世界の贈与なのである。だから、『告白』文学はわれわれに向けてアウグスティヌスから贈られた何か新しい人間像と生き方の贈与であるといってよい。

以上の語りに共通な特徴として、語りは他のテキストや人物や出来事、広い意味での解釈学的文化的伝承を参照するという点が挙げられよう。アウグスティヌスも個人的語りにおいて、ヘブライ文化、ギリシア哲学、ラテン文学などの伝承を参照し、自らの語りを普遍化する契機としている(3)。

こうした概略的な言語的特徴の示しは、本論の他者との邂逅に向けられた語りと参究における方法論の示しであり、道なき道行きを辿る端緒的予備的な橋頭堡構築である。それでは次に本論に入り、凡そ邂逅に閉ざす、われわれ人間の閉ざしの存在論的、認識論的そして言語論的機構を考究してゆきたい。

# 一　邂逅に閉ざすこと(言・事)

修羅の世に利己を生きざるをえないわれわれ一人ひとりに対し、他者は決してありのままに到来・現存しない。それは人が他者を一挙に見切れず一つのアスペクトでしか知覚できないという認識論的限定をうけているから、というだけのことではない。より根源的にはその存在全体で他者に対し、閉ざしと開きの様々な様相（modus）を通して対面し生き、各人各様の生を思いなして形造っているからである。その結果、閉ざしの様相によって他者の或る一面を捉え、それを彼全体と思いなして自分のものとし支配改造する（同化的理性認識や意志的我有）。それは修羅地獄である。しかし、その地獄に在っても他方で人はある仕方で自己を披き他者とすでに出会っている。だがその出会いの現実を隠しあるいは破壊する巨大な権力体制や支配システムが働いており、個人個人の善志向を征圧している。それは苛酷で巨大化し自律化した悪の現実に外ならない（同化する技術文明の巨大システム、全体主義的権力機構）。

そこでわれわれは邂逅に対するこの閉ざしの諸様相と機構とを三分節化してまず考究してみよう。すなわち、（1）理性的ロゴス的様相、（2）意志的愛欲的様相、（3）全体主義的権力システムや体制である。

## （1）閉ざしのロゴス的様相――西洋哲学史を手がかりに

西欧哲学的思惟を根本的に成立させ規定している思想的主流の一つが「存在－神－論」（onto-theo-logia）であるとは、ハイデガーを始め、レヴィナス、J・L・マリオンなどの現代哲学者のつとに指摘するところである。

それはどうしてであろうか。その問いを考究しながら、ロゴス的閉ざしの特徴を顕とすべく試みたい。

ハイデガーによれば、アリストテレスの形而上学に初めて顕著に語られたように、「形而上学は存在者の存在者性を二重の仕方で表象する」(4)という。一つには、「存在者の最も普遍的な特徴」に注目して「存在する限りの存在者」を表象し、二つには同時に「至高の従って神的な存在者」に注目して「存在する限りの存在者」を表象する。アリストテレスにおいては前者から存在論(ontologia)が由来し、後者から神学(theologia)が由来し、両者は一つの西欧的形而上学として「存在−神−論」を構成するわけである。こうした「存在−神−論」は、中世スコラ哲学に継承され、キリスト教的世界観を吸収しゴシック建築に似た巨大な『神学大全』に至って大成した。そこでは「至高的存在者」(ens supremum)を頂点とし、下は第一質料を予想する質料的存在者に至るまで存在者が布置され意味づけられ、そうした存在者の階層的秩序(ヒエラルキア)が語られた。そして各々の存在者はそのヒエラルキアの中で、存在意義と価値の基礎づけをうける。もしそれが各存在者と至高的存在者の関係が必然的因果的であり(例えば、予定論)、そこで事物や人間の偶然性や唯一回性および人間の自由がそのヒエラルキアの因果的必然性や普遍性に同化させられてしまうような世界観的語りであるなら、それは自閉的な全体主義的な世界観となり、そこでは存在者の特異性、比較不可能な他者性が喪われてしまうであろう。従ってこうした「存在−神−論」にあっては、存在者の唯一回性や個別性の基底ををなす存在(esse)への視点は喪われ、その代わりすでに語られ定義されてあるものの同一性を存在とする本質(essentia)主義が支配的となる。ハイデガー流に言えば、存在者と存在の存在論的差異がそこでは無視される結果、哲学の根拠である「存在」の忘却が起るということになる。

さてこの「存在−神−論」がその基盤の大変動を蒙り、そこに全く新しい近代的「存在−神−論」が成立する根本的契機として地殻変動を起こしたのがデカルトという巨大断層であった。

彼の認識論的さらには全事物の明晰判明な基礎づけの核心は、言うまでもなく「思考」(cogito, ergo sum の cogito) に外ならない。彼はこの思考を唯一絶対の基礎として、幾何学的延長である物体世界と神の存在を基礎づけ、さらに情念による「主体」の乱れを制御するため、理性に最も近い情念である「自尊の感情」(gênérosité) によって情念的乱れを秩序づけ、こうして主体をも理性に透明な存在とした。これは周知のことであるが、その際注目すべきことは、かつて神が世界を創造したといわれたように、今度は理性的主体が、一切の事物（神、自然、身体をもつ自己など）を再構築したということである。それは言いかえると、理性が旧き神にかわって至高の存在者の座に君臨して、その理性的法則によって全存在者をもれなく理性的法則の網にからめとり通覧し合理的に支配することに外ならない。デカルトは、彼の学問の理念である「普遍学」(mathesis universalis) の言葉が的確に示すように、数学という言葉・記号によって一切の事物を量化し、彼の「解析幾何」(gêométrie analytique) が代表するように、数式を用いた法則によって世界を再構築しようとした。その際、法則は当然、過去から現在を経て未来へ首尾一貫するものごとの運動を現在に回収し、つまり空間化して表わす。だから未来は現在的意識の予知・期待という現在の変様態であり、過去は把持・想起という現在的意識の変様態であり、こうして未来と過去は現在に回収されて一つの時間軸を成す。従って未来予知を含んだこの時間軸は、一切の出来事の現在的空間への法則化による回収であり、その意味で、一切の事物は計算し表象する意識の視野に統一されて現前するわけである。そこにもやはり非合理的で量化できないことや人間の自由・唯一回性などが排され、理性的「存在－神－論」が全体主義的な仕方で支配しているといえよう。

こうした神のような理性は、ヘーゲルの絶対精神に極まってゆくとみられる。この一九世紀最大の哲学者は歴史主義的「存在－神－論」の完成者とも、創出者とも、あるいはその端緒を切った「時代の子」とも考えられる。それはどういうことであろうか。

ヘーゲルは、最初に存在をその最も内容のない空虚さにおいて、従って最も普遍的に思考し始める。この思考の正―反―合的弁証法を経て、存在の最も充実した絶対的精神・絶対的理念、つまり神に達するのである。この完全な存在の充実体「神となったコギト・表象的主体」は、完全に充実している以上、他の原因に依存しない自己原因であって、むしろ他者をその弁証法的歴史的展開の一契機とする。このように普遍的存在が規定を受けつつ弁証法的に一層豊かな内容を獲得する歴史の展開を、哲学的ロゴス・人間理性は根拠づけ跡づけるのであり、その跡づけの総体が哲学・すなわち「存在―神―論」に外ならない。従って思惟・哲学は、歴史の各々の展開が終了した後にその理念的筋道を跡づける。歴史的現実が了って初めて働き始めるこの哲学的営為に対してヘーゲルは、その著作『法の哲学』の中で「ミネルバの梟は暮れそめる黄昏をまって飛び立つ」と周知の名ゼリフを与えている。

けれども以上のヘーゲルの歴史的「存在―神―論」は一種の全体主義的な仕方で、比較できない他者、かけがえのない唯一回的生とその価値、感情・気分などを弁証法的法則に還元しようとするか、できない場合はそこから排除するといわざるをえまい。彼が国家を実体（自同的存在）とし、個人を付帯的存在としたのもその全体主義的性格を表わしている。そもそも一九世紀の進歩の理念は、それがマルクスの唯物弁証法であれ、スペンサーの社会進化論、ダーウィンの生物進化論であれ、多かれ少なかれヘーゲル的「存在―神―論」の徴候を示しているといえよう。

そして現代。ハイデガーが「今日存在するところのものは、現代技術の本質の支配によって特徴づけられている」と指摘するように、現代では技術学が原子力エネルギー時代の形而上学として文明・文化を支配していることは明らかである。そこで神の座を占める技術の本質と野心に関しては、閉ざしのシステム的徴候の条りで考究するとして、われわれはロゴスが自然や生物のみならず人間的生をも操作・左右する決定的に危機的な状況に生きている点に今は注目しておくに止める。

以上は西欧の「存在―神―論」における他者への閉ざしの歴史を大握みに概観したのであるが、ここで他者への開きと閉ざしの境界や特徴が最もあいまいで誤解を与える宗教的神秘主義の閉ざしについて一言しよう。そのモデルとしてヘレニズムの哲学者プロティノスをとりあげてみたい。

彼の哲学はヘレニズム哲学に共通な、安心立命を求める志向を、一身に体現した極み、つまり「内的神秘主義」の哲学である。実にストア派は内的不動心（アパテイア）、エピクロス派は快の理想・心静か（アタラクシア）、懐疑派は判断留保（エポケー）とその結実である乱されぬ心など総じて心の平穏を求めたからである。しかし、プロティノスはその心の至福を、世界の根源である一者との完全な独我論的ともいえる融合的合一を通して達成しようとした。

そのことは余りにも周知の彼の「流出説」に窺える。すなわち、光が光源から流出し陰影をおびつつ下へ下へ拡散してゆくように、万象は世界の究極的原理である一者から流出し成立したとされる。まず一者以外の非可感的な二原理（思惟《ヌース》と霊魂《プシュケー》）が順次一者から流出し、続いて可感的世界（宇宙、生物、自然、地水火風的な質料）が順次流出した。その流出にあたって一層高次の存在者がロゴス（モデル、範型、青写真）となって、それをふり返って観ることを通じ次々と一層低次の存在者が設計され流出すると考えられた。従ってこの流出体系はきわめてロゴス的といえる。さてロゴスに則り流出的に創成されたこの世界における人間の位置はどこにあるのだろうか[5]。

プラトンの系譜に立つプロティノスは、人間が一者に近い思惟《ヌース》と霊魂と物質界に由る身体の三要素から成るとした。そして彼の精神的盲目と悲惨とは原理的思惟が質料的身体に閉じ込められ束縛された結果、生じたと考えた。

従って人間殊に哲学者の目的は、質料的なものからの浄化（カタルシス）を経て、自己の内面的世界、思惟に立ち返り、さらに思考や言葉を超えて一者と神秘的融合的な合一を遂げることだとする。それは彼によるとまさに本来的自己である一者に還帰することに外ならない。

さてこの壮大な宇宙論的な神秘主義にあっては、結局プラトンの『国家』の洞窟の比喩に見出されるような、魂とその根拠（善のイデア）の自覚をなす哲人王と人々の交渉といった人間関係や国家論は全く忘れ去られ、ひたすら孤独な魂の内面における、本来的自己への独我論的還帰のみが問題とされているといえよう。

他方でこのシステムから非ロゴス的なものの存在意義は貶められ排除されてくる。

プロティノス的な絶対者との合一的神秘主義は、後世様々な仕方で西欧の神秘主義に影響を与えたが、彼にあっては絶対者（神）と魂の他者的関係が消える点が特徴的である。これに対しヘブライ的預言者的な思潮の系譜（その中には新約聖書の人間観も含まれる）に属す神秘主義（大聖テレジア、十字架のヨハネ、シエナのカタリナなど）は、むしろ神と自己の他者関係やペルソナ的関係が強調される点に注目したい。(6)

神秘主義の問題はさらに後述するとして、われわれは「存在－神－論」や「融合的神秘主義」を超克しようとした西欧哲学の否定神学的潮流にも一言ふれておかなければなるまい。

中世哲学では、「存在－神－論」の閉ざしに抗して「否定神学」が実践された。それは知性の表象的能動性（概念化による万有の同化作用）とそれによる概念的一般者世界の構築に抗して、ペルソナ的存在（神、天使、人間など）が把握し切れない意味で概念化を超越することを示し、それによって知性による他者の概念的同化作用ひいては同化作用に根差す知性自身をも乗り越えようとする。だが知性の超越的な働きは反理性的なそれでいてあくまで理性的な営為である。この営為によって理性は、自己の概念世界の〈外〉に自由なペルソナを開示しようとした。

これはほんの一例であり、哲学史上ロゴス的知的全体主義を超克しようとする探求は依然継承されている（近年ではフランス哲学だけでレヴィナス、デリダ、P・リクール、R・ドブレ、J・L・マリオンなどが挙げられる）。

以上のように「閉ざし」に関連して人間のロゴス・思考の歴史を概観すると、西洋哲学のロゴスは、その語源（legein、自己の許に回収同化する）の意味が象徴するように、万象を観照し対象化し、三人称的概念体系に回収・整序・同化し逆に異なる他者を排斥しようとする根本的傾向をその働きとする点が明らかになった。このロゴス中心主義についてはさらに後に思索するとして、次に意志的閉ざしに関して概説したい。

### （２）閉ざしの意志的様相――アウグスティヌスの『告白』中「梨の実の盗み」のエピソードから

アウグスティヌスはその『告白』的語りにおいて自ら子供時代に行った「梨の実の盗み」を解釈し、人間の意志的閉ざしの性格を暴いている（第二巻四―一〇章）。われわれが彼の解釈・分析をとりあげるのは、彼がどんな子供も身に覚えがあると思われるこの盗みの事件を解釈するにあたって、いわゆる原罪概念の出典テキストである旧約聖書の「エバとアダムによる善悪の木の実の盗食」事件を参照しつつ、閉ざしをその根源的閉ざしともいえる原罪の問題と重ねて思索したからである。

さて彼は、悪友たちと夜中に他人の畑に忍び込み、その梨の木をゆすって実を盗り、しかもほとんど食べずにブタに投げ与えたのだった（四章以下）。その時彼らは空腹で梨の実で飢えを満たそうという欲求に駆られて盗んだのではなく、ただタブーを犯して盗む行為そのものを楽しんだと語られている。そしてアウグスティヌスはそうした何気ない悪戯を分析して、そこに隠された一種の転倒した行為さらに倒錯した意志を洞察する。すなわち、彼らにとって盗みとは梨の実をとって食べるという目的と分断された空虚な行為そのものに外ならず、それが至上の快楽として自己目的化されており、その空虚な目的をいわば至上の原理として良心の法を無視しないがしろにしたわけである。もし良心の法こそ、神（至高善）が示す善、生を充実させる規範・ルールであるなら、アウグスティヌスは盗みという内容空虚な行為を至上とすることによって転倒した仕方で全能・最善である神を模倣したことになる。アウグスティヌスはそのように、自己の盗みの行為において、そこに秘められた神の転倒的模倣による意志の自己絶対化とそれによって自らを裁定者として法を決定する意志的傲慢を示唆している（六章）。そうした人間の自己絶対化という転倒は、彼の意志が良心の法、さらに他者なる神の声に自己を閉ざすことに外ならないであろう。そうした自己（の行為）の絶対化の悲劇は、ドストエフスキーの『罪と罰』の主人公ラスコリニコフの姿に余すところなく描かれているといえる。

哲学史上、アリストテレスの選択意思（proairesis）と異なる新たな地平で自由意志の開きと閉ざしの分析を初めてなしたのはアウグスティヌスであったが、その閉ざしの働きの根底には、人間理性が神の座に君臨するという知的閉ざしに似て、意志が神の如く善悪の基準・法を決定・支配し自己の行為を正当化しつつ、他者の呼びかけに耳を閉ざすという自己中心主義が洞察される。そうした意志は当然自らを至高的力あるいは神として他の一切に意志的権力を及ぼし、支配し我有の支配圏を構築するであろう。

こうして第一節、第二節の閉ざしの考究は、そうした理性的・意志的閉ざしが個々人の能力圏を超えて、個々の人間の思考と意志から全く独立でしかも人間を征服する自同的な権力体制や制御システムに拡大転位する方位と現実を示唆する。そこで次に、このシステム的閉ざしについて簡単に考察してみたい。

## （3）閉ざしのシステム的構造的様相――ハイデガーの技術論を手がかりに

「国家社会主義によって虐殺された六百万人の者たち それればかりか、信仰や国籍の如何に関わらず、他人に対する同じ憎悪、同じ反ユダヤ主義の犠牲になった数限りない人々これらの犠牲者のうちでも、最も近しい者たちの思い出に」

右の文章はE・レヴィナスがその他者論の第二の金字塔「Autrement qu'être ou au-delà de l'essence」の序で第二次大戦中のアウシュヴィッツ強制収容所が象徴する「絶滅」（SHOAH ショアー）の犠牲者にあてた献辞である。この献辞はしかしその背後に、西欧存在－神－論とそれが操る合理性および語り口が、いかに人と人の絆を、それを支える人権思想、ヒューマニズム、民主制度などを崩壊させたか、そしてその崩壊と廃虚から再びいかに人と人の邂逅を復権させるのかというエチカ的問いを秘めている。(7)

従ってレヴィナスは『われわれの間』の「序」でも語っているように、直接、倫理的規範や民主的社会制度やその人間的ルールや行為を再構築するのではなく、まず何よりも存在論とその合理性の性格を吟味批判し、その「外」なる地平（それを彼はエチカと呼ぶのであるが）を披こうとする。

その際「存在（essence）」とは、スピノザの表現を借りて自存存在への努力・意欲（conatus essendi）として定義され、それは生物的自同性の欲求、原子から分子さらに物体に至るまで積み重ねられる統一への運動、そして戦争や利益上の紛争をひきおこす国家や階級の自己保存の欲求などに様々な仕方で表出されているというのである。だから「自存存在への努力・衝動・意欲」は個体にとどまらず、資本主義的独占経済体制、政治的独裁体制、管理的情報支配システムなどの体制・組織・システムの存在そのものを意味することになり、それこそが自己保存、すなわち現代を支配する、他者併呑的で巨大な閉ざしの機構に外ならない。

レヴィナスはそれを第三帝国の政治的民族主義的全体主義において経験したわけだが、現代に生きるわれわれは殊に技術とその操作力においてそれを顕著に経験しているといえよう。遺伝子操作力による生命および生物界の改造、原子力エネルギーなどによる自然支配、情報操作による銀行・市場などの経済操作から交通の制御さらにコンピューター・グラフィックなどの映像技術による仮想的現実（virtual reality）の拡大波及、軍事技術の進歩による大量破壊、産業の発展による地球の温暖化や汚染化などは、個々人の思いや意志をはるかに越え、それをも抹殺する巨大技術による地球全体（各民族、文化も含めた）の征服・支配欲に支えられて今日危機的状況をつくり出しつつある。

その危機的状況の本質的一端を窺うべく、われわれはここで再びハイデガーの「立て組み」（Gestell）論を参照しよう。

第(1)項の「存在―神―論」において計算し表象する主体が、万象を対象として眼前に立て（vor-stellen）、それを客観的法則として支配する閉ざしの機構にふれた。しかし現代の恐るべき我有的意欲にあって、事物は役立ち用立てられる連鎖的用立ての循環的閉ざしに閉じ込められる。ハイデガーによると存在者は次々と用立てられ、その役立ちうる効果や結果は次々他の存在者に求められ、こうして「円環的行程」を成すという。この用立ての円環的機構こそ「立て組み」であり、技術の本質だというのである。人間主体もこの立て組みの中に用立てられ任用され効果をうみ出す部品にしかすぎない。従ってそこでは表象する自立的主体（人間）と対象として支配される存在者の主―客二元的世界さえ崩壊し、人は全く無機的な「立て組み」に人材、人手、人的資源などとして組み入れられてくる。

例えば機械技術にあって、製造の行程は、自然（鉱石など）を用立て改造し、斉一的で代替可能な部品を次々と造り、その部品は効果的に用立てる他の部分関係に送り込まれ、こうして一つの製品が完成するが、それもまた別（生活必需品や一層大きな機械の用材など）の用立てに送り込まれてゆく。こうして技術的世界は循環的に部品を次々に用立て、存在者を用立てに駆り立て規定する「存在者の全体」としての「存在」（Sein）に外ならないとされる。

この「立て組み」は、ハイデガーによれば存在忘却であり、しかもある仕方で存在からの贈与であって、そのことを自覚することによって「転回」（Kehre）が生起し新しい世界が到来するという。それではその世界とはどのようなものであろうか。

それが「方域」（Geviert）なのである。すなわち、「壺」には「死すべき者」の飲みものであるぶどう酒や水が注ぎ込まれる。そのぶどう酒は太陽をめぐらす「天」とぶどうを養う「大地」の産物として、そこには天と地が一つに宿っている。そしてこの飲みものは祝祭において「神々」に献上されるのである。こうして、この献げものの中に「死すべき者」「神的な者」「天」と「地」の四者が宿り統一され、互いに透明に映じ合って「方域」を成している。それは技術時代の世界の後に「世界化する」（welten）世界（Welt）に外ならない。(8)

こうしたハイデガーの「方域」にわれわれは何かギリシア的ゲルマン的神話の影を感ずるであろうし、果たして技術的閉ざしに対して倫理的現実的方位を与えうるか、疑問視せざるをえない。結局「方域」の世界化とて、ハイデガーにとって「存在の戯れ」以上の何であろうか。

しかし、今や「存在－神－論」の系譜内に理解された彼の技術に対する洞察は、「顔」なき世界の不気味さを暴いているといえよう。そして現代における「論理実証主義」が有意味とする閉ざされ完結した実証的世界、あるいは言語論的であれ、文化人類学的であれ、社会科学的であれ、人間主体（とその言述行為《パロール》）をシステム内の内在的対立項の差異に還元する「構造主義」的世界などは、まさにこの技術的「立て組み」の一つの思想的反映といえないであろうか。

以上の第(1)－第(3)項で、存在保存の努力的意欲(conatus)が、閉ざしに向けて働く知的、意志的、体制的な多様な作用と構造と現象の諸相を概観・考察した。そこでその諸相をさらに掘りさげるために、その成立根拠に関して今度は意欲的指向・志向(intentio)性とその形相面でありかつ質料面である、言語機構及びその作用の観点から追跡し、その言語的意欲的な閉ざしの徴候を際立たせてみよう。

## (4) 閉ざしの意欲的・言語的機構

まず先の第(1)項に呼応して次の問いが考究される。

一 閉ざしのロゴス・理性的様相はどのような指向的機能を帯び、どのような言語機構において働くのであろうか。

「意識の指向的構造は再現前化(représentation)によって特徴づけられる」[9]とレヴィナスの語るように、計算し表象する意識主体は、過去を想起という仕方の過去把握として、未来を期待という仕方で現在の注視の下にとり集め、統一する。それは言いかえると、過去を現在の変様態である記憶として再・現前化し、未来を現在の変様態である期待として再・現前化させつつ、過去や未来が意識の再現前化を逸れて散失しないように現在に回収し、こうしてそれらを意識に現前しかつ意識と相関的な共時的対象世界として集約することに外ならなかった。その際、世界は過去から現在を通し未来にわたって通覧できる、つまり共時的形式としての法則として把握管理される。この過去・現在・未来の共時的空間としての法則の集積・整序によって人は未来を予知でき、過去を探り、世界を三人称的に記述できるようになる。それが知の理論体系なのである。以上の消息をレヴィナスは次のように要約している。

「このコギトという一人称現在が知に対してその先天的な集約とその自己充足を保証しているのである。さらにこの自己充足は、意識の体系的な統一性を予示し、あらゆる他なるものが体系に、体系の現在もしくは共時性－非時間性－に統合されることを予示している。哲学の主題系では、時間は永遠に過ぎ行くことのない現在に従属している。現在は普遍的で形相的な諸法則のうちにあっておのれを超出することもない。というのも、この法則が、経験的なものにおける散失を管理するからなのだ[10]」（傍線は筆者）。

こうして意識・思考と意識・思考されたものとは相関関係をなし、古来からこの相関関係は真といわれ[11]、相関関係に入らない異・他は偽とされたのである。従ってこの意識の思考、つまり再現前化により構築された共時的法則・理論空間の基準は真・偽ということになる。こうして真なる自同世界の保存が意欲・努力される（conor）。

この理論空間はすでに語られて在るもの（le Dit）であり、その再現前化、あるいは真として他を自己の自同的世界に同化すること、あるいは繰り返し語ること（re-dire）によって一層拡張された新しい法則世界が構成され、語られて在る（le Redit）。しかし、そこで意識主体は自同的法則に管理されているので異・他に向けて語りかけ（Dire）、語りによって自己超越することはない。

次に第(2)項に呼応して、次の問いが考究される。

**二**　閉ざしの意志的様相はどんな意欲・志向的機能を帯び、どのような言語機構において働くのであろうか。

「志向性を起点とするならば、意識は意志の様態として理解されねばならない。志向〈意図〉という語がすでにそのことを暗示している[12]」とレヴィナスが語るように、元来、意識の志向性と意志の志向性は密接不離な関係にある。実際、デカルトにあって真理判断の真は意志の自己禁欲に拠り、偽は意志志向の恣意・不抑制に由来するとされているように。敢えて本論では、前者を「指向」とし、後者を「志向」として両者を区別している。

さて意識の指向形態に、中世の第一次指向のような概念的なものから、第二次指向における判断、意味論的形態さらにシステムや理論など様々な様相が見出されるが、同様に意志的志向においても、意欲（conatus）が示すように生物学的個体から心的実存的形態そして組織的システム的レヴェルに至るまで様々な志向形態がありうる。われわれの日常的生にあって意志的志向が顕著に働くのは、「我－汝」間の、具体的な意志的疎通・交流あるいは疎外・葛藤の場であろう。そこでは言語行為論的に意志的志向が表白される。約束する、愛する、心を吐露する、信ずる、嘘をつく、傷つける、ののしるなど枚挙にいとまがない位に、一、二人称的な志向が語られる。ここでは、サルトルの自由と自由との「葛藤」（conflit）を志向的閉ざしを考察するための参照点またはテキストとして取り上げてみたい。

自由の葛藤は「対他存在」（l'être-pour-autrui）において二つの態度として表出される。

（イ）一つは、他者をいわば自由なきものとして眼差し対象化し、直接他者の自由・彼の超越的在り方を超越する態度であり、欲望（le désir）、憎悪、サディズムなどである。

（ロ）二つ目は、他者の超越・自由をそのままにしてそれをそっくり呑み込んでしまう、言いかえると他者をそのまま自由として間接的に支配する態度であって、恋愛（amour）、言語、マゾヒズムなどである。

（イ）、その葛藤の具体を、前者に関し、性的欲望やサディズムの例をとって考察してみよう。

性的欲望において愛撫（caresse）は単に肌をやさしくさすることではなく、他者を受肉させる儀式の総体・加工（façonnement）であるとされる。ここでいう受肉（incarnation）とは、聖書でいう神的ロゴスが肉（弱く死すべき人間）をとったことを意味するのではない。それは他者の意識である自由が肉体に加工されることである。従って愛撫とは自分の手中に肉化された相手の自由を捉える（main-tenir）一種の征服なのである。サディズムとはこの征服の極限的な暴力形態であるが、サルトルにあってこの他者征服は、死の間際にわたしに向かって投げかけられる他者の自由な一瞥によって挫折（échec）する。

（ロ）、この葛藤の具体を後者に関して恋愛やマゾヒズムの例をとって考察してみよう。

恋愛において恋人は相手にとって自分が相手の全世界でありたいと欲する。自分の身を捧げ尽くして相手の自由な眼差しの下に奴隷のように自分を無にして捧げようと企てる。他方でそれほど他者に自分を愛しさせることは、相手が自分なしでは生きていけなくなるように欲することに外ならず、その欲求には密かに鳥もちで捉えるように、他者の自由をまさに他者の自由な愛の応えを通して捉えることに外ならない。このように自分の自由を他人の自由に全く吸収同化させて、逆に相手の関心・愛・自由を捉えようと企てる態度の極みはマゾヒズムなのであるという。しかしマゾヒズムそのものが、大いなる自由な企投である以上、マゾヒスト的な自己の対象化・奴隷化を味わう程に、逆に自己の自由を意識し、その矛盾のなかにこの企ては挫折せざるをえない。

このようにサルトルは人間存在＝自由が孕む他者の我有化の悲劇的運命と挫折を、男女関係、恋愛を例にして描いてみせる。それは最も親密でありうる他者関係における閉ざしの悲劇に外ならない。

以上のような「我－汝」間の自由の葛藤（サルトルの場合、自由は意識の指向性に由来するが）の核心に、われわれにとっては意志的閉ざしの核心に、神秘主義者殊にＭ・エックハルトなどは我有性（eigenschaft）を見出す。我有性とは一切を自己のもの（eigen）とする執着的支配欲であり、エックハルトはこの我有性によって人は本来非存在に近いもの（金、権力、名誉、地位などの色）を実体化しそれを自分のものとすべく、他と争い他を排除しそしてまた自らも傷つき欠如感に陥るという。しかも、その欠如の傷をものの我有によって倒錯的な仕方で充たしいやそうとするのでさらに執着と争いをくりひろげるという。それは修羅の世界に外ならない。そうした意志的閉ざしを披こうとして信実と義が一方で語られ、他方で我有に向けて裏切りのうそと非難と自己正当化の語がとび交う。こうした言語行為の基準は、信実と嘘といえよう。だから我有で語られて在る世界は、他から奪い取る(priver, s'approprier)嘘の語りであり、その嘘を嘘でぬりかためつつ自己正当化が繰り返される(re-dire)わけである。そこでは人間の自由意志は自己超越し他者と邂逅することはありえない。

次に第(3)項に呼応して次の問いが考究される。

## 三　閉ざしのシステム的体制的様相はどのような野望・志向（指向）的機能を帯び、どのような言語機能において働くのであろうか。

システム・体制的指向やその言語機能は、理性的指向や意志的志向と構造的に類似していると共にそれらを吸収し、個々の人間の力をはるかに陵駕した自動機械や必然的法則のように働くといえる。

体制という仕方で自己保存を意欲する最も巨大な、しかも隠れた閉ざしの様相を資本主義体制に見出し、その構造を初めて暴いたのがK・マルクスといえる。すなわち、資本主義経済システムにあって労働者は当然自らの生存意欲によって賃労働に駆り立てられる。その際、彼は契約の形で資本家に自分の労働力（『経済学哲学草稿』というマルクスの人間論的哲学的著作にあっては、精神と肉体を含む全人間的創造力とされる）を売らざるをえない。そしてチャップリンが『モダンタイムス』の中で見事に演じ切ったように、彼はシステム化された工場の中で、大量生産用のために使用され、取り換えの効く一ロボットとして働く。そこでは企画的商品が、しかも大衆のフェティシズム願望にかなうように装飾されて大量生産され、宣伝ルートに乗って市場に出まわり、次から次へ日々刻々消費されてゆく。

このような消費型資本主義経済体制にあって労働者（本来全的に創造的に働き他者と協働態を生み育むよう呼びかけられている人間）は、三様の仕方で疎外されていると語られる。

（一）まず労働者の作品・生産物は、資本家のものであり、かつフェティシズムに毒された消費者のものであるので、彼の労働は生産物から疎外されている。

（二）従って次に労働者は自己の作品を媒介に一層豊かな未来の作品創造に向かおうとしても、作品をすでに奪われているので同時に鑑賞吟味する手段もゆとりも奪われ、このように働けば働く程貧しく疲弊し労働の創造性から疎外される。これが労働からの自己疎外である。

（三）その結果、人間は自己の作品創造・労働を通じて他者と交流する労働の協働態をつくる道を断たれ、消費者のフェティシズムに迎合し自他共に、類的人間的生活から頽落してくる。それは人間的本質からの疎外に外ならない。

このような資本主義的経済体制、大量消費型市民社会における疎外の三契機の分析によって、マルクスは全人間的疎外の根底に、私有財産制という疎外の核心的原因を指摘したのである。すなわち、労働の生産物および労働そのもの、あえて言えば人間性さらにそれらの物質的条件である生産力が「労働者以外の他人」に私有され独占されているという閉ざしの核心を暴いたわけである。

彼によるとこうした疎外を生み出す私有化された生産力（道具、技能、労働者など）とそれにより形成される人間の労働的関係である生産関係とが、経済システムの土台をなし、その土台を反映する政治的さらに哲学、道徳、宗教、芸術、科学などのイデオロギーが形成されるという。従ってイデオロギーは、すでに語られた語り口として、システム・体制を保存し閉ざす巨大な指・志向であるともいえる。そこに全体主義の正統的イデオロギーとその閉ざしの指・志向およびシステムに対して、それを突破し異化しようとする異化異端的語り（Dire）が語られ、両者の闘争が始まるわけである。(13)

この体制・システム正当化の言語機構を今少し考究してその閉ざす語り口の徴候を明らかにしてゆこう。

理性的指向がそのロゴス（回収）的支配域を法則の網をめぐらし拡げつつ構築する時、過去と未来は現在の変様態として現在化空間化された。正統的イデオロギーや権力体制のシステムの言語作用は、そのモデルと類似的に語られる。すなわち、まず自己の支配体制の正当化のため、神話に典型的に見られるようにその神的あるいは正義の起源を語る（天孫降臨の起源、王権神授説、革命による新体制の開始、憲法など）。その起源説に拠り、建国物語、口伝や英雄物語や古来からの慣習法や律法、集団体制の祭儀文、英雄立志伝などを通し体制の自同性を在らしめ促進しまた体制の危機の際にはそれらの語られたことを繰り返し語り賞揚し（re-dire）、さらに自同的体制を強固にするため、場合によっては終末における体制の栄光《はえ》ある救済や世界支配などを予定論として、あるいは歴史的必然論として説き、こうして起源と終末を体制システムに繰り込んで、正統的支配の首尾一貫した全体をイデオロギーあるいは歴史物語に仕立て上げ完結・正当化する。

その全体は、語られて在る一つの存在（essance）であり、それ以外の回収不可能な異端的言説や反システム的人間や告発的出来事は、嘘であり異端であり偽証であり無意味なこととされ、この全体的語りから非難され時に抹殺されざるをえない。

右のような語られて在る世界は、宗教的例として偽黙示録的文学やその予定論的救済説などの言説において表白されるが、構造的にはそれと驚くほど類似した仕方で社会思想史的にはスターリン主義などの後の共産主義的言説においても窺える。すなわち、資本主義の疎外を一身に担いそれを自覚したプロレタリアートは、唯物弁証法という絶対的歴史法則（神）から生まれた選民、言いかえると神から選ばれた選民であり、選民的起源（疎外）をもつプロレタリアートのみがこの疎外からの開放・救済をなす選民であり、それを指導する共産党とは救済史上の教会教団であり、そのマルクス主義的思想は救済の神学に外ならない。

この唯物弁証法（神）の必然的運動（予定論）に正しく従った革命運動（教団的宣教運動）はやがて革命（世界の終末）をもたらし、社会主義（千年王国）から共産主義的社会（天国）を実現するに至る。その解放のメシアあるいは法皇や神学者は、スターリン（レーニンあるいはマルクス、エンゲルス）であろう。資本主義社会における階級闘争においては、幾多の無垢の民が支配階級の警察や軍隊（サタン）によって血を流さなければならないが（迫害による殉教）、必ずやプロレタリアートは勝利をうる（黙示録的決定論による信徒への激励と未来へのヴィジョン）、等々。

以上簡単ではあるが、完了した形である体制の歴史支配の正当化とその自同的支配の拡張のヴィジョンが語られる語り口が理解されるであろう。それは起源と終末という通時的な歴史全体が、実は共時化されて完了形で語られて、ある体制・自同的存在をつくる言語機能といってよい。

以上のような閉ざしの三様相が参究されつつある間、常に開き・拓けへの問いも問われていたわけである。というのも、われわれは、惨めにも日々語られ閉ざされて在る自同的存在に自己を閉ざし、他と分断化され争いこうして他者が消されて邂逅とは遠く修羅道に生きている。そのことの自覚が閉ざしの三様相として明るみにもたらされた。そこで閉ざしの中に生きていても、同時にかかえ込まれている次のような問いが深刻に問われてくるのである。その世界と自己をどのように突破し、あるいはそれらが裂開され、他者との邂逅が生起するのであろうか。そして如何に他者を自覚し歓待しつつ、邂逅を証しできるのであろうか。そこに言葉はどのように働くのであろうか。開(披)きあるいは拓けへのこれらの問いが今や参究にゆだねられる。

## 二　邂逅に披(開)くあるいは拓けること(言・事)

この「わたし」は日常の生にあって隣人に対し閉ざしつつかつ開いて在り、彼(女)をわたしに還元しつつも他方で彼(女)に感動し深く彼(女)に全身全霊を披こうとして在る。それが現実であろう。それは愛憎にみちた言葉が語られ語り直され、あるいは永遠に言い切られ語り了られる現実に外ならない。

前項一では、その隣人をありのまま迎え容れることのできない閉ざしの様相を、その様相に限って指(志)向的言語論的観点から考究したが、本二項でも閉ざしと事実上切り離しえないが、しかし開きに限定して参究したい。

### (1)　開き＝言語論的差異化

われわれは新しく語りつつ日々を日々とし生死を生死とし不易流行の現実を生きている。けれども、すでに語られたことをオウムのように繰り返し、ますます化石のように凝固した存在 (le Dit としての essence) の中で平然として生きているが、時に苦悩し邂逅への突破口として一言の光明を求めている。それは人間が語りつつ語りを解釈し、またすでに語られ織りなされて在る現実 (織られたこと、テキスト textus) を解釈し、閉ざしと開きの言語機構を吟味しつつ、一期一会を披くこと(言・事)を生きる「語る動物」だからであるといえる。その意味で人生の出来事は、言葉によってそれを通して現成するとも、あるいは逆に出来事自体が人間を通してすでに言葉や意義を孕み、さらに言葉を語りかけてくる言葉の到来事であるともいえる。その消息は、ヘブライ思想においてダーバール（dābār）、すなわち言葉即出来事として表白されている。その点に、われわれも今ここでわずかに言及するに止めるが、しかし今後の思索にあってはヘブライ的ダーバールのヴィジョンに従ってそれをふまえつつ、出来事（志〈指〉向など）と言葉を分別して考究してゆこう。その意味でテキストも、天地歴史が織りなす自然の万象や歴史的生活上の出来事あるいは人間の諸々の活動を意味しつつ、他方狭義のテキスト・エクリテュール（文書、文学など）をも同時に意味することになる。だが、本論でわれわれは思索上方法論上は出来事的テキストと狭義のテキストとを一応分別するのである。

そこでこの本第二項では、第一節の閉ざしの三位相を念頭におきつつ、閉ざしを突破する方向で、閉ざしを披く言語的解釈学的筋道・方位を予示的に見わたしておこう。

さてわれわれの開きの解釈学は、今のところ次のような四つの契機を経て生起遂行されうる。

一、われわれがこれまで考究したように閉ざしの言語機能は「すでに語られて在ること」（le Dit）であった。それは再・現前化指(志)向を伴う再・言、つまり繰り返し語ること（re-dire）によって過去と未来を散失させずに現在の空間にとり集め回収するロゴスである。それは大は「存在－神－論」あるいは体制的「イデオロギー」あるいはウィーン学団の論理実証主義的な「経験科学的理論」などから小は個々人の自己正当化の言述に至るまで多様な表出形態をとっている。

二、この語られてあること（言即事）の閉ざしに対して、その閉ざしの構造を解明し言い直す解釈作業（dédire）がまず求められよう。それは意味論的レヴェルで明るいパースペクティヴを披く記述的客観的言述でありうる。例えば、P・リクールがそこに自己をさらし企投するテキストのことがら（テキストが示す客観的世界、聖書テキストであるなら神の国、終末など）などが例示されよう。そこでは語りの真・偽が問われてくる。

三、右の解釈作業とともに、我－汝間の言語行為論的地平にせり出して語りあるいは語って在らしめること（Dire）がなされる。それは、すでに語られて在ることをゆるがせ、自同的世界に断層を生じさせ、その差異・無である異化作用を手がかりに邂逅への「外へ」の突破を求めることである。すなわち、我の自同的閉ざしや他の閉ざしを開きに変容さす言語行為である。例えば、道元の『正法眼蔵』全体が、主－客二元論的で実体化自閉化する無明を指摘するだけでなく、その二元論をゆるがし逆転させ主体の自閉に悟りの眼・光明をもたらす言語行為であるように。その一例として、「山水経」の一句「青山常運歩」を挙げうる。その一句は、われわれの「山は動かない」という実体的自同的判断とその世界をゆるがしてしまう語りであろう。その語りによる自同世界の差異化は、文法的に主格的な自己を破格とし、その破れから、一期一会を招来する意味で、「都機」あるいは出会いの時（カイロス）でもあり、語られた世界における斉一的な過去－現在－未来の時間軸に乗らずに、外からその軸を断絶させうる介入時ともいえる。こうしてカイロス時と言葉が一つの現実を成して協働する。(14)

四、このような言葉の差異化に乗じて、他者に対する開き（拓け）の世界と邂逅の地平を証言し、自らその証し人となり、その証しを信実として受け容れる隣人と新しい出会いの世界を創りゆく。その共なる世界は、共に解釈しさらなる他者に語り呼びかけ、システムを突破する語り口を共に創造する協働態、つまり語り部にまで展開しうるであろう。

以上のように邂逅が孕む語りの展開が予示的に語られたが、それは閉ざしの厳しく苛烈な現実からするといわば極めて楽観的な図式ともうけとられよう。問題はこうした閉ざしの開けをもたらす鍵が差異化として今語られたにも拘わらず、しかし開けの解釈学的中心であるこの差異化そのものの出来と徴候と性格が依然謎であることである。そこで如上の一―四はどのような開けへの志(指)向的語りとして可能であるかを、差異化を中心に参究してみたい。この差異化が具体的なテキスト上でどのように遂行されてゆくかという考察と実践は後にまわし、今はやはり予示的なデッサンを示すにとどめたい。

### (2) 差異化、他者、逆転指(志)向性、受動的蒙り、ハーヤー的到来という指(志)向性

邂逅は閉ざしの働きである自同化する語りと語られて在ること(le Dit)の〈外〉の裂開を必要な突破口とする。しかし自同的指(志)向は、自己に均質で斉一的な世界を、自己完結した実体化された完了態として語り成し、そこに妄執・我執する。言いかえると、この世界はA＝A、A≠Bという論理的矛盾律・同一律として表白され、従って自同的に意味論的な完了形で語られる。そのコードは意義を同化するか、できないときには排する。邂逅はこの語られて在る世界のコードをA→A′、またはA→Bという仕方で差異化することを求める。その差異化はどのようにして可能なのであろうか。その手がかりはどこにあるのだろうか。

「序」で垣間見られたように、手がかりはわれわれの日常的生の足元にあった。すなわち、日々の何気ない人間の交流、例えば親子、恋人同士、友人たち、同じ理想を分かち合う者の間などのうちにわれわれは自らを閉ざしつつもすでに他者を受け容れていた。それが人間の人間たる証しともいえる。このようにすでに邂逅が何らかの仕方で生起している日々にあって、差異化はすでに到来・生起していると語らなければならない。とすれば、それはすでに完了形で語られて在る世界のうちに、未完了形としての言い直し(dédire)や新たに語ること(例えば、朝のあいさつから、愛語など)が噴出しまた進行しつつあるということに外ならない。このように、差異化はわれわれ

の生と言葉の文脈において、他者がすでに足下に到来していることであり、その告知である。

以上の意味で差異化は、システム外の人、自同的自我にとっての他者、自らの時空系を閉じる〈起源や終末の系〉以外のカイロス時の到来であり、その到来の裏側で本来それを回収する強力な能動的志(指)向性・自存欲求がどこかで破綻し中断し逆転され穴が開けられている事態である。言いかえれば、語られて在ることを支え続ける能動性が逆転され無化され、他者が他者として逆にわたしに向けて赤裸に志(指)向するということであり、逆転志(指)向性（la contre-intentionnalité）が働いていることを示す。[15] それが差異化の際立つ最初の徴候といえよう。

さてこの逆転志(指)向性は、支配的で他者を併呑するわたしの意欲的能動的志(指)向性の中に断層をひきおこし、そして自同性の最初の差異化・無化を働きかける。従って差異化とはわたしの主体的で充実した能動的対象志(指)向が、まず受動化されるという逆転的無化的契機を経るわけである。わたしの存在が他者自身を何らかの仕方で蒙ることによって、他者が意識されるにしろ、されないにしろ、わたしの能動的存在が逆に突破逆転され、他者が志向的に迫る。わたしの受動を働き生み出すわけである。

こうしてわたしの存在の受動性は、差異化の第二の徴候である。

ところでわたしやシステムの自同的能動性が逆転するという差異化の徴候、すなわちわたしの受動性は、わたしが能動から受動という仕方で転回し迫り来る他者と邂逅する一期一会であり、都機であり、出会いのカイロスであり、かつまた歴史的出来事の変革であり、転機であり、危機ともいえる。

差異化とは従って、それが個人の生涯のことであれ、歴史上のことであれ、カイロス時を生むのであり、あるいはカイロスといえよう。もちろんこのカイロスは斉一的線状的な時間の流れ・クロノスの世界には属さない。こうしてカイロスは差異化の第三の徴候としての「他者との一期一会的時」なのである。次に言語論的徴候をとりあげると如上の差異化は語られてあるテキストにおいて、変哲もない筋立てや展開あるいは意味論的世界や対話の途上に突如として逆説、筋立ての逸脱、異常な言語用法と意味の噴出あるいは結晶化、コードの崩壊などといった異化作用を通じて洞察され、そこに生じているのである。例えば、宗教的な浄さを重視する世界にあって、汚れた者を汚れのままに受容してその世界を異化するような宗教的革命家の異化的語り（イエスは譬において、ユダヤ教神政体制の清浄的世界で、そこから排斥された収税人や遊女を汚れとして受容し、清浄さを突破したアガペー〈キリシタン表現では御大切〉の地平を語り抜いている。「ルカ」七36以下参照）が挙げられよう。このような異化的語りは、未完了形として語られるが、しかしエクリテュール化にあって完了態ともなる。しかし他者の異化的到来を宝蔵するテキストは、解釈者を通してかならず完了態が未完了態に転位しうるような、連続と不連続の意味世界および言語の表層・深層的世界を孕んでいる。

以上のすべての徴候を示す差異化は、しかし回収的ロゴスや我有的意志および存在保存の努力としての体制がその核心的支えとなす志(指)向的能動性の地平において現成するのではなく、われわれの存在の能動的根底にすでに他者が働きかけ到来していることを告げたのであり、その他者のいわばエネルギーを蒙ってこそ、逆に他者に抜きうることを予想させよう。そこでこの差異化を働き出す他者的根源が次に問われる。その根源はあくまでわたしのものではない。それは他者のエネルギーであり、到来（以後、他者の志(指)向的到来とその落在を到来と呼ぼう）に拠るといわなければならない。それは一体どのようなことであろうか。

## （3） 差異化の根底に働くハーヤー

一　われわれの、個人的であれ体制的であれ、能動的完了的な語りは自同的本質世界を構築したが、そこにすでに差異化が根底的に働いていることが示された。その差異化は、人間の能動的指(志)向とその支配する原理である我有（eigen-schaft）の「彼方」から、しかもその根底から（ab-grund）働いて来るし、そこですでに働いて在る。

その差異化の働きを「わたしのもの」(eigen) することはできない。

それではそれはどのように働くのか。

二　われわれは差異化が「わたしのもの」ではなく、日々われわれと出会う他者において働いていることを自覚した。ところで、その際、他者である彼(女)もわたしをある仕方で迎え、こうして互いに迎え容れているといえる。その場合、この差異化のエネルギーは、わたしだけでなく汝をも解放しつつ働く。従ってそれはわたしのもの、あるいは他者のものと限定できない。あえていえば、彼、彼女らのものでもない。他方でわたしが他者を迎え容れているのに、他者があくまでわたしを拒み彼(女)の自己完結的存在に閉ざしている場合もあろう。その場合でも、この開きの差異化的エネルギーは、わたしのもの、まして彼（女）のものではない。

従ってこの開きのエネルギーは、人間の「彼方」から、その「根底」に働きかけているといわなければなるまい。そのエネルギーは、人間の許に到来し彼の存在に浸透関与する「他者」の働きあるいは「他者」自身なのである。(16)

三　それではそれは一体どのようなエネルギーなのであろうか。差異化を働かす存在は、当然それ自身が実体的不動者でも、自己完結的な本質存在でも、語られて在る自同的完了態でもない。差異化はむしろ自ら差異化を差異化とする点に自己同一性があるといえよう。このような自己同一性の言語用法は奇妙に響くかもしれないが、その点についてはは後に考察するとして、この差異化の自己同一性は、A＝Aと表わされるような実体的自己同一性でない点を今のところ強調しておきたい。すなわち、それは不断に未完了で自己無化を働き出す未完了態であり、未完了な語りである。従って差異化・自己無化そのことを自己同一性とすることは、不断の自己脱自態ともいえる。後述するが、如上のような非実体的自己差異化は、ヘブライ的存在ハーヤーの内実を見事に示すと思われるので、差異化的存在をハーヤー（hāyāh）と呼ぶことにしたい。

**四**　このハーヤー存在は、自己自身だけの差異化として完了してあるわけではない。その差異化は他者を求め他者をも差異化する。なぜならそれは、実体的自存意欲（conatus）や思惟コギトする実体（res cogitans）あるいは語られて在るもの（essence）を差異化し未完了化し言い直さざるをえないからである。従ってそれは自閉世界、凡そ存在するもの一切に働きかけつつ、邂逅のため「外に」を抜き志(指)向する存在であり、あるいは異化的到来なのである。

**五**　このように考えてくると、われわれが隣人を迎え容れること（拓け）は、根源的次元ではわれわれの自同性に差異化をもたらすハーヤーの到来によることが示されてくる。ハーヤーが働く時でさえ、人は自己を閉めることができる（potentia）。しかしハーヤー到来にあって、われわれは全く受動的にその到来を蒙って（自己無化）、われわれの支配的自閉的能動性は逆転・無化され、その余勢をかって逆転志(指)向性は他者を伴ってあるいは他者としてわが足下を照らし、わが足下に落在する。その自己無化において逆にわれわれの存在そのものが、本質的規定より脱自し現実にハーヤーを体現し始め、そこにまた自己変容の契機が見出されよう。古来からペルソナ的神秘主義が、浄化・照明・一致として示した変容の道行きが拓けてくる。それはわれわれの能動性（知性や自由意志など）が、支配的指(志)向として働くのではなく、今度は他者を迎える能動性に逆転することに外ならない。(17)

右の道行きは、語ることと密接不可分であり、語りによって実現され、逆に語りを支える。語ることは、自同的なシステムである語られたものが内蔵する一定のコードに即した意味論的世界（科学理論、イデオロギー、黙示文学的存在－神－論など）に他者の現存や到来を告知する。その意味では、それは完了態的システム内の意味論にとっては、異端であり、無意味であり、余剰であるような言葉を生み用い語るといえよう。にも拘わらず、この語り口によって自同の外に他者が示され、自同を破って他者が迎えられる。その限り、それは存在－神－論でなく、倫理的言語行為になる以外にあるまい。さらにそうした他者歓迎の根底にハーヤーが到来していることを証し、我－汝の邂逅の地平を披くのであってみれば、新しく語る、あるいは語り直す未完了態は、ハーヤーを受肉した語りともいえる。そして以上のようにハーヤーを受肉し、他者を歓待する言葉とは、ハーヤーからの贈り物、ハーヤーの自己贈与ともいえる。

さて他者は、人間の日常から歴史・文化伝承においてさらに伝えられ、あるいは眼前に書きおろされた文において、つまりテキストに到来している。その意味では自己のことも含め、出来事としてのテキストや文書エクリテュールとしてのテキストこそ、ハーヤー到来の場であって、その限りでテキスト解釈が他者の邂逅の突破口となるといっても過言ではない。ヘブライ的にいえば、ダーバール（言・事）にハーヤーは到来するのである。但しダーバール的テキストには、歴史や文書に残されなかった言葉、沈黙さらには言葉を生みつつ自ら言表されない気息・気・間のようなものも排除されてはならず、それはダーバールと共に、後にプネウマ（気、沈黙の声）として考究されるはずである。

**六**　以上のように他者との邂逅が含む様々な様相が探求された。自同的閉ざし、指(志)向性的能動性、受動性、逆転指(志)向性、語ること、テキスト的異化作用、解釈学、ハーヤーとその自己贈与、などであり、それらの核心に差異化（自己無化）が伏在して働いていた。そこで次節においてわれわれは、他者との邂逅とその根拠たるハーヤー存在をめぐって、事的テキストと言的テキストとに分別して、そこにおけるハーヤー的異化作用に焦点をあてた解釈学的探求と解釈学的実践作業に着手してゆこう。それは、第四節をもにらんでなされ、ハーヤー存在論構築と展望の基礎的作業になるはずである。

## 三　邂逅ということの解釈学

### 一　ダーバール（言語テキストと事的テキスト）

本節では、ダーバールの解釈を通じて到来する（している）ハーヤーの洞察とハヤトロギアの予備的考察がなされる。その手がかりは、ダーバール中の異化・逆転志（指）向が生起しているテキストであろう。

前述のように、テキストは織られたものを意味した。織りものを鑑賞するとき、そのデザイン・意匠や際立つ模様の型、糸の種類や布地の質、織り方、隠された紋章、織られた時代と風俗性などを通じて、鑑賞者はその織姫（の心）や織物職人の流派などに思いをはせ、その美術工芸的価値を解釈し、一層鑑賞を深め、自らそこに学んで何らかの創造的営為の糧とすることもできよう。

同様にして哲学者にとってプラトンやアリストテレスの著作はテキストになり、自然科学者にとっては自然的事物や人間を含めた生物がテキストといえようし、歴史家にとっては歴史的出来事とその痕跡がテキストといえよう。そして各々の仕方で各々は自らに与えられたテキストを解釈し、ある場合には自らテキストをつくる。

こう考えると言語的記号的テキストと事的テキストはそう簡単に区別されるのではなく、逆に互いに幾重にも織り合わされて不連続の連続的な現実を織り成していることが理解できよう。ダーバール（言・事）とは、そういう現実を示すヘブライ的思想なのである。

従ってこれからこの点を念頭において、エクリテュール・テキストと事的テキストとにあえて分別して、ハーヤー存在とダーバールにおける差異化および邂逅をめぐって解釈学的参究を深めてゆきたい。

二　さてテキストとしてのエクリテュールを解釈するというとき、そこに能動性、志(指)向性といった働きが際立つ。われわれは、それらを邂逅に対する閉ざしの要因として否定的に考えた。けれどもここで解釈を自同的閉ざしの突破とする限りで、解釈に伴う志(指)向的能動性を積極的に再理解しなければなるまい。

それはどういうことだろうか。

閉ざしに傾いて働く指(志)向性は、自己中心的 conatus であり、指向性としては視覚的比喩が適合したように、その理性的指向の視界に万象を見られ語られたものとして回収する（legein）ロゴスといえる。他方で志向性としては自己保存を目指して自己の下にものを取り集め我有化する欲望となる。こうして自己を中心とした視界にものを自分のものとして布置し支配し安心立命するわけである。そこには指示的指向や意味論的命題論的指向さらには、実存主義的な志向や体制志向など様々な intentio の変様態がある点も注目しておこう。ところで自己無化・差異化の方位に注目してみると、それを契機に様々な intentio に応じて逆転指(志)向が働いて他者を迎え容れていた面が浮上してくる。この逆転において自己は受動を発端として到来する他者に開き、彼と働く協働態的個へと変容して来る。従って、そこでのテキスト解釈には、ある能動的な他者指(志)向がすでに働いているといわなければならない。それはしかしあくまで自己無化を経た能動性である。すなわち、差異化を働くハーヤーに不即不離の仕方で支えられ、そのエネルギーを体現して働く変容された能動性であって、他者の地平に通ずるのである。その能動的解釈こそ、自己を偏向と閉ざしから解き放ち、テキストを通して他者を迎え、放てば満てるの地平で証しうるであろう。その閉ざしを開け放ち、解釈者がテキストに対面して遂行してゆくこの指(志)向性は、視覚的回収的というより、それに対してむしろ、ハーヤーの呼びかけをテクストを通して聴き従うという意味では、聴従的指(志)向・解釈といえよう。(18)

われわれは如上の意味に従ってテキスト解釈を理解し遂行するのである。

ここで具体的な解釈行為に入る前にその解釈の諸契機と手続きとを簡単に示しておこう。

この解釈学はまず何よりも狭義のテキストの中に、そのテキストの筋立ての異常さ、逆説、意味論的断層、主語の人称の入れ換え（これは例えば「旧約」の預言書などにしばしば見出される）、文体・語彙の突出的特性、構造的ゆがみ、思想的傾向とその破綻、表現上のキアスムス、撞着語法、強勢法、重複などを通してテキスト的異化作用に着眼する。

従って上述のようなテキストの箇所にわれわれは自同性を差異化するテキストの異化作用とハーヤー到来とを洞察してゆくが、その接近方法としては、意味論的、言語行為論的方策があり、証しとしての告白類型、行間に沈黙の声をきく聴従的方策など、諸々の言語論上の形が用いられる。

以上のようなテキストの異化の諸形態と共に、一点だけ能動的自己変容に関わる解釈にふれておきたい。それは「物語的自己同一性」（identité narrative）ということである。(19) すなわち、特に物語において登場人物があたかもハーヤーを体現して他者の地平を生きたかのように描かれている場合、その人物像の人生が語りかける挫折と復活などを通してハーヤーへの呼びかけに応え聴従しつつ彼の生に倣うこと、そのことが読者である解釈者の前に、他者迎接に向けての可能な希投になりうる。その人物像がたとえ文学的虚構であっても、それが邂逅の真実を示す限り差異化といえるのだから。そしてその希投は、広い生の文脈において、つまりわたしが二人称「汝」として関わっている場を媒介になされる。こうして差異化を体現する物語的人物像（三人称）を実生活の出会いと可能性において自己（一人称）の生の可能性として希投することが、人称的転位となって、物語的自己同一性という人間変容の解釈学的一契機たりうるのである。だから物語的自己同一性の成立は、解釈学的自己同一性成立の一構成素ともいえよう。この点は、アウグスティヌスが「汝」あるいは「兄弟」と呼ぶ現場を媒介にして語る『告白』において典型的に示されている。すなわち、その告白物語においてアウグスティヌスの「告白的物語的自己同一性」が成立しているのである。彼の告白に聴従しつつ、わたしも告白し変容するとき、わたしの「物語的自己同一性」が実現してくる。他方で、物語の人物像は歴史的場面では、到来する出来事の文脈で語られるので、それはまた出来事の解釈にせり出してゆくことでもある。その点は次に簡単にふれてみたい。

## 三　そこで今や事としての広義のテキスト解釈のあらましを予示的に指摘しておこう。

小は家庭内や身辺の出来事から大は職場や教会や国家のことに至るまで、その中でわれわれ自身は語られて在ることとして完了化し、無明によって自らを閉ざすか、閉ざされた体制の閉ざしの機能として生きている。そうした卑近な日常的生の足下においてこそ、友人を恋人を子を拒みあるいは受け容れている。このように広義の出来事的テキストは日々、同化と差異化の織物として織られてゆくといえよう。

われわれはここで事としてのテキストというとき、その基底層にこの生の現実と対面するわけである。けれども、歴史的な過去の出来事や将来の予測を超えた出会いの出来事は直接的に今の生で体験できない。そこでわれわれは歴史物語という文学類型をとりあげて、そこに事としてのテキスト解釈を施そうとする。しかしそれはクロニカル（クロノス的）な年代記ではなく、あくまでカイロス的な歴史物語でなければならない。というのも、クロニカルな歴史記述はすでに始めと終りが想定され、その中に他者が語られ同化されてある世界のことだからである。そこでわれわれは上述のように、それ自ら差異化であるカイロス的歴史物語に注目しつつ、たとえそうした歴史的事件は、われわれの日常的生自体の解釈の参照点あるいは迂回ともいえようが、そこに参照・迂回しつつもその出来事の解釈の焦点をあくまでわれわれの日常底に結ぼうとするのである。

このように、われわれ一人ひとりの個人的現実的な他者志(指)向の変容が、歴史物語の人物像とその生の物語を迂回して、物語的解釈学的自己同一性として展開しうると先述したのも、右の論点と深く関連・連動する。

以上の一―三の予備的語りをふまえ、これからハーヤー到来の場であるダーバールを区別して、第(1)項ではエクリテュールに到来するハーヤーを、第(2)項では歴史的出来事（およびわれわれの日常底）に到来するハーヤーを証しすべく、差異化的聴従的解釈を実践してゆきたい。

### (1)　エクリテュール・テキストに働く差異化とハーヤーのこと――「出エジプト記」三章14節を端緒として

先述のようにわれわれは能動的閉ざしによる我執的自同性や体制を突破・裂開しうる差異化をテキストに求める。そしてそのテキストの深層に到来して働くハーヤーを証ししようとする。その際、ヘブライ的ハーヤーが突出して顕現するヘブライ文学・「旧約」の「出エジプト記」解釈に着手したい。そしてハーヤー存在のコンテキストである「出エジプト記」のハヤトロギア（ハーヤー論）の消息を明らかにする第一歩として、「出エジプト」テキストと西欧哲学の存在の源泉であるギリシア的存在（on）のコンテキスト、すなわちアリストテレスの『形而上学』とを簡単に対比し、そのコンテキスト的相違とそれがもたらす「存在」の徴候の差異を考察したい。

〈一　「出エジプト記」（Exodos）と『形而上学』（Ta Meta Ta Physika）とのコンテキスト的対比〉

1　『形而上学』のコンテキストと「存在」(on)　アリストテレスの『形而上学』はそのギリシア語の題名が示すように「自然学の後におかれたもの」を意味するが、哲学的には「自然的なものの背後」を探求する学といえる。

アリストテレス自然学はものの運動と変化を、全自然全宇宙を対象に考察する。その宇宙論は月下の地球を中心に、惑星をいただく天球、すなわち水星天、金星天、太陽天、火星天、土星天などが続き、その一番外側には第一天である恒星天があって、これが全宇宙の運動の自然学的原因となる。しかし、アリストテレスはそうした自然の背後に、恒星天やそれに続く天球に円環運動を原因する、究極の第一原因をおく。それは「動かされて動かす」仕方で自然界で運動する万有の背後に存する、非自然学的非質料的な万物の原因であり、「不動の動者」と呼ばれる。すなわち、それ自らは運動しない以上、あたかも恋人が恋慕う人たちを動かすように、目的因として万物の第一運動因であり、運動の可能・可能態(dynamis)の影なき純粋現実態(energeia)である。それは非質料的な神的思惟(思惟の思惟)であり、自らの善美を永遠から永遠にわたって観照(theōria)している。

こうして宇宙の諸天球は円環運動をなし、月下の世界はそれより不完全な直線運動をなしながら、全自然は可能態から現実態に運動変化しつつ、各々が不動の動者を究極目的として目的因の系列をなし運動変化している。究極目的へ向かうこの目的因の系列は、逆に不動の動者を第一起動因とする逆転した起動因の系列としても理解される。が、そうした運動の因果系列全体は永遠から永遠に作用しており、万物の存在が無から創造され、終末のうちに無に帰すという思考はない。結局、アリストテレスの自然学・形而上学の世界は、不動の動者という究極的運動原因によって支配・統一されており、それが第一原因として直接恒星天球を動かす。その恒星天は、全自然世界を空間的にすっぽり包みこむようにして作用する。こうして第一原因を頂点とし、質料をも含む存在者としての存在は諸原因の階層秩序を構成する。だからその全体世界は始めも終わりもない、永遠の円環運動に様々の仕方で包まれた、空間的世界といえよう。[20]

従って時間の流れも、『自然学』で「時間とは前後に関して数えられた運動の数である」[21]と定義されたように数量的クロノス的である。

万物は運動し可能態から現実態へと移行してゆき、時間がそれに伴う。人間の最上の現実態的活動は、理性的動物である限り、至上の「思惟の思惟」を倣って思索すること（theôrein）であって、倫理的活動はこの思索的観照に従属している。従って観照に方向づけられるその倫理的活動においては、目的は定まっており、その目的実現のために多数の選択肢を考慮・選択する選択意思（proairesis）が問題となる。そこには全く新しく目的を定立し、根源的に因果関係から脱して新たに始めるという自由意志の問いは立てられてこない。[22]というのも、アリストテレス的自然世界にあってはものや人間の在り方は空間的な世界の目的論的秩序内に布置され決定されているので、存在者は空間的パラダイムの枠組みの中で動くからである。こうして上述した存在－神－論が成立するわけである。

以上の空間的なパラダイムや文脈における存在（on）の理解は、世界の頂点を極め、目的因起動因として万物を動かす神的純粋形相である不動の動者に向けて、生成消滅をする運動者、すなわち永遠的宇宙という空間的表象を伴って可能態から現実態に向かう存在者理解の性格を帯びよう。しかしそれは決して無に直面した存在者ではない。

無に直面しないが、生成消滅を繰り返す存在者としての存在者は、その実体的自己同一性を維持しようとする。その同一性は、質料が変化の原理である以上、何よりも形相的種的規定として語られてくる。そうしてこの実体的存在世界の語りでは、質料的な時間的変化や場所的相違を除外して、論理的には同一律や矛盾律が支配することになるし、様々な論理的推論形式が整備される。それは学的論証の形式をなし、学知的知識（epistēmē）を根拠づける。その際やはり『カテゴリー論』でいわれる「主語となって述語とならない」第一実体が様々な次元で知識の中核として問われる。つまり、自然学では可感的物体の第一実体が、形而上学では不動の動者という第一実体が自同的存在根拠として問われるように。

　こうして存在は実体・形相を中心に理解され、その際、偶然や付帯性は厳密な学としての知識から排除される。その結果、存在世界は第一実体を頂点とする実体や形相やロゴスの存在－神－論的ヒエラルキアとして、空間的に表象されるといえるだろう。

　以上のようなギリシア形而上学のコンテキストにおける「存在」に対して、ヘブライ的「出エジプト記」のコンテキストはどのような仕方で「存在」を示すのであろうか。

## 2　「出エジプト記」のコンテキストと「存在」(hāyāh)

　「出エジプト記」は歴史物語のジャンルに属する。そこでは日本の『源氏物語』や『三太郎の日記』風な深刻で葛藤にみちた詳細な心理描写はない。それは事件と人間的行為に彩られたアクション文学であり、神《ヤハウェ》顕現が語られる神話的ドラマともいえる。以上のことに一応注目しつつ、これから物語の異化的筋立て(intrigue)を追跡してゆこう。その際、追跡の跡の目印として、物語の異化と思われる箇所を「異化」印で強調しておこう。

　西暦紀元前十三世紀のエジプトは、太陽神とその子孫とみなされたファラオ(ラメセス二世)が支配する東洋的専制国家であった。ファラオはヒッタイト人やカナンでの反乱の脅威に直面して、物質貯蔵都市ピトムとラメセス建設のため、ヘブライ人たちに奴隷の賦役労働を課した。エジプトはファラオを頂点とし奴隷を最下層とするピラミッド型の全体主義的権力体制を敷いていた。それを支える経済力の巨大さは、例えば全エジプトと近隣諸国を支配する広範囲な穀物市場の市場操作による巨大な利益にも示されよう。しかし古代国家としては、何といっても奴隷を財とする奴隷制に依存していた。

さてラメセス二世治下のヘブライ人は、奴隷としてエジプト王国の財産とみなされなくなった。なぜなら彼らは人口的にも巨大となり、ヒッタイトなど異民族の侵略時に共に結束して対エジプト反乱を起こす恐れなどもあり、弾圧され始めた（一章10節。以下一10のように記す）からである。例えば、ヘブライ人の生まれた嬰児中、男の子は即座に殺し女児は将来の使役に生かし残すこと、また町の建設にはれんが焼きに必要なわらなどを与えず（五7以下）、他の重労働を課したりしノルマ達成という経済的効果より虐待抹殺を目指したこと、また過酷を極める労働で彼らが一致反乱しないよう一種の監督密告制を敷いたことなど、明らかにヘブライ人の抹殺が企てられたといえる（異化1）。それはナチス・ドイツのアウシュヴィッツ絶滅収容所のユダヤ人抹殺計画とその実行に類似していたといえるであろう

このヘブライ人たちの苦悩のうめきと叫びは神に届いたとされる。その痛みを知った神は「降って行き、エジプト人の手から彼らを救い出す」（三8）ことを決意する（異化2）。そのため、モーセに奴隷の解放的指導者となるように呼びかける。この神とモーセの邂逅の場面は、古来「燃えない柴」のシーンとして名高く、「神顕現」の文学的ジャンルが用いられ描かれている。しかし、モーセはヘブライ人の子でありながらエジプト王女に養育された人である。けれども長じてエジプト文化に自己同一性を求めることに絶望し、他方で同胞である奴隷ヘブライ人と連携しそこに自己同一性を求めて拒否され、その結果エジプト帝国から脱出し荒野で牧人となっていた。ヤハウェに呼びかけられた時のモーセはそうした一介の牧人にしかすぎなかった。なぜ神が権力も智慧もないモーセを召命し、そのような偉大な使命を託そうとしたのか、合理的な説明はできない（異化3）。モーセは最初神による奴隷

解放の使命にたじろぎ、呼びかけを拒む。しかし、奴隷を解放しようとする神の異常な熱意に動かされ、「神の名」を問う。というのも、名は当時その名の持ち主の本質の体現であり、従って神名を示され知ることは、その名が宿す絶大な力や信頼を授与され、奴隷の前で指導者として信任されるからである。その問いを契機に開示された神名は、今日に至るまで翻訳を拒むかのように謎にみちた名「エフィエー、アシェル、エフィエー」('ehyēh 'asher 'ehyēh) である。その詳細な解釈は今は省くが、この名のヘブライ的意味論と歴史的コンテキストから大略その特徴を示すことができよう(23)。

ヘブライ的意味論と文法上でいえば、神名中の「エフィエー」は、存在動詞である「ハーヤー」の一人称単数未完了形であり、これが関係詞「アシェル」をはさんで反復されている。その際、ヘブライ語動詞の未完了、完了の時制的区別は、ギリシア西欧語のように未来、現在、過去の時間軸に沿って定められるのではなく、行為の完了、未完了が基準になる点にまず注目しなければならない。すなわち、一般的には行為や存在の働きが未完了なら、西欧語でいう過去の時制のことであっても、未完了形を用い、行為が完了していれば、西欧的時制の未来のことであれ、完了形が用いられる。従って「エフィエー」とはその存在と行為が、自己完了せずに不断に未完了態であることを示す。そしてその分節化・言語化が後述するように「十のこと（ダーバール）」である十誡といえよう（異化4）。

次に注目されるべき点は、このエフィエーの反復である。この反復形 (paronomastic formula) は、「The formula is paradoxically both an answer and a refusal of an answer」(24)と言われるように、神の名の開示と同時に非公開を意味していると思われる。すなわち、一方で神名開示によってそこに超越者ヤハウェと人間との間に親密な関わりが生まれるが、他方でその神名を知った者がその知識を魔術的に悪用して、神に人間の側の欲望（富、名声、権力、他者征服さらには魔術的な神的力など）を要求するなら、この神は人間の自同的我有に同化されその他者性、さらには自由（な関わり、無償に与えること）を喪ってしまうであろう（異化５）。そこに神の側から神名の完全な授与や公開の拒否が必要とされる由縁がある。神名は依然、謎としてとどまるのである。

さらに「出エジプト記」的コンテキストで神名の注目すべき特徴にふれると、その未完了性は自己完了性からの脱自を意味する点である。常に新たな現実を指(志)向しそこに到来する仕方で脱自する。その脱自的到来はそれではどこに向かうのであろうか。それはコンテキストから明らかなように（四７－９）、奴隷という他者である。奴隷の許に到来し「共に在り」、共に恵みの土地に上る。その意味でハーヤーには何らかの価値も才能も未来への素質などを持たない奴隷の許に無条件におもむくという他者迎接性が特徴的である（異化６）。

神名の意味内容はさらに様々な特徴を示すが、それは後に参究するとして、われわれは再び出エジプト物語の筋立てを追ってゆこう。

燃えない柴のシーンで神顕現・神名に出会ったモーセは、その後ヤハウェの預言者として働くことになる。ここで神名ヤハウェが、ハーヤー存在動詞と関連している点を指摘しておこう。このヤハウェに遣わされ支えられ、元来言葉に鈍重（四10－13）のモーセは言葉を授けられるのである。このことは、彼の言葉がハーヤーを体現していることを示している。すなわち、彼の語りはダーバール的に、一方で新世界の意味や展望を拔き、他方で歴史内に事件・ドラマを新しく将来すること(言・事)に他ならない次元を示す。それはエジプト脱出に向けて彼がファラオとなした交渉過程で、彼が言葉と奇跡的事件によってファラオに譲歩させ奴隷解放をもたらした物語を通しても窺うことができる。エジプト脱出直前、イスラエル人奴隷は解放を祝う「過越の祭」という祝祭的祭儀を子々孫々にわたって執り行うことが記憶にたくされる（一三３、９）（異化７）。奴隷たちはファラオとその軍隊の追撃をふり切って、葦の海を渡り荒野での生活に入る。そこは水無き死の砂漠と縁なす定着地に花咲く文化文明地域との間の、死と生の間の境界である。雨季にふるわずかな雨をたよりに植物もまばらに生育し、子羊などの小さな家畜が辛うじて養われる遊牧生活の地である（異化8）。この荒野の放浪生活四十年の間に、出エジプトの奴隷世代に替わって、力強く自律的な新世代が生育してゆくが、その次世代も含めてヘブライの民とヤハウェとの間に契約が交わされる。それがいわゆる十誡・「十のこと」（ダーバール）を伴うシナイ契約である。その内容は後に考究するが、ここに契約思想と契約による祝祭的協働態の根本的成立が窺えるのである（異化9）。つまり、この契約の十の言葉によりヤハウェのハーヤー的エネルギーはさらに分節化され、それが十のハーヤー的エチカの形で、奴隷という形なく自律なきカオスのような烏合の衆に言葉・エチカを与えてエチカ的協働態成立を促したわけである。

この協働態は、荒野と沃野の間の辺境を旅してゆく。だがその途上、沃野の多産性とそれを生み護る神々（殊に肥沃の象徴バアル神）の文化的誘惑に屈服してしまう（金の小牛事件）（異化10）。実際に奴隷たちが目指す乳と蜜あふれるカナンの地は、アシュラ像やバアル崇拝を中心として自同的世界を形成しており、そこでは魔術による多産性が志向されていたのであり、何らかの仕方で神政体制的ヒエラルキアが成立していたと思われる。この沃野とその文化的誘惑はその後もイスラエル的遊牧的部族生活とその協働態を脅かし分裂させてゆく。他方でヤハウェは、天幕に現存しつつ奴隷と共に荒野を旅し続け、すでに語られて在る周辺の文明的自同的存在を語り直しつつ、新たな言・事を披く根源的エネルギーとなっている（三四1－35）。そのエネルギー現成の場は、貧しいヘブライの民とそれの指導者モーセであり、彼らが出会う様々な歴史的出来事であったといえる。

さて「出エジプト記」物語を大略示しえたので、次に「ハーヤー」存在の意味内容を物語の異化を参照しながら参究してゆきたい。

## 〈二　ハーヤーの徴候〉

参究の問いは、テキスト中に、ハーヤー的存在がどのように到来しているのかということである。そこでまずその到来を示すと思われる諸徴候をテキストの異化から探ろう。

**1**　異化2は、神が歴史的世界に下降するという驚異的な出来事を示している。それは古代の擬人的な神観ではなく、ヘブライ的な超越的神観においての神の下降の話であるからなおさらのことである。他方でヘレニズム的神観（ギリシア哲学）にあって神性は超越的な不変不動者であるから、[25]このような神の下降の語りは稀である。そこでハーヤーの下降が単に文学的レトリックと考えて解説し了らないとしたら、そこには一体どういうことが差異化として現成しているのであろうか。

それはわれわれがホセアの神において洞察したように、ハーヤーが永遠の非関与的神性として完了態的存在として在るのではなく、未完了な自己脱自的な差異化そのものであることを示そう。エクスタシスが一般に自己陶酔を意味するとしたら、その根源的意味に還ってハーヤー的エクスタシスを考察すると、それは自己存在の充溢を観照するナルチシズムではなく、まさにek-stasis（自己から出てゆく存立）なのである。[26]こうしてハーヤーは、後述するようにＰ・リクールの用語を借りれば、差異化を根源的肯定（affirmation originaire）とする未完了態であり、その意味で異化4が示すように語り直しであり、新しく語ることなのである。

**2**　このハーヤーの差異化は、根源的肯定として自己のみならず、他者にも及ぶ。実際に出エジプト物語で異化3が示したように、モーセも奴隷も突如として予測を超えた仕方で、歴史を差異化するハーヤーのエネルギーに巻き込まれてしまうのである。その差異化は、未だ自律性も人間的エチカ協働態をも創りえない、いわば無である奴隷を、解放され自律した神の民・祭儀的に解放を証しする兄弟的協働態、いわば有へと差異化するほどの創造的エネルギーといえる。

因みに、この出エジプト的歴史的解放・新たな民の創造物語をさらに黙想して構想されたとされる「創世記」一章において、世界は無から有へ、カオスから秩序へと差異化され分節化されていることが見事に物語られている。その際、その差異化はヤハウェ（の言葉）に因（拠）って推し進められたのであることを考えると、ハーヤーの差異化は、他者を無からでも存在化して求める徴候を帯びている点が強調されなければなるまい。その意味でエジプト人やヘブライ人として完了的自己同一性を求め、しかしそれに絶望していたモーセも、ハーヤー的差異化をもろに蒙って預言者として強引に呼びかけられ、ヤハウェに対面する他者的存在としてハーヤー的生、つまり未完了的な自己同一的な生を生き抜いたのである。これは後の考究のテーマとなる。

**3** けれどもモーセがヤハウェの呼びかけにためらったように、人間はハーヤー的差異化を拒んでその自同に自閉しうる。それは人間の自由意志による主我的能動性によることは前にも指摘したが、体制としては出エジプトに続くイスラエル王朝の興亡史の中にハーヤー的呼びかけに自閉する王と王朝が批判的に活写されている（「列王記」上・下）。この閉ざしは人間の根源悪に連動する深刻な問題であって、それは異化5と10に関わる話の核心をなす。すなわち、それは神名の差異化を、神名の完全な魔術適用法によって逆に拒み、我有の象徴である偶像に転化するカナン宗教や金の小牛事件に関わる話の核心に外ならない。

**4** さてモーセに率いられた奴隷は荒野を旅し、共に在るハーヤーも天幕と共に旅した。そう物語る異化的物語（8と10）は、一体何を示そうとするのであろうか。

旅は荒れ野をめぐる。それは遊牧民的な生活の連続である。先述のように何も生まない死・不毛の砂漠と緑なす肥沃な文化・文明地帯の間の生活である。辺境をたどりゆく旅の生である。そこに境界・荒野の思想が芽生える。

すなわち、荒れ野とは、文明的体制が生みだした生活の便利さから社会の身分・貧富の差に至る物的社会的条件が剝ぎとられ、さらに複雑な祭儀的虚飾や神学を具有する宗教的体制から文化的な諸作品に至る精神的文化的心理的条件などが剝ぎとられた極貧と赤裸の場所である。そこは最低の生の条件の下に、砂漠的死にさらされ、無に向き合って絶対者の力を思わざるをえない瞑想の場所である。文化的豊かさや思想・宗教的自己知におおわれた自己イメージのかわりに自己を発見しうる可能性でありかつ、思惟も感情もそぎとられて精神的豊かさとは無縁に朽ち果てうる場所である。文化圏に越境しつつもそこから退去し、文化を砂漠の無と対比させつつ砂漠からも退去する道行き、越境できない辺境の歩みであり、こうしてこの歩みは、生と死、文化と野生、文字思想・言葉と無知・沈黙、壮大な神殿と貧しい移動式天幕、王朝と遊牧生活などの差異の間を辿る未完了的生となる。それは文字通りハーヤーの体現であるといえる。こうした辺境の放浪から、新たな生と精神と協働態の発想が生まれる。だからそれは腐敗乱熟し未来なき文化・文明の突破口となりうる。

**5**　さて次にハーヤーの降下は全く一方的に、しかも価値も未来も富も聖性もなく、死に瀕している奴隷、つまり選ぶに値しないものに向けられる（異化1、2、5）。これは一般的な「神の選び」「聖」の通念に反するのではなかろうか。というのも、神は特別な素質（才能、体力、知能など）をもつ美しいものを選び浄め、神に近い徳性ある聖なるものにするというのが恐らく一般的通念だろうからである。

けれども、ヤハウェがモーセに呼びかけたとき、彼は選ばれるに値する宗教的徳性や聖性をもっていたわけではなかった（異化5、6）。一般の神秘主義でも神と出会うには、修行を積み身も心も浄化され洞察力も照らされ徳にみちた聖なる状態が必要条件となる。従ってモーセに到来するハーヤー的神は、そうした宗教的必要条件に一顧だに与えず、全く一方的に関与したと考えられる。同様に、イスラエルの奴隷にハーヤー神が特別に恵みを施したわけも、奴隷が徳性・聖性をもっていたからではない。むしろどの民よりも名もなく貧しく死に瀕していたからであった（「申命記」七6以下）。こうしてハーヤーの到来は、無条件であり、逆に人間的徳論や宗教思想や社会的通念などに逆行して、むしろそれらを差異化する選びの行為といえる。それは一種の恩恵論的エチカを基礎づける在り方といえよう（異化6）。

**6**　異化7以下が示すように、ハーヤーの一方的な無条件的な到来は、人間との契約とそれによる協働態創立へと展開する。つまり、ハーヤーは自らケノーシス（自己無化）を契機として他者へ到来する能動的志(指)向そのことであり、無ともいえる奴隷の存在内に到来しそこに働きかけそこから有を生む。その意味で自同的人間の能動的志(指)向を逆転させ、その逆転志(指)向性の内に働きつつ、それを支える根拠ともいえる。このハーヤーの到来は「出エジプト記」物語にあって殊に「十のこと(言・事)」、所謂「十誡」の言葉に分節化・差異化して、契約的協働態のエチカになってゆく（異化9）。

この十誡は、それまでの東方専制主義国家や部族社会の法規や慣習法の法的体系に対する新たな語り（dédire）といえ、それは即価値論・エチカとして現成する。そのケノーシス、友愛性（fraternité）、正義、証し、安息日などの内容に関しては、次に考究するとして、今はこれまでのハーヤーに関する考究を簡単にまとめておきたい。

**7**　これまでの考察から、ハーヤーの根源的自己肯定としての自己差異化（自己無化）あるいは未完了的自己脱自および他者の創造と差異化さらに歴史内でのカイロス的行為と語り（呼びかけ、十誡など）、それによる他者協働態への契約的関与と創造などが示され、ハーヤーは、そのような仕方でわれわれの歴史と生の閉ざしを逆転的に開放するべく到来し働きつつわれわれの新しい語りを促していることが洞察された。

けれども神名を示すハーヤー動詞そのものが上述の性格を示して、旧約テキストに頻出しているわけではない。そこからハーヤーを参究の核とするハヤトロギアの成否が問われうる。けれども、旧約テキストは行為の完了と未完了に由来する自己脱自や契約やカイロス、あるいは体制の閉ざしや危機、預言的行為や言葉などをめぐる物語や歴史にみちたテキストであり、そうである限り、そうした未完了的動詞が異化的に働く物語テキストの背面にハーヤーの到来とその手が窺われるのである。そこにハヤトロギアの成立の出発点がある。そして次に参究する「十誡」にもハーヤーの動態が示されているのである。

## 〈三　十誡テキストにおけるハーヤーの展開〉

われわれはハーヤーとの契約的邂逅において語られる所謂「十誡」を、ハーヤー的ダーバール（言・事）の語りの分節化として理解した。そこで「十誡」の言語論的構造にまず注目しながら、「語ること」の徴候を参究したい。他方で、それが誘爆しドラマ化しうる出来事に関して、その考究は事的ダーバールの歴史的異化の論究に託することにしたい。実際に、「十誡」の表現から考えても、「十誡」の翻訳は七十人ギリシア語訳（decalogos、十のロゴス）に拠っているが、マソラ本文においては「十のデバーリーム（ダーバールの複数）」と表現されるからである。従って「十誡」は、事的テキストと文書的テキストの境界とも、あるいは受肉的協働の場ともいえる。そこから「十誡」を歴史的出来事と無縁な言葉・掟としてのみ観察できないことは明らかである。その点に注目しながら、われわれは現代聖書釈義学よりもむしろヘブライ的思想（例えば、M.-A. Quaknin の著作）を援用しそのエクリチュール的意味内容の解読に努めたい。

まず「十のデバーリーム（言即事）」（以後、十とのみ表記）に関するハーヤー的テキスト解釈と語りについて、その特徴を示しておきたい。[27]

十は左右対称の2板の石版に書き記されたとされる。ヘブライ後の読み方では、右から左に向かうので、右の五つのダーバール（掟）から順次読んで左の五つの掟を読むことになる。そうした読み方で、全テキストを一覧すると、第一に、十は、「わたしはヤハウェ」から始まり（二〇2）、「汝の隣人」で終了している点が直観される。つまり、それはハーヤー的エネルギーが、日常世界の汝の隣人にまで到来、浸透しエチカ的世界がそこに現成していることを示している。そのことをテキスト上の第一の根本的特徴・開きとして踏まえておこう。

第二に、クアクニン（以下Qと記す）によると、エクリテュールとしての旧約では、十は男性形（asseret ha devarim）（「出エジプト記」三四28、「申命記」四13など）であるのに対し、タルムードでは女性形（asseret ha diberot）となっており、そのことはテキスト解釈上次の重要な核心を示すという。すなわち、十の言葉を聞くとは、それが男性と女性に分節化され、男性的書記伝承に女性的タルムード的な解釈が不断に施され、その結果、新しい意味がそこから引き出されつつ、読む人々の未来を創造し、そこにまた「物語的自己同一性」（identité narrative）が形成されるということである。それはさらに男性と女性との両性的協働の多産性に似て、書記的男性と口伝的女性の弁証法的な関わりがもたらすテキスト解釈の生産性に外ならない。

こうしてテキストが歴史を通してダイナミックな解釈を受けるが、さらに次のようなヘブライ語に固有なテキスト解釈も遂行される。

ヘブライ語には母音がついておらず、ベタで書かれている。従って読者は、そのベタの書記テキストを区切ることによって文章や句や名詞の区切れを決めなければ、意味をとって読めない。こうしてテキストは、母音の欠如を始めとして潜在的に読者の解釈的読みを迎える区切れなどの間や余白や空虚、つまり無（の空間）を秘めているわけである。従ってヘブライ的ハーヤー的解釈とは、この無の空間を不断に永劫に読者が埋めつつ、新たな意味とその世界を創り、自分たちの未来に希投してゆく創造的自己同一性現成の根拠となる。このいわばテキスト内に無を見出し、それから意味を生み用いる「無用の用」的テキスト解釈は、ハーヤーの到来をある一定の自閉的テキストに閉じこめて固定化せず、他者との邂逅に向けられる生産的希投的な開きに外ならない。この開きをもたらす無は後述のように、ダーバールの根底に潜む無・間という気息的プネウマ空間と連関してくる無用の用的無である。それはテキストを対象化完了化して分析する視覚的テキスト解釈から、テキストの行間や沈黙の無に聴従してゆく未完了的解釈の根拠といえる。

以上のような聴従的ハーヤー的テキスト解釈を念頭におきつつ、十の異化的様相とその意義に参究してゆきたい。

**第一のダーバール**（二〇2）第一の言・事は、ハーヤーが奴隷を自由な協働態としてエジプト帝国（絶滅収容所）から解放したというハーヤーの歴史的解放的エネルギーを記憶する歴史的宣言であって、所謂誡ではない。従ってカスートによれば、恐怖でなく愛と恵みの表明となっている。

このハーヤーの歴史性について、Qは次のような興味深い解釈を施している。すなわち、ハーヤーの神名ヤハウェは、YHVHの四文字からなる。ところでタルムード的には、そのうちのヨッド（Y）は、YHYH（ハーヤー存在の未来・未完了形）を現わし、ヘー（H）は、HYH（ハーヤー完了形）を、ヴァヴ（V）は、HVH（ハーヤー存在の現在分詞形）を表わすとされる。従って、ヤハウェ（YHVH）は、過去完了から現在を経て未来・未完了として在る、時への開けだというのである。[28]

右の意を汲めば、ハーヤー到来は一期一会の差異化であり、唯一的カイロスとして現成する。しかしその不連続の唯一回性を絶対化せず、さらに新たな未来時への開きへと過去を脱自しつつ連続的に今向かうのである。この唯一回的不連続と歴史的連続というパラドックスこそ、カイロス時的歴史であって、同様の時の見方は、ニュッサのグレゴリオスの「エペクタシス」論にも洞察されるのである。(29)

**第二のダーバール**（3〜6）　このダーバールは、所謂偶像禁止令として一般に理解されている。

ここでQの解説を参照して、閉じた世界構築を起因するテキストの自閉的解釈の突破という問題と関連させて「偶像崇拝」を考えてみよう。無限者が歴史さらには有限者に関与する典型は、キリスト教において、ロゴス（神の子）の受肉として語られた。Qによると、それはユダヤ教にあっては、無限なヤハウェがトーラー（律法）テキストに臨在・顕現することであるという。そこでトーラーに神に関わる一つの解釈しか施さず、その解釈を固定化教義化すると、その解釈は有限なトーラー・テキストに無限者を閉じこめることになる。(30)それは有限者（テキスト）を無限として、本来の無限者（ハーヤー）を隠蔽する偶像崇拝である。従って先にハーヤー的解釈の手法と精神として、その不断で無限な解釈運動を明らかにしたが、まさにこの解釈学こそ、無限者を常に新たに無限者として意味し開示するテキスト解釈として反偶像的運動なのだといえる。

このように考えると解釈者の責任とは、テキストの差異化が示す空・無をどのように無限者顕現の出発点として洞察するか、またどのようにその無限者の顕現的エネルギーを人間を結ぶエチカとして解釈するか、という点に存するといえよう。こうして解釈は即エチカに展開しうるのである。

**第三のダーバール**（7）　一般にこのダーバールは、神名を虚しく（SHVA）呼ぶことの禁止として理解されている。その「虚しさ」の男性形は、SHVAで、女性形はSHVAHである。Qによると、SHVAはSHOAHに通じ、その際ショアーの意味は「人間がもはやその唯一性に至ることのない、無区別のあらゆる状況」であって、所謂映画「ショアー」が意味するナチス的全体主義による自同化の暴力、絶滅に通ずるという。例えば、男・

女の差も認めない。従ってテキスト解釈におけるエクリテュール伝承と口承伝承の区別も認めず、その結果、それは容易に新解釈の余地も無視する自動化・自閉的解釈の暴力に通底する。Ｑは（彼の意を汲めば）、このように神名の呼び方である「虚しく」を理解していると思われる。

われわれの立場から考えると、こうした虚しい神名の呼び方はまさに、ハーヤーを自分の閉じられた思想的イデオロギーに閉じ込め同化してしまう還元主義的自閉と解釈を意味する。だから他者のこの絶滅的同化・非区別的斉一化を拒否しなければならず、それがこの第三ダーバールの語りの意義なのである。そしてそれはハーヤーの差異化を蒙って生きよという促しであって、その限りエチカ的であり、ハーヤーに由来する。Ｑを参照すれば[31]、ハーヤーの差異化は、ユダヤ神秘主義カバラーの「ツィムツーム」（内的な自己収縮）によって一層理解しやすくなると思われる。ツィムツームとはどういうことか。ラビ・ルーリア（一五三四－七二）の救済史論によると、始源に神が全無限空間を占めていた。その無限の光が無限の中で自己収縮（ツィムツーム）を起こし、そこに一つの無の空間が現成した。この無は、シャダイ（ＳＨＤＹ）といい、神がそこを埋めるのを防げる力（後に神名の一つ）に成った。この無の空間に創造の光、エネルギーが放射され始めた。その光を受容する一〇の器（セフィラー。元来は数の意味）が次々と光を受け、次のセフィラーに光を与えることによって、流出的な仕方で天上界と地上界が成立するはずであった。しかし、第四のセフィラーが光を受けてそれを閉じ込め、次のセフィラーにわたそうとしなかった。そこで光の力はこの第四のセフィラーを破壊し、この器の修繕（ティクーン）によって終末的世界が成就する。この器の修繕とは、ユダヤ人に依託された崇高なトーラーの実践に外ならないとされる。

このようなツィムツーム論を概観すると、全存在はいわば神の自己否定によって成立していると思われ、そこにハーヤーの根源的自己肯定としての自己差異化に通底する思想を窺うことができよう。

さらにこのカバラー神秘主義の「器の破壊」が、つまり、テキストを無限に読み解釈し語ることが、受容し同化するだけで他者に与えない閉ざしの開きを示すことも理解できよう。

以上のような「ツィムツーム」が秘めるハーヤー的差異化こそ、斉一的自同化・ショアーを突破し、各人の唯一性を認める仕方で、われわれの差異化の根拠をなすことが洞察されるのである。

**第四のダーバール**（8－11）　有名な安息日についての誡命としても理解される。それでは一体「安息」とそのハーヤー性とはどういうことなのであろうか。(32)

まず「安息日」を「記念する（ZĀCHAR）」という冒頭の句に着目しよう。ヘブライ語でいう記念することは、想起する、記憶するなどの意味を持つZĀCHARである。その記憶・想起は単に心理学的な記憶ではなく、過去のこと（事・言）の現在的到来を意味し、記憶・記念する人は、あたかも今・ここで過去のことを生きているかのようにふるまい、そして未来に向けてそのことを希投しながら、自己同一性を創ってゆく。例えば、出エジプトの解放事件を記念するとは、今・ここでそうした解放を経験しその意味を深め、未来に向けてさらに自他共なる解放を生きるべく希投するということである。(33)

この第8節の記憶の動詞形が、現在時点における命令形ではなく、不定詞形であるのも記念が未来を披く「未来の想起」であることを示している。Qはラーシの注解を引用してそのことを強調する。(34)このようにヘブライ的記憶・想起は自同的現在の自閉を突破して未来を披くハーヤー的エネルギーといえよう。

さて安息日の内容に関して言えば、第10節が語るように、安息は家父長的家族だけでなく、奴隷や外国人や家畜にも享受できる。この当時、古代社会で奴隷に休息が許されなかったことを考えると安息日の掟は異常ともいえる。さらに家畜の休息は、土地などの農耕作業の中止を明示しており、それは自然世界へのエコロジー的配慮をも示し

ている。そのことは安息年やヨベルの年の掟とも関係する。(35)

安息年とは、七年毎に農耕を中止して、土地に完全な安息を与え、休閑中に畑に生じた穀物やぶどうの収穫は禁止される。その安息年はそれにとどまらず、畑に生じたものは奴隷や外国人や動物の食糧として与えられる。ヨベルの年とは、安息年を七回数えた四九年目の翌年、つまり五十年目のことで、五十年毎に、借金の形などで他人の手にわたっていた土地が返却されると共に、同胞の奴隷もみな解放される年である（以上「レビ記」二五）。

このように安息日は、安息年やヨベルの年の思想と通底し、一方では協働態内相互の兄弟的な生活と交流を充足させ、他方では棲み慣れ疲弊した現在を脱し、新しい未来を、将来世代にわたって披く創造力の更新に外ならない。従って「安息日の解放的想起」とは、クロノス的に循環し自閉する宿命や運命観を突破して、ハーヤーに支えられた協働態がカイロス的に「他者の国」を創るという未来へのエチカ的責任の取り方といえる。

**第五のダーバール**（12）　この掟は「あなたの父母を敬え。そうすればあなたは、あなたの神、主が与えられる土地に長く生きることができる」（『共同訳聖書』）と訳されている。

ここで「敬うこと」にあたるヘブライ語の「カーベード」（CHVD）は、「重いこと」「豊かなこと」を意味し、さらに名詞形はハーヤー神の栄光に通ずる「栄光」などの意味を示す。従って、「父母を敬う」とは、父母の生に重きを与えること、栄光を与えることになるであろう。しかしそのことは何を新たに語り出すのであろうか。

Qを参照してその語りの新しい地平を求めれば、それは、両親自身が自らの生の歴史に固有な重さを与えている以上、子も彼ら両親の生を単にくり返して生きるのではなく、自らに固有な重き生、ハーヤー的神に支えられた栄光ある生を生きるべきだという風に解釈できるであろう。それが自分の生を長らえることの意味でもあろう。こうしてこのダーバールは、家父長的社会における、子の親に対する随順のエチカを超えた両者の各々に固有な重みのある生への畏敬をうたい上げている。それは子と親が血縁を超えて「ハーヤー的生の重さ」において邂逅する一期一会への促しとなっている。

**第六のダーバール**（13）　この掟はE・レヴィナスもその他者論の核心としている「汝殺すなかれ」として普遍的に認知されている。Qによれば、ラーシはこの掟に何の注釈も加えていないが、それはまさに「言葉が欠如していること」が殺人を意味するからだという。実際、人類最初の殺人として語られる、カインによる弟アベル殺しの際、カインは何も言わないで殺したが、その「何も〜ない」という言葉の欠如こそ暴力だというわけである。

しかし、言葉の欠如が殺人・暴力であるとはどういうことであろうか。ここでQを参照しつつ、われわれのハヤトロギア的思索に即して考究してみよう(36)。

モーセがヤハウェから授与された「十のダーバール」の石板は、左右対称である点に注目しよう。つまり左右の各ダーバールが反照し合って相互に解釈をなしているのである。そう理解すると、この第六のダーバールに対応するダーバールは第一のダーバールであって、そこには「ハーヤー」が語られている。そうすると「汝殺すなかれ」とは根源的に「ハーヤー」を目的語にするといえる。そこでハーヤーを殺すとは、自己を開き他者と邂逅しうる根源的エネルギーに閉ざすことに外ならない。従ってその閉ざし・この邂逅の根源的エネルギーの遮断は、また一切の他者との出会いの拒否、その極限的形態である殺人を帰結するのである。われわれはしかし、この殺人を身体的殺人に限定することはできない。それは言葉の欠如、新しく語ることの拒否である。とすれば、殺人とは、語りかつ語り直すことによって自閉的な心や体制を抜きつつ、芸術、文学、エチカなどを通して他者を迎接する人間の根源的抜きを抹殺することを意味し、そこまでその魔手をのばすのである。

こう考えると、この第六のダーバールは、第一のダーバールの差異化でありかつそれとの対応的解釈を通して、ハーヤーから根源的に語り出されそしてそれ自ら協働態のエチカとなる語りといえよう。

**第七のダーバール**（14）　このダーバールは周知の「汝　姦淫するなかれ」という掟である。

われわれは、先の第六のダーバールの対応的解釈をここでも実践してみよう。対応する異なる第二のダーバールは、他の神々という偶像を所有しそれに献身することの禁止となっている。その際、偶像とは何を意味するのか。それは、ハーヤーに対し閉ざし、自らを至高者として他の一切をそこに同化する閉ざしそのことに他ならなかった。すなわち、人の語りに応える（répondre）ことなき、責任の欠如を含意する。

そうすると、姦淫の根本的な意味は、自らを他者に閉ざししかも語られてすでに在る世界に相手を閉じこめることを意味しよう。従ってそれは単にモラル上の話というより、語ること応えることに関わる存在の開きの話となる。そこでまず姦淫という以上、男・女のことであるので、姦淫は男・女の間に語りがないこと、言いかえると相互の差異化を認めず、一方が他方を自己に還元して隷属化支配することを意味しよう。

次に姦淫は、「すでに結婚している婦人」との間に交わされる性的関係である点に注目される。Qによると、「既婚の婦人」とは、生んだ子に父親を指定できる、親子の正嫡関係を証明できる女性だという。従って姦淫の女性から生まれた私生児は、母親から自分の嫡子としての物語をきけず、物語的自己同一性をもてず、言葉なき存在として、つまり暴力のうちに生きなければならない。このように考えると、姦淫がつきつける問題はモラル的というより、他者と共に生きるハーヤー存在の協働態論的在り方ということになろう。

**第八のダーバール**（15）　これは「盗むなかれ」という掟に翻訳される。

さて盗みは人間の欲望と結びついて語られる。そこでここではQに従って欲望を二つに分けて、われわれのハーヤー的開きとの関連において考えてゆこう。一つは、必要（besoin）のジャンルに入り、これは必要なもの・対象が与えられれば充たされてそれ以上を求めない心理的生物的欲望といえる。逆に人間の生活にはいくらでもものの必要が出てくる以上、その都度ものを追求するせわしない欲望に変わるともいえる。大量消費社会では、ものの生産・消費という閉じられた循環に人は閉じ込められている限り、この欲望は自同的自存欲望として、ものに還元できない人間的他者との邂逅を阻害する。

二つ目は、無限者への欲求でニュッサのグレゴリオスなどが、善への与りへ向かう形而上学的な聴従的道行きとしているエロスないしアガペーである。この欲求が聴従的というのは、視覚的に対象を限定し自己の自同性に同化する欲望・必要ではなく、逆にあくまで対象化せず、決して充たされぬ無限存在への与りだからである。従ってそれは逆転指(志)向的に自己無化を経る欲求ともいえ、ハーヤー到来に裏打ちされている。

Qが「盗む者は対象的事物をはき違えている」(le voleur se trompe d'objet) と論じているように[37]、結局盗みとは、所有されない無限的他者を所有される対象的事物ととり違えて、必要財の蓄積・所有を絶対化し、その私有系に閉ざす行為であって、それはわれわれがアウグスティヌスの「梨の実の盗み」のエピソードを考究した際に、明らかになった人間的意志の倒錯に外ならない。盗む人はその意味で、文化財だけでなく、精神的価値や他者の未来をも盗むことになろう。

**第九のダーバール**(16)　これは、隣人に関して偽りの、嘘の証しを禁ずる掟である。

それではそもそも証しするとはどういうことであろうか。証しするとは、オースティンのいう事実確認的な(constative) 言語用法では勿論ありえない。事実確認の基準は、前述のように真と偽であるが、証しのときは真実・信実と偽・嘘が基準となるからである。実際、16節でも証し('ED) について偽り・嘘 (SHQR) という語が形容しているように。さてわれわれがその真・偽を事実確認しうるものは、直接経験したり科学的に検証しうる対象物である。そこでわれわれの感覚的経験や検証を超える無限者に関しては、事実確認的に対象化し証明する指向的言説ではなく、その無限者の働きに受動的に自らを託してゆく信の言葉がふさわしい。すなわち、そこでは信じて託すか、虚偽を語って託さないかが問われるといわなければならない。このようにわれわれが受動的に身を託す他者の根源はハーヤーに外ならない。そのハーヤーに身を託し証しゆく自己の開けにおいて日常の日々、他者に出会える。その逆は、偽りの証しによって、つまりハーヤーに身を託すことなく他者との出会いを閉じてしまうことになる。このダーバールの倫理的意味と志向はその点にある。

**第十のダーバール**（17）　これは隣人のものを一切欲するなという掟である。それは単に他人一般の財産を収奪し私有するなという帝国主義や植民地支配的な欲望の禁止モラルではない。それはどういうことだろうか。第九のダーバールにもあったようにことは隣人（RE'）に関わる。一般的に他人からものを収奪するなという禁止令の方が、近くに在る隣人一人からものを収奪するなと説くより、一層広範な正義に適合し倫理的モラル的普遍性をもった道徳律であると考えられるであろう。しかし、はるか彼方の人々の財について思索する抽象論の地平は理論の次元であって、他者の次元ではない。他者はまず隣人として拓けるのであり、そこにおけるわたしの身の抜き方がその後のあらゆる人々との関わりの根拠・源動力となる。日常底の生の足下に出会う他者こそ、ハーヤーの到来を示しわれわれの行為をさらに促す第一歩なのである。それは単に道徳（Moralität）の立場と混同されてはならない。

Qを参照すると不思議にも子音上「隣人」（RE'）は「悪」（RA'）と重なる。それはたぶん、隣人への関わり方にこそ、最初で根源的な悪の問題が潜むからであろう。つまり、隣人とそこに働くハーヤーに閉ざすことこそ根源悪であり、その場合、一人の隣人は人間全体を含み担う存在である。なぜなら、あらゆる人々との関わりの根に働くハーヤーがそこ隣人にすでに全面的に到来しているからであり、そこに自己を閉じるからであり、そうである以上それはあらゆる人々に閉じると同じ重さをもった行為だからである。

こうして十のダーバールは、最後に「隣人」との関わり方を強調して、今日も他者のエチカを示し語り続けている。

以上の考究を経て、われわれは様々な仕方でハーヤーの差異化が十誡テキストを分節化していることを証ししてきたが、ここで再度、全体的にテキストをふり返って、これまで言及されなかった差異化に関して二、三付言しておこう。

**1　否定詞（LŌ’）について**　十のダーバールのほとんどは、否定形（LŌ’）と動詞の未完了形の結合から成っている。それは一般に法的命令形を表わしているとされる。例えばこの十のダーバールをイスラエル法に即して、決議的（kasuistisch）命法と断言的（apodiktisch）命法とに分類する仕方もあるが、われわれはこの十のダーバールをハーヤーの分節化としてみなす立場に立って考究する。その場合、どのような新しい視点が可能になるのであろうか。[38]

まず否定詞は、契約共同態にとって何よりもそうした禁止を破る「はずがない」という風に、この協働態を一般の法治集団と区別・差異化する。というのも、この協働態は契約を通じハーヤーに浸透され他者との邂逅が実現されている生命的解放区だからである。従ってダーバールの日本語訳は、例えば「あなたにはわたしをおいて他の神々が在りようがない」（第二誡）、「あなたは殺すことはない」（第六誡）、「あなたは隣人について偽証することはありえない」（第九誡）などとなろう。

次にA・ネェルによれば、未完了形動詞は「招き」を意味するのだという。従って十のダーバールをふみにじり破ることとは、ハーヤーの招きを拒んで協働態を閉ざしてしまっていること（完了形）に外ならない。それは自同的世界に属することを選ぶ選択ともいえる。

このように否定詞と未完了形動詞は、協働態への開け・閉ざしやその分節化・自同化という差異化を示す語りである。(39)

**2　左右の石板の差異について**　先に考察したように、十のダーバールが書かれた右の石板（第一－第五のダーバール）と左の石板（第六－十のダーバール）とを比べると、一般に右が神ヤハウェと奴隷の民との垂直的（契約）関係を、左が奴隷の民相互の水平的（生活上の）関係を示すとされる。カストなどもその立場をとるが、ここではその是非は問わず、ハヤトロギア的視点でみると、右にヤハウェという本来発音できない神名・神聖四文字（アドナイと発音する）が現れているのに対し、左の石板にはそれが不在であるという点が注目される。(40)この神名の現存・不在という差異化にわれわれはハーヤーの到来を読みとり証しうるのである。すなわち、その到来とはハーヤーが、右の石板の発音できない神聖四文字、つまり沈黙のうちにそこにあり、そこに在りつつ人々の開かれた生活の根拠となって左の石板のエチカ（物語り）を生み育んでいるということに外ならない。従ってまた逆にテキストの行間や左の石板のような神名の沈黙のうちに、われわれは他者との出会い・エチカの言葉の根拠と出来を求めうるのもこの到来に拠るのである。

**3　天地の差異化**　ハーヤーを語るテキストを子細に調べると、ハーヤーは至高者として天上に「不動の動者」のように永遠にとどまるものでもなく、他方で奴隷の民を強力な地上の全体主義的帝国に仕立てて神殿を建設させその燦たる神殿に内在するのでもなく、それとは全く異なりハーヤーは天から降りそして奴隷の天幕に仮ずまいしつつ未来に向け辺境を旅する。その途上にあって、また天から十のダーバールを響かせ、こうして天と地の間にその差異化を生きることが知られるのである。従ってわれわれはこの差異化を体現するよう天と地、超越と内在の間を生きるよう呼びかけられる。それは範例的に語れば、先述したプロティノス的な合一的神秘主義を目指すのでもなく、他方で世界内充足主義的な政治社会思想や文化の世界に内在し了ってしまうものでもない。つまり、天と地、境と境の間・辺境を精神的な意味であれ、具体的な意味であれ、一期一会の旅をするということである。

以上のテキスト的ダーバールの差異化の参究は結局、ハーヤー的語り（石板の書記も含め）が贈与であることを明らかにしたのである。この点を念頭におき、それに引き続き、いよいよ出来事的ダーバールの差異化を参究したい。

## （2）　出来事的テキストに働く差異化とハーヤーのこと——アブラハム、モーセ、サムエル、エレミアなどの人物像を通して

われわれは、出来事を日々生きている。それは他者の到来に対する開けと閉ざしがこもごもにしかも幾重にもたたまり重なっている現実である。そこにおいて人間は愛・憎、出会いと別離、希望ある行為・生と絶望などの差異がないまぜになって出来する間をかろうじて生きている。そうした生のテキストをさらに深く解釈し自己を開き、「物語的自己同一性」に向けてその参照点として過去の歴史的事件、殊に歴史的人物像という出来事をとり上げて考究したい。その際、先述のようにクロノス的過去の出来事をそのままわれわれが追体験し再現できるわけではない。しかしカイロス的深みに立つとき、過去は記憶として歴史物語や歴史人物像というテキスト内に織り込まれているといえる。なぜならある意味でそのテキスト的差異・カイロスを通したとき、クロノスを超越でき、ハーヤーの到来の次元で、今の生の現場、人々との関わりにおいて歴史的人物像と邂逅できるのであるから。そして彼らか

ら学びつつ、歴史物語的自己同一性を、自らの人格を作品化させてゆきうるのである。われわれは以上の意味で、まずハーヤーの体現者アブラハムの出来事の中に自らを見出してゆこう。

〈一　アブラハム物語（「創世記」一二―一五）〉

アブラハム物語において差異化の特徴は何といってもその「放浪性」に見出されよう。その放浪の口火を切る語り（dire）は彼が聴従した次のような言葉である。「あなたは生まれ故郷　父の家を離れて　わたしが示す地に行きなさい」（一二・1）。アブラハムはこのようにして思いがけない言葉を聞き父の地ハランを出発した。だから上述の言葉は父祖からのクロノス的な系図を断絶する前クロノス的な、つまりカイロス的差異化の語りであるといえる。アブラハムが如上のハーヤー的語りをどのような心境で聞き、どのようにあれこれ思案して決断したかという内面的葛藤や選択上の苦悩あるいは希望や夢などは物語られていない。聖書テキストの一つの特徴は心理描写がないことである。かわりに行為や出来事が描写され、それがことの深層においては、ハーヤーを表わしている。彼は淡々と出発し、シケムに行き、ベテル近くを通ってネゲブ荒野に向かいエジプトに滞在するが、偉大な文明内にとどまらず、そこから旅を続けつつ甥のロトと別れカナン地方、ヘブロンにあるマムレの樫の木の所に移り住んだ。このように彼の遊牧的な旅は、砂漠と文明との間の辺境を辿る放浪であった。それは沈黙のうちに粛々となされたこと（行為・言葉）のようであり、われわれが前述した聴従的道行きだといってよい。彼はエジプトの自同化する文明世界に滞留しなかった。彼は甥のロトの家畜を飼う使用人と自分の使用人とが家畜のえさなどをめぐって争そうに至ったとき、自らやせた土地を選び豊かな土地をロトに与えて別れた。

彼はこのように自同を突破し辺境を旅し、たとえ生活に不利な土地であろうとそこに公共の開いた協働態を創ろうとしたのである。

それは彼の改名事件にも窺えることである。すなわち、生まれつきの名アブラムからアブラハムと改名した（一七5）。すなわち、アブラムは'AB（父）＋RM（高い）の合成語で「高貴な父」を意味し、アブラハムは'AB＋RHM（多数）の合成語で「多くの人の、諸国民の父」を意味する。従って彼は血縁上だけでなく精神的にも多くの人の協働態の開祖となる地平を改名によって開いたといえる。そこにハーヤーの到来と新しい言葉を誕生さす力が働いており、アブラハムが粛々とそれを受動的に蒙ったことは、いわゆる神とアブラハムとの契約成立の根拠であった（一七）。

当時の風習としてアブラハムが諸国民の王となるというその契約は、長子イサクを始めとするその子々孫々において実現するとされていた。その場合、子々孫々はあくまで部族社会の家父長の地位について支配する王であり、血縁的系図の自同性に基づいている。その限り、それは閉ざされた血脈上のことにしかすぎず、他の部族を排斥したり支配することを含意する。その次元ではアブラハムという改名・語り直しは、何ら開いた協働態を実現する語りとはなりえない。

それでは、その血縁的部族的自同の影をおびる契約は、どのように突破されるのか。そこに「イサク奉献」の出来事が語られる由縁がある。すなわち、「アブラハム」との呼びかけに彼は「わたしはここに（HiNNeNiY, me voici）」と応える（二二1）。その聴従するアブラハムに、モリアの地のとある山でイサクを焼き尽くす献げ物（ホロコースト）として献げよという恐るべき命が下る。この箇所はキルケゴールやJ・デリダなどが実存的解釈やエチカ的解釈を駆使し、テキストの差異化の根源に肉迫しているが、その点は後にふれるとして今われわれはハヤトロギアの立場から次のように解釈したい。

長子イサクの犠牲は、アブラハム契約・諸国民の父になるという祝福をいわば長子という後継者を奪うという血縁関係の断絶によって反古にしてしまうことを意味する。それは神の祝福が父祖から子々孫々に至るまで部族の血脈的繁栄として授けられるという当時の視点からすると絶望以外の何ものでもない。しかしアブラハムがこの厳しく絶望的な命にさえ聴従しようとしたことは、自ら契約を実体化絶対化してそこに執着し閉ざしの国を造ることを拒んだこと、言いかえると、ハーヤーに自らを開き自己無化し、そうしたクロノス的な意味での家の自同的存続の「外」に全く異質の他者の地平を披いたことを示す。その結果、彼は無限にハーヤーに開く地平において、その開きのパラデイグマ（典型、模範、パラダイム）、つまりその名の示すように多くの人々の精神的父になったわけである。

こうしてわれわれがハーヤー的次元においてアブラハムという人物像を、自らの人生の物語において「物語的自己同一性」のパラデイグマとして学び語るとき、彼はいま・ここに到来し、われわれと共に公共の空間創造に参与する。

アブラハムは遂に故郷に帰らなかったが、辺境の漂泊者として今までとは全く異なる、すべての人々を迎えうる故郷を創っていったのである。

〈二　**モーセ物語（「出エジプト記」、「申命記」[41]）**〉

モーセにおいて際立つ人物像は、われわれ日本人のそれとは正反対な荒野における漂泊という遊牧性であろう。遊牧生活では財産を蓄積したり、文化を創造しえない。それは砂漠と文明生活、天と地、迎接と敵対の間を、その差異を肌で蒙って不断に未完了な生を生きる生活である。

しかし前述したように、モーセが奴隷の民を先導してそうした漂泊者になる以前に、彼はエジプト文化や自らの同胞の許で自己同一性を真剣に求道したのだと思われる。そしてその試みに敗れ、荒野に囲まれた赤裸の山でハーヤーの到来を蒙った。それ以後、前述のように次々と境なき境を越え、放浪の、生成の、脱自同的存在（dés-intér-esse-ment）の道なき道を辿ったのであった。そして十のダーバールという新しい語り（Dire）を通し、また過越し祭の記念を通して協働態の創生を推し進めた。その過越的協働態は絶滅収容所であるエジプト帝国からの解放を記憶し、未来に向けて解放を記念し生き続ける祝祭的空間といえる。けれども、モーセ自身はといえば、この協働態が新しい土地で自由な民として生活する現実、つまり自らの生涯の結実をみることもなく、自由の土地に至る直前、エリコの向かいにあるネボ山で死んだ。その意味で彼の生涯は未完了であったけれども、彼の死は、彼が自同的完了を超越してゆくハーヤー的未完了的生をこそ、一般的通念に逆行して自己同一性として肯ったことを示している。その生の根底に、ハーヤーに対する全き開け・ケノーシス的受動的態度が働いていたことを「民数記」テキストは証ししている。すなわち、「モーセは最もアーナーヴ（謙遜）な人であった」と（一二3）。

以上の意味でわれわれは、アブラハムやモーセの生を差異化するハーヤーの働きを彼らの人物像を通して洞察でき、この人物像と共に自らの生のハーヤー的動態を今「物語的自己同一性」として生きていくことができる。けれども歴史物語は、まさにハーヤー的生の足下に自同の虚無的閉ざしが密かに働くことを忘れてはいない。それが「サムエル記」における王朝創立にまつわる歴史である。

〈三　**サムエル物語（「サムエル記」）　王制の成立と崩壊からバビロン捕囚までの歴史**〉

この歴史は何を物語るのであろうか。それは徹底的にハーヤーに対し自己を閉ざしぬいた自同的王制の閉ざしおよびその起源と結末について、である。その閉ざしを所有の観点から次に参究したい。

所有は、支配や自己維持などに結びついた、人間の本能的、文化的欲求の根であるといえよう。古くはエックハルトなどがこれを主我性（Eigenheit）と呼び、最近ではレヴィナスが自存努力（conatus essendi）とも呼ぶが、いずれも人間の排他的で自己保存的なあり方を指す点では変わりがない。日常的にも、財産や地位さらに教養の所有が、人の自同性と傲慢不遜の根であることが観察される。この意味での所有は、国家、民族、組織にまで浸潤する。この所有とそれに対立的な非所有をめぐる歴史の悲劇を、今日イスラエルとパレスチナ・アラブとの対立に窺うことができる。しかも、聖書の証言によるとこの悲劇的対立は紀元前からの確執である。そこで所有をめぐる思索の呼び水として、ヘブライ文学が明かす歴史に着目してみたい。

すると直ちに、旧約「サムエル記上」八9以下で、イスラエルの民がカリスマ的指導者サムエルに王制構築を迫る深刻なシーンが想起される。そこでの王とはまさに所有の権化であり、民の息子を戦士や耕作者として所有し、民の娘を婢女として用い、民の最上の土地を奪い、民から税を徴収する。王制を否定する預言者サムエルにとってそれは「悪と映った」（八6）と記されている。主ヤハウェ自ら「彼らが退けたのはあなたではない。彼らの上にわたしが王として君臨することを退けた」（同7）と彼に示したからである。この物語には、所有・定住・王制・神殿とその不動の神に対し、それを否定する非所有・放浪・部族連合・幕屋および放浪の神が対峙させられている。対比的な文学的方法によって、「サムエル記」のこの箇所は、まずサムエルを通し、非所有・非王制の立場を鮮明にする。続いて王制以前に民が生きた兄弟的協働態（シナイ契約や十のダーバール）の理念を提案する。この提案された理念を理解するためには、歴史を遡り「出エジプト記」に再度ふれなければならない。

旧約の出エジプト事件は、周知のようにイスラエルの先祖である奴隷たちが、預言者モーセに率いられてラメセス二世治下の専制帝国エジプトから脱出する物語である。その意味でそれは、所有物である奴隷が王的所有者から非所有の世界に解放される物語だとも言い換えられるだろう。かれらは解放後、荒野で神に犠牲の祭儀を献げ、やがて兄弟的な協働態を形成すべく荒野で四〇年にわたる放浪の歴史を生きた。

おとぎ話のようなこの解放物語には、しかし裏面がある。解放が、奴隷による荒野の放棄と「乳と蜜の流れる土地」の征服・所有とを意味する点である。「乳と蜜の流れる土地」とは、当時のカナン（パレスチナ）地方の豊饒の神バアルとその定住的自同的生の象徴であり、したがって奴隷による荒野の放棄と豊饒の土地の征服は、自己保存的な所有の生に定着しそこに執着することを含意する。物語は、奴隷が非所有から所有の立場に転ずる話に外ならない。

これらの物語の筋立ては、何を一体われわれ現代人に語りかけているのであろうか？　テキストは、さしあたり所有と非所有という二分法とそれに依る生き方を示す。そのうえで、王制やそれと結びつく神殿の神、魔術的な神、さらに階級の発生と貧者の抑圧という不正を、非所有の立場から批判する（一二）。しかし非所有の立場が、所有の二分法的な対立項だけを意味するなら、それは容易に所有の立場に移行し、そこに執着する。ちょうど奴隷が民としてサムエルに王制とその下における所有・繁栄を要求したように。他方、人間は非所有のアナーキーにも生きることができない。聖書の世界で非所有とは、一滴の水さえなき不毛の砂漠、生の可能性なき死の領域を意味しているからである。かくして聖書には、人間が所有せざるをえず、しかし所有したとたんに他者排除の自同的王国を構築することが歴史の記憶として語られるとともに、その際モーセやサムエルがどう振る舞ったかが描かれている。例えばモーセは民とともに荒野を旅し、そこで兄弟的協働態の実現をめざした。その際、荒野は砂漠と沃野の中間地帯として、非所有（砂漠）と所有（沃野）とのよじれ合った生を象徴する。荒野とは、死の象徴である砂漠と隣接する領域として、最小限の所有に生きざるをえない人間にとっての辺境に外ならない。しかしこの荒野でこそモーセは、奴隷たちに所有／非所有の二分法を無化止揚する、所有しつつ放下してゆく無限な営為（無所有）とその指針的言（十誡・預言）を示しえた。預言は辺境の言なのである。

後代、民の所有欲が預言者の声を圧して王朝を創立し、それが他部族を排し、部族内の弱者を抑圧する全体主義的民族国家にまで発展したとき、預言者は辺境から預言する。例えばエレミアは、所有の象徴である神殿に依る人々に向かって「主の神殿、主の神殿という、虚しい言葉に依り頼んではならない。この所で、お前たちの道と行いを正し、寄留の外国人、孤児、寡婦を虐げず……」（七4－6）と預言し、所有／非所有を再び辺境に投げ返しつつ平等に分かち合う無所有の契約協働態の未来を示す。（三一31以下）。

この預言者たちの系譜は、人間が所有を欲する主我的存在である以上、連綿として続く。それとともに、預言は辺境での滞留によって新たな所有の偶像が造られることに対しても警告を発する（「出エジプト記」三二の「金の小牛」）。つまり預言は、人が所有と非所有とが撚糸のように撚りあわされた間を生きることを、そして絶えず新たな辺境を見いだし旅するよう勧める。その意味で預言は、ハーヤーに支えられ所有と非所有の二分法の罠を洞察して、新たな人間のあり方へ希投する証しの解釈学的言語行為である。短期的視点から見ると預言が必ず外れるのも、それが所有／非所有の二つの言説を基準とせず、無限者・ハーヤーの言葉が二分法のモデルを越えることを知り、無限者の声を所有／非所有という二分法的で有限なテキストに閉じ込めないからである。例えば、ラビ的解釈はこれを実践してきた。前述のとおり、元来子音のみで分ち書きもないヘブライ文字は、読み手が子音にどう母音をつけるかで読みが変わってくる。読みは、子音というまだ解釈手前の、いわば表現以前の沈黙・非所有の空間に母音をつけるという所有化を施しつつも、それらの間を新しく辿る辺境的解釈として開披されることになる。二分法がロゴスの集約的働き（legein）として、他者を排する自同的空間を作り上げてしまいがちなのにたいして、預言は辺境的解釈の言語行為として、絶えずさらなる間と未来への読みに対して開かれている。

預言とその解釈という営為のもつこの文学的構造こそ、人間に所有／非所有の二分法を包越する新たな思索を呼び起こし、その両義的生を豊かにするありようを示しているのではなかろうか。

こうした預言を通してよびかけるハーヤーの声に聴従しない王朝体制の閉ざしは根源悪として兄弟的な契約協働態とその想起的語りを圧殺し、アッシリア、バビロニア、エジプトなどのより強大な自同の体制と争い敗れ、そこに併呑されてゆくことになる。それがイスラエルの民のバビロンへの捕囚事件であり、それもハーヤーによる差異化なのである。

以上のようなアブラハム、モーセの人物像とサムエルを裏切る王朝創立の出来事を、事的ダーバールとして参究しつつ、われわれはそこに現成する開きと閉ざしをめぐる差異化のうちにハーヤーの到来を読み証しした。そして物語の人物像との邂逅を通し、「物語的解釈学的自己同一、邂逅に開かれた協働態の創造」へと希投するのである。

さてここで第三節における言的テキストと事的テキストが示す差異化を精査した暁に、今やそこに洞察されるハーヤーの諸徴候から、ハヤトロギアの誕生との邂逅に向けて参究の旅をさらに続けなければならない。

## 四　ハヤトロギアの誕生に向けて

### （1）ハーヤー到来の微侯・萌し

まず要約も含め再度これまで洞察されたハーヤー到来にまつわる諸微侯の確認から始め、ハーヤーの動的様相あるいは特徴を示し、そこにハヤトロギア誕生の萌しを展望したい。ただしその際、次の一点に注意しなければならない。

すなわち、一般に「～の特徴」というと実体的に自己同一を保って自存する第一実体の本質的属性あるいは本質を示す指示的性格の意味に理解されがちである。その理解は、存在－神－論的実体論に根差している。われわれはハーヤー存在を未完了的動詞において、到来と邂逅の動態で理解するので、彼の特徴をその到来の徴侯・兆候・働き（エネルゲイア）の萌しなどという言葉を用いて示さざるをえない。

その点を念頭においてハーヤーに参究してゆこう。

**1　根源的自己肯定（Affirmation originaire）としての自己差異化**　ハーヤーは、出エジプト物語において永遠の自同的第一実体・不動の動者の立場を破ってそこに留まらず、歴史的世界に降下し奴隷と共に脱エジプトをなしたと語られるように、何よりも差異化・ケノーシス的動態であるといえる。それは差異化の差異化……という脱自的未完了態を自らの根源的肯定とする。しかしこの自己脱自は他者なき空虚な世界創造に向かう強迫的衝動でもなければ、さらにある種の神秘主義が説く悪をも秘める根源的自由ではなく（J・ベーメなど）、他者へ直截に向かう。従って差異化は、自同的自己実体の無限な異化作用に留まらず、他者「外」にせり出してゆく。

**2　他者（人間）の差異化**　差異化は「創造物語」、「出エジプト物語」が示すように、自己と他者とを差異化する。「創造物語」が示すようにまずそれは動・植物を含む自然・宇宙の創成のこと（言即事）であり、これは次にふれるように「出エジプト物語」の歴史的差異化に連動する。すなわち、他者の差異化が顕著に現成するのは、モーセ、アブラハムなどで考究され示されたように人間とその歴史においてである。彼らは一介の名もなき徳もなき人間であったが、突如として呼ばれ、それまで身をうずめるようにして生きてきた父祖以来の生活習慣や文化形態さらに宗教的部族結合から引き出されて、自己脱皮の放浪の果てしない旅に駆りたてられたかのように生きた。新しい寄留地にも安住せず、自らの思いを超えて呼びかける声に聴従していった。そして決して旧き故郷に帰ることもなければ、自らの事業の成功と完了成就を享受することもなかった。彼らはそのような自己無化や差異化、未完了態に身を託し、そこにハーヤーを証ししたのである。その意味でわれわれも何気ない日常底でこの差異化の事件を生きている。

**3　歴史的時（カイロス）と事的（ダーバール）的差異化**　奴隷の出エジプトやアブラハムの旅立ちが示すように、差異化は歴史的カイロスとなる。これに対し、先述のように完了形を用い閉ざしを働く働きは、時間支配にもおよぶ。その場合、過去は現在の記憶的表象として、未来は現存の予知的期待的表象として現在の表象空間に回収されるのであったが、この過去・未来の現在への回収は、過去から未来に一貫する法則として、特に数量化された科学的記号を用いた法則式として表現される。従って、その過去－現在－未来の時間軸は、人間の指(志)向的表象に拠るとはいえ、その指(志)向は現在において法則化される万象支配・制御・改造を目指し、自同の世界を完結成就することに存するといえる。かくしてこのクロノス的閉鎖空間では、時間の始めと完了をすでに見通しうる。このクロノス的時間系は、例えば神話的イデオロギーの事例をとると、現在の王の支配体制の正当化（自同化）のため、絶対的権威をもつ起源（天孫降臨など）から将来にわたる王朝の繁栄という神話的物語などで表現されよう。しかし、そうした自同的時間世界では、個人としても文化としてもある同志的結合としても、異人格、異文化、異集団との出会いはのぞめない。ハーヤー的開け・差異化はまさにそうした時間軸と時間表象に突如として切断・空無・時間以前と以後をもたらす。こうした言葉は矛盾しているかもしれないし、無意味だといわれるかもしれない。なぜなら時間以前や以後のこの「前」や「後」も時間軸にのると考えられるからである。しかし、もし他者との邂逅が自同的時間の「外」でなされるなら、その「外」をもたらす時はカイロス時であって、この時間の表象にのりえない。他者に応えるそうしたカイロス時は、E・レヴィナスによって「記憶以前の記憶」「起源・始まりのなさ

(an-archie）あるいは「起源以前（pre-origine)」などと語られているが、[42]われわれの時間や歴史言語も従来の時間表象を裂き、その「外」に邂逅を求めるのであってみれば、その言述や表現は自同的時間表象からすると無意味で逆説にみちた表象とならざるをえまい。

以上のように、邂逅の歴史が、いわゆるクロノス的な（chronical）年代記や実証史と異なるのは、再構成された時系列の外に他者を問題にするからである。こうして歴史的カイロスにおいて、われわれはキルケゴールの言葉を借りれば「キリスト（ソクラテスや仏陀でもよい）と同時代人」になる地平が拓ける。だからハーヤーの差異化はあくまでカイロスであり、クロノスを破る一期一会であるといいうるであろう。

以上でハーヤー到来とその徴候を考究したが、次にハヤトロギアにまつわる根源的疑問点を考究してゆきたい。まず第一に、ハーヤーの自己脱自的未完了態はそのカイロス的歴史観と共に、ヘーゲル的な弁証法的展開をなす存在（Sein）とその生成（Werden）論と比較されまた混同して誤解されやすい。

そこでハーヤーに自己同一性が語られるなら、一体それは何であるかを問うて行こう。恐らく、それこそ、ハーヤーを語るとき、最初から問われた疑問であったといえる。

### （2）ハーヤーの自己同一性と根源的肯定

一　われわれは、わたしという我有欲求（conatus essendi）の抜きを促す差異化から始まって、他者との邂逅、協働態成立とその祝祭的空間の想起的継承、さらに未来世代との連帯に至るまで数々の差異化の根底に、またそれらを通しわれわれ一人ひとりの逆転志(指)向性の根底に、その差異化を照らし促すハーヤーの差異化的動態を洞察した。そのハーヤーの差異化は他者をも含め絶対的肯定としてハーヤー自身なのである。従って彼はいわゆる実体的同一性（A＝A）でなく、またA↓あ、という全面的変質でもない。いわば差異を自己同一とし、自己同一を差異とするA↓A′↓…A∞である。われわれはこの自己同一性を、あらゆる再構成された完了的時間軸の始点の外に、つまりカイロス時という根源に起源をおき、差異化を自己決定・自己同一的肯定とする意味で、根源的肯定と呼ぶ。言語論的にいえば、それは完了態を脱自しゆく未完了態であるが、完了を無化し未完了でありつつも一つの完了を結実させ、そこを開きまた未完了を働くという風な完了と未完了の間、連続と不連続の間を自己同一的に脱自する、いわばエペクタシス的動態といえる。その意味で根源的肯定の自己同一性は、ウィトゲンシュタインのいう「家族的類似」（family resembrance）の仕方で、すなわち、ハーヤーの働きの一里、一道程のすべてを通し本質的同一性が存するのでなく、それら相互が様々な仕方で脱自的類似関係を成しているという風に理解されよう。(43)

二　しかしそもそも一のような伝統的存在論にとって異質な根源的肯定的自己同一性が語られうるのはどうしてであろうか。

それは前述のように、思索がそこで動き思索を支えるコンテキストの相違に拠るのだと思われる。そこで右の問いについてアリストテレスとニュッサのグレゴリオスの事例を挙げて考究してみよう。

アリストテレス－トミズム的存在論における存在は、先述したように、第一恒星天に包まれて永遠に回転する天球的宇宙と自然・空間をコンテキストとした。そこで存在の認識は視覚に類比される観照（theôria）を意味した。すなわち、人がその視界空間内で諸事物の布置関係を眺め、その関係の中に個物を同定観察し、不易の形をその事物のほんとうの姿とするように、知は類種関係あるいは広義の論理的関係の中にものを定義づけ知るのである。その際、真である定義は事物の本質的同一的特徴を言い当てているのでなければならない。

A＝A的同一性とか、SはPであるという判断と事物との一致（判断論的A＝A）という同一性とか、いずれも実体的自己同一性を表わす。こうして存在とはそうした本質ないし実体的自己同一、形相として観られ、定義される。そうした認識知と定義は、論理空間という、時間が空間化された理論（theôria）を構成する。

この自然学的存在論は、存在－神－論として政治学的イデオロギー、斉一化文明の言語（宣伝など）や民族主義的神話などに展開する。

こうしてすでに語られて在る世界の中で、事物は人物も含め同化され利用される。そこでは事物の自己同一的存在は、クロノス的連鎖や経済効率やイデオロギーに役立つように幾重にも重複し関係づけられた実体であるが、やがてハイデガーの技術世界の「立て集め」がすでに指摘したように、実体的自己同一性さえ、体制やシステムなどに完全に同化され解体されて、結局は構造システム内の一契機・差異項へと解消される。ある意味で構造主義や技術学はその解体の歴史を示すと思われる。

こうしてわれわれのいう差異化と構造主義哲学の差異化とは、思想的歴史的温度差のみならず、コンテクストが異なる点に留意したい。

さてこのような存在－神－論的自己同一性とその解体としての差異に対比して、ここではヘブライ思想を背景としてニュッサのグレゴリオス哲学に参究する。

すでに繰り返し述べたように、ハーヤー的存在論（ハヤトロギア）における存在は、カイロス的な歴史をコンテキストとした。そこで存在の知というのは、論証的知というよりも存在との交流の知（YADA'）である。その交流は各人の自己の生を差異化さす。正にそのとき、こと(言・事が)現成する。それは召命の声・言葉でもあり、生をひっくり返すような出来事でもある。そのことに「わたしはここに」と応える。それがカイロス時でもあった。このことの意味をハーヤー的深みで聴従し、自己無化を経て、声のひびく方向にさらに聴従してゆくとき、そこに不連続の連続という仕方で歴史が生ずる。

こうした聴従的歩みをニュッサのグレゴリオスはパウロに倣ってエペクタシスと呼んだのであるが、その物語的典拠はやはり「出エジプト記」に求められた。すなわち、モーセがヤハウェの顔を見たいと願ったとき、ヤハウェの栄光が過ぎ、岩かげに隠れたモーセはその背の顕現にしか遭わなかったという典拠である（三三18－23）。そのテキストに基づいてグレゴリオスは、「導かれる処にはどこにでも神に聴従すること（akolouthein）、それこそ神を見ることである」(44)という風に、視覚的世界認識を逆転させ聴覚的聴従を知のモデルとして際立たせた。そこでは相手の存在を自己の視界内に指向し形相として把握する能動性ではなく、むしろ相手の声をいわば視界の効かない闇の中で聞くように聞き、その存在を自己の把握を超えた存在としてそこに参与してゆくのである。従って相手と自己の同一性とは、A＝Aという実体的あるいは意味論的同一性とはなりえない。それはカイロス的に、聴従し一定の距離を歩み了るとそこを新たな出発点として歩み始めるといった連続と不連続、完了と未完了の交互とその間を生きることである。だから、そこでの自己同一性は未完了態で自己脱自的といわざるをえない。そしてこのエペクタシス的歩みこそ、差異化の差異化という根源的な自己肯定なのである。ただし、その歩みが虚偽でなく信実な聴従であるという証しは、声と言葉と事を通して到来する他者に開かれて在るということ以外にない。他者が試金石となる。決して自閉的歩みの自己同一性ではなく、その根拠は他者であり、さらに言えば他者性の根拠としてのハーヤーの差異化を生き体現する道行きに根源的な自己肯定が成立するのである。

その点で語られて在ることを語り直し、そして新しく語りつつ、その語りの根拠ハーヤーを証しする預言者の預言的言の働きとは、この根源的肯定行為としての脱自的自己同一性をよく表わす言語といえる。

## （3）ハーヤー的言述とプネウマ

第二項の終わりで、ハーヤーの根源的肯定が差異化する他者とその他者を預言者としてとりあげ彼の言述、つまり預言にふれたが、この第三項では、ハーヤーの萌しとわれわれにおけるその展開を、自らのこと（物語的自己同一性）の成立として追跡するため、言葉・言述の働きの観点からハヤトロギアを考究したい。

**一**　われわれの日常は語られ閉じられて在ること（le Dit）と新しく他者を迎えて彼にあいさつすること（le Dire・道元的愛語）が日々ないまぜになった言述の中に生きている。

そこですでに語られたことが、われわれから言葉を奪ってそのシステム・体制・習慣に閉じこめ、われわれは他人と同じ言葉を反復して（re-dire）、対話もなく出会いもなくある時空系に解体されている。その語ること・言葉の解体と破壊こそ、根源悪に外なるまい（第六誡・ダーバール）。

**二**　しかし根源悪の支配がいかに巨大であろうと、われわれはやはりその日常的足下に他者を同時に迎えてもいる。そのことの自覚によって、われわれは一層他に開こうと苦悩もし、あるいは他者に開きえないトラウマを深く心底に秘したまま忘れ去ってゆくのかもしれない。そのようないわば荒野においてあるような状況で、沈黙がふさわしいといえる。荒野の沈黙の中で、他者の到来・音ずれを全き受動態においてききとる。その逆転志（指）向性において、事的テキストとエクリテュール・テキスト（ダーバール）を解釈し、その際そこに現存する差異化の解釈によってハーヤーの呼びかけ・使信を聞くことができる。

それが存在−神−論的な閉ざしの語りを破る「他者の言葉」を、その閉ざしの外に生む受動的能動性としての解釈行為なのである。

**三**　この「他者の言語」は、例えばカイロス的表現を含むエチカ的言述であろう。このエチカ的言語については後述するとして、それは新たな語り（le Dire）であり、閉ざしの伝統の語り直し・再解釈（dé-dire）といえる。そこに新しく語り続けること、在りつつ成り成りつつ在ることが、つまりエペクタシス的漂泊が始まる。そこは辺境の言語の始まりでもある。

**四**　このエペクタシス的漂泊者の言葉は、沈黙も含め、ハーヤーを体現し証しする証人の言葉である。すなわち、彼は時代の矛盾、文明と砂漠の間、善と悪、表現と沈黙の辺境を歩み、開きの根源について証言する。その証言的漂泊者はハーヤーを体現し自らハーヤー的言語となり、全体主義的閉ざしを告白し、閉ざしを裂開する未来の言語を語る。そうした言と事を自ら体現する人として、われわれ自身もアブラハムやモーセなどに聴従し、そこから新しいことを学んだのであった。

**五**　このハーヤー的出来事としての人物像の物語・語りの学びは、ダーバールの学びとしての解釈が直ちに解釈学的物語的自己同一性の創造であることを示す。その同一性は、ハーヤーにおいてこれらのテキスト解釈を協働して実践する協働態・語り部の創成に直結してゆくのであろう。そのこともまた歴史的カイロスといえる。とすれば、ハーヤー的言述は、未完了態として語られるにしても、また同時にその都機、その時代に、ある一期一会の意味で完了したにしても、しかし他者に対し開かれた協働態の現成を促すのである。その協働態は、他者迎接を語るエクリチュールを残してゆくであろう。

**六**　さて如上のような新しい語りには、様々なハーヤー到来の徴候が窺われよう。その例としてエチカ的特徴や預言的特徴を挙げることができるが、ここでは、イ、中動相動詞用法（deponentia）とロ、プネウマ的な間・沈黙・空の言葉について簡単にふれてみたい。

イ、中動相動詞とは、能動形と受動形の間で働く。ハイデガーが『存在と時間』の中で現象学（Phänomenologie）を説明する際、ギリシア語中動相の「現成する」（apophainesthai）に拠ったことは周知のことで、現象学とはapophainesthai ta phainomena、すなわち「自分を示すものを（ta phainomena）、それが自分自ら自分を示すように、それ自身から見させること」と理解される。その際、apophainesthaiとは、能動相「見る」でも受動相「見られる」でもなく、その対を超えた「現れる」「見える」なのである。あるいは「聞く」「聞かせられる」の能作・所作の対を超えた「聞こえる」などが中動相として語られよう。こうした中動相形は、主体やシステムの指向的能動性を超えた逆転指向性の働きを表わし、そこに差異化を示す。

M・ブーバーが「我と汝」「人と人との間」（das Zwischenmenschliche）を強調し、例えば愛が心理学的に心的感情として所有され対象分析されるようなものではなく、逆に人と人がそこに宿る「間」と語るとき、この中動相的さらにハーヤー的ヴィジョンの内で語っているといえよう。また彼はこの間・性から、社会主義的協働態の成立(45)を考察してゆくのであるが、そのせいかわれわれの契約協働態成立の思索と重なっているところが大である。

ロ、他方でこうしたハーヤーによる言語的差異化とその表現は、プネウマ（気）の地平と深く関係している。というのも、差異化は実体的自同であるシステムやわたしの我有を無化するという具合に、自己空脚、自己無化、自己内の間の生起であり、この無、間に吹きわたり音をたてる気、風、息吹きというメタファー的象徴と現実をよび起こすからである。逆に、テキストが全くの実体的充溢でしかないなら異化は生じえない。異化という間、差異的無、意味的行間などをもたらす働きは、気、息吹でなければならない。実際に、音声と言葉は、気の吹く息吹きから生じ分節化され意味となり働きとなっている。

ここで気によるテキストの無化が新たな意味や文章、言葉の働きを生む例をいくつかとりあげてみよう。新しい意味や表現が生ずるのも、先に考察したように、一つには言語表現の統辞関係（rapport syntagmatique）にずれや断絶などの間・無化による新しい交叉関係が生じるからだともいえる。

例えば、S→Pの一般に知られた統辞関係が破れ、その破れ・切断の間にP′が息吹かれてS→P′として創造される場合である。

あるいは、述語的同義語や反義語をプールする連合関係（rapport associatif）をとりあげると、日常生活における個体を表わす主語Sが消去された空無に、P′のみが発語される場合である。いろいろ日々目に触れる美しいもの（S）が消えた空無に、ただP′「美しい」が異様な感嘆を伴って発語されることを想像してみればよい。その「美しい」は何の主語Sも伴わず、しかも美しい、きれい、愛らしい、魅力的だ、などの類似的言葉のプールから突出して、ただそれだけで人ひとりの言語空間全体を奪ってしまうほど妖しく顕現しているのである。

あるいは完了形の実体的王国や自同的文法コードのシステム系に突如無の間が開け、完了や統一コードが未完了の流砂に呑まれてゆく言語用法の逆転の場合も考えられよう。

このようにハーヤーがダーバール（言・事）の場で差異化するというとき、そこにはプネウマ（ヘブライ語でルーアッハ・気）・間の無が伴われている。この意味で、ハーヤーとダーバールとプネウマは深処で連関している。この間係については「むすびとひらき」で参究を改めることにして、次にハーヤー的解釈の結実である「他者のエチカ」を考究しよう。

## (4) ハーヤーと他者とエチカ

**一** さて根源的肯定であるハーヤーは、自ら無化を介して、他者に脱自してゆく。その他者は自同的王国の権力志向の価値観からすれば、無価値で無意味な奴隷であるにすぎない。従ってその奴隷に関与するハーヤーの行為は、無償の愛であり、謙遜な自己無化であり、自己贈与であり、無我有の貧である。こうしてまずハーヤー的エチカの基礎をなす根本語が生まれるわけである。この新しい根本語のさらなる分節化によって奴隷が自由民へと解放される。すなわち無から有が創られるように十のダーバールや預言がさらに続々と生じ、それらが友愛の兄弟的協働態創成の機縁となってゆく。従ってハーヤー的言葉自体が、他者に彼の未来の世界を与える根源的肯定を働き続け、その意味で祝福の言葉となるのである。

こうしたハーヤー的エチカの根本語（ケノーシス的謙遜、貧、愛など）の分節化たる十のダーバールの特徴は、アリストテレスの『ニコマコス倫理学（エチカ・ニコマケイア）』やストア倫理学やカント的義務倫理やヘーゲル的人倫と随分異なるといえる。ここで細かい議論はできないが、その根本的理由を考えると、ハーヤー的エチカの根拠は、社会的倫理や道徳律などとして概念化され普遍化され法則化されるのではなく、人間のこと（言即事）を差異化させる呼びかけに潜むハーヤー到来に聴従しつつ、主知的能動性から逆転的志向性に転換させる、他者への開けのダイナミズムの深みを人格化し生きることに存するからである。それは規範や倫理概念や人倫の法の歴史的展開を考察し構築する理性的営為以前の、別次元のことだからである。一言でいえば、いかにハーヤーを蒙って体現するかにつきるといってよい。

つまりこのハーヤーは、それを視覚的に対象化し規定し論理化もできない。むしろわれわれがハーヤーを蒙って体現し、そこにはじめて徳の成立をのぞみ、それを通してしか、価値規範や法を、表現化し具有化する策はない。その意味で、ハーヤーの蒙りの問題は、結局いわゆる人格的神秘主義の方向に帰着するのである。

**二**　さてくり返しになるが、この神秘主義はブラフマンとアートマンの一致のように人格が消失する合一的神秘主義ではありえず、まさにハーヤーとの一致においてこそ、差異化の極みとして一致が二つのペルソナ（わたしたち）を生むような人格的神秘主義といえる。そしてわれわれは、モーセや預言者エレミア、アシジのフランチェスコなどのうちにこのハーヤー的人格に邂逅したのである。それはまたレヴィナスも語るように(46)、ヘレニズム的な統一・集約（ロゴス）の観照的理想に対して、多性の豊かさを指(志)向するヘブライ的精神に近い行為的な漂泊者の神秘主義なのかもしれない。そこではニュッサのグレゴリオスが述べたように、観ることは無限に聴従することとして観照が突破・逆転されてくる。

三　最後にエチカや神秘主義と関連して根源悪のことに言及しなければならないであろう。カントの場合、根源悪とは自律の原理である「普遍的立法」の無視、つまり、純粋に道徳的な動機で追求される最高確率をおしのけて、他律の原理である「幸福を求めそれに左右される自己愛の確率」を選ぶという最高確率の倒錯に外ならなかった。しかし彼にあってこの倒錯した人間の思惟や心を最高確率に向け直す方策は拓けてはいない。

われわれにとって根源悪とは、第一章と関連させていえば、ハーヤーを蒙らないことであり、それは人間的理性と自由意志さらに体制やシステムが自動的に働かす閉ざし（という虚無性、蒙らないのないに当たる）であった。

それはエジプト全体主義から始まり、金の子牛に象徴される偶像崇拝さらにカインによるアベル殺人などという仕方で物語化された。このようなハーヤー遮断・拒否の虚無性は、言葉の次元で考えれば、「すでに語られてある」自同世界に閉じこもることであった。それをさらに考究すると、「殺すなかれ」という第六のダーバール解釈に出会う。すなわち、殺人とは、自分も含めた他者に言葉を与えないこと、したがって彼のハーヤー的将来を閉じることであった。その言語観の根底には、新しく語ることが個や歴史的生命の誕生であり、証しすることがハーヤーの体現であり、解釈し預言することが将来を拓くことでありかつエチカ的生と協働態を創出さすことであるというダーバール的現実が秘められている。その現実を一言でいえば、語ることは他者に新しい世界と未来を贈与し共に生きることだというハーヤーの呼びかけともいえる。したがって根源悪は、以上の意味でハーヤー的ダーバールに聴従しないということ、その結果、隣人に言葉を贈与しないという虚無として理解されよう。その虚無性は、人間が自らの言葉を自同的実体的充足でみたし、先述のようにプネウマ（気）の無化を蒙らないことだとも言いかえられる。その人間の閉ざしからは、他者を嘲笑しトラウマを与える言葉や自然・生命を征服し改造しようとする自同的知の体系やイデオロギーなどしか生じてこないわけである。

そこには他者を迎えるプネウマ的空間はない。従って歴史などの物語において、差異化を生きる登場人物像を、自らに受容し、物語的解釈学的自己同一性を自らに形成することも生じてこない。だからまた、そうして解釈者が邂逅し創成する語り部的な協働態もそこには生じてこない。

しかし根源悪を逆に裏側から透かしてみると、ハーヤーを蒙りそこに乗ぜられた解釈行為とは、自他に対する未来世界の贈与行為であって、解釈即エチカ行為であるとの地平が拓けてくる。その場合、解釈の言葉が曙光のように閉ざしの闇を切り破って照らし、大風のように窒息の空間をゆるがし吹き入る。そうした言葉は、詩であり告白であり説教であり公案などでありうる。われわれは、その具体例として、十字架のヨハネの詩や親鸞の『嘆異抄』あるいはＭ・エックハルトの説教や道元の『正法眼蔵』を思いうかべることができる。彼らの言葉は、記述的説明や注釈的解説におわらず、閉ざしをゆるがし逆転し破壊し再創造する差異化の贈与的言葉なのである(47)。

これまでわれわれは「ハヤトロギアの誕生」に向けて、ハーヤー自らの差異化をめぐる根源的肯定やその自己同一性の特徴、他者の差異化としてのカイロス的歴史の現成、さらにハーヤー的解釈やエチカおよび神秘主義、根源悪の問題などを参究してきた。その参究の中心的問いは、他者との邂逅をめぐっていかにハーヤーを蒙るか、そこに身を抜くかということであろう。そのことは人間自由の問いと深く連関することであるし、他方でハーヤーの自由と不即不離といえる。しかし、本論では、ハーヤーの根源的自己肯定が表象的過去以前に決断された自由な選びとしての自由と連関することが示唆されたものの、その構造的協働的関係の十分な参究は果たされていないし、人間の自由の構造も十分考究されてはいない。それは対象化する記述的言語で語られる以前のことであり、新たな言葉を要求する以上今後の常なる課題である。

けれどもわれわれは、ダーバール的テキストの差異化の解釈による解釈学的物語的自己同一性の創造やそれによる語り部の創成に至るエペクタシスの歩みこそ、根源的な人間自由の発露であると宣明しうるのである。

こうしてハヤトロギアは、伝統的存在論の観照的態度に比しハーヤー即差異化、解釈即エチカ、エチカ即辺境の旅という風に展じつつ、そこで知的観照的眼差しが漂泊の旅行きに直結する極めて実践的な受肉的ロゴスといえる。そうした観照的ロゴスを脱自・包越するハヤトロギアにはダーバールと共に、無・間・空に息吹く気（プネウマ）が重要な協働者として働くことが今や示唆された。

そこで本章をむすびかつ未来に開き放とうと「むすびとひらき」において、プネウマの視点からハヤトロギアを一考してみたい。

## むすび　ハーヤー、ダーバール、プネウマ

本章の語り自体が、自同的我執的共同体と解放的ハーヤー的協働態とが多層的に重なり合い拮抗している現実に生きつつ、その現実のことを差異化するハーヤーに自らを開き、そのエネルギーに乗ぜられて他者と共に物語的解

釈学的同一性を共に語りうる語り部の創成に向けられており、その参究の一里塚であり道標である。そしてそれがもし一里塚に滞留せずさらにそこを過ぎ越す参究であるならば、そこにはすでに我執が凝固させる存在と志(指)向と言語世界を破ってその〈外〉を披く、無化の気（プネウマ）が息吹いていると洞察される。その感触されず、対象化する理性的把握をすりぬけて、自由にかつ言表し難く息吹く気は、凝固と自同を裂開し吹き通るべくハーヤーから淵源し今、ここに贈（送る）りつけられていると思われる。その消息を以下で考究しよう。

## （１）ハーヤー・ダーバール・プネウマ

一　神的一者の善なる充溢（プレーローマ）からの流出により世界創成を語る哲学は、ヘレニズム的新プラトン主義、殊にプロティノス哲学であった。その場合、高位の存在がロゴス（青写真）になって、下位の存在が流出し、下位の存在は上位の存在をふり返って観照（theôria）しつつその存在を保つ。こうして最下層の欠如的質料に至るまで、一者から多様な世界が流出する。流出説は結局、万象が一者的充溢の変容・展開として一者の統一をあおぐとする汎神論的な一元論といえよう。したがって、各存在は、無によって分節化され断絶されることなく、プレーローマから、光が光源からこぼれひろがるようにロゴス的なあるヒエラルキアに従って次々と生成する。

この汎神論的一元論に比して、ハーヤーの根源的肯定である差異化は、無・否定を媒介にする自己脱自である。それは完了的充溢に間・無あるいはツィムツームのように内的収縮が生じ、その空間の開きに気息（プネウマ）が流れることでもある。このプネウマの息吹きは、他者を歓待するカイロス的仕方で、音を音声をロゴスをダーバールを同時に生み出す。したがって如上のハーヤー、プネウマ、ダーバールの生起は、クロノス的時間内でのことではありえない。(48)

二　このプネウマ的息吹きがそもそも空脚化・無化と理解されるなら、それは、ハーヤーの差異化（の差異化的根源）として、さらに出会った他者、拓かれた〈外〉をも差異化しつつダーバールを響かして吹きぬける。それが、ことという他者、事的言的ダーバールの生成であって、カイロス的歴史的出来事と言葉の働きの世界の生成に外ならない。われわれ人間が日常生きる生のカイロスであり、語りの生成であり、しかもこの場合、生成は不断の自同の差異化である。

従って、自同的世界に無と間と裂開をもたらし吹き通るプネウマは、当然実体でもなくクロノス的時系列に定位もされず、理性的概念で対象化し把握することもできない。それは言語ゲームを支えるウィトゲンシュタインのいう「生活形式」に似て万象の差異化ゲームの根底に働くが、古来から水、光、気でメタファー的に示されてきたように(49)、しなやかで形なく人間の我有的触手から自由にのがれて働く意味で、自同的基盤、基礎づけ主義などのイメージからはほど遠い。

三　プネウマはこうして旧い世界を遮断し、その無から新世界を立ちあげるカイロスであり、個人史的次元でも世界史的次元でも、歴史の分節を創り変革の間をもたらす。

例えば、プネウマと安息という間（ポーズ）を重ね合わすことができよう。すなわち、われわれが第四のダーバールを考察したとき吟味した安息日や安息年あるいはヨベルの年などは、プネウマがそこで吹きぬける、歴史における間とも考えられうる。あるいは日常的な連続する習俗的生の空間に、過去の解放などを想起する祝祭的な時と広場（アゴラ）は、呪われた過去からの解放や更新の間であり、日常的クロノスの倦怠の無化であり、鮮烈なエネルギーが吹きこまれ未来が拓開される空・間であり、まさにプネウマの息吹きなのである(50)。

以上のようなハーヤー、プネウマ、ダーバールが一挙に働きそこに落在する人間について、最後に言及しなければばならない。

## (2) プネウマ的人間

一 人の我有的能動的志(指)向が、万象をその志(指)向内で表象し我有とし同化し、その同化的世界に自らも操り、操られる者として同化され消失されようとしているその生やシステム内に、プネウマは常に息吹き、その同化的世界と我有の志向を無化しうる。すなわち、逆転志(指)向性をもたらす。こうして我有的充溢やシステム的充実が裂開されるとしたら、そこにプネウマの息吹きに吹きぬかれ、逆転志向に生きる人格(persona)が生まれ出るであろう。彼がペルソナといわれる由縁は、彼自身の自己無化の間を通して(per)、プネウマが吹き音声・言葉を彼から響かす(sonare)からである。彼はそのプネウマの声を、自己の許に視覚化し概念化して回収(legein)せずに、その声に聴従する。こうして自己の立案による未来の予知と制御を放下し、プネウマの吹き呼びかける処いずれにも聴従してゆく。実に「風は思いのままに吹く」のであり、人は「その音を聞いても、どこから来て、どこへ行くかを知らない[51]」のである。このようにプネウマに拠る人格は、様々な意味で人間が定めた境界に呪縛されずに、自由に辺境を見出してそこを歩み、他者との邂逅と協働態創立に向けて辺境で問いを提起し、新たな言葉を語りつつ、自同的閉ざしの国境を横切って自同を告発し、語りの友を結集する。

辺境。それは抑圧と解放、忘却と放下、天と地、戦いと平和、男と女などの間である。他者との邂逅に息吹かれて在らねば、これらの辺境は隠れて自覚されず、人は知らず知らず自同の国の成員として市民権をえ、その結果プネウマが促し呼びかける差異化を忘却してしまう。しかし、ペルソナはペル・ソナーレとしてプネウマを体現し自らの身に息吹かれて在るゆえに、常に完了的自同を未完了的脱自へと逆転し過越しうる。アブラハムが、契約を通して家父長的な権力と富や未来などを約束されたかにみえたとき、長子イサクの奉献という恐ろしい差異化のドラマを過越したように。

**二**　このプネウマ的人格は、事的言的テキストの解釈者でもある。それはどういうことであろうか。

欧米哲学の真理とは、先述したように、アリストテレスが「在るものを在ると言い、ないものをないと言う」と定義して以来、事物と判断の一致とされ、「真理とは知性と事物との合致」（veritas est adaequatio intellectus et rei）として定式化された。これはコペルニクス的認識論的展開を説くカントにおいても、「可能的経験一般の先天的条件は、同時に経験の対象の可能性の条件である」[52]と定義され直したとき、比重が認識形式・条件にあるにしても、真理は合致である点は変わらない。この定義は、フッサールの現象学において徹底されたといえる。他方で、一見合致という客観的真理を認めないプラグマティズムにおいても、「真の観念とはわれわれが同化し効力あらしめ、確認しそして検証することのできる観念」とされ、結局「真理とは有用で、有用だから真理である」[53]と要約されるとき、たとえ真理が流動的実践的であろうと、それは観念と事物・人間界にそれが生じさせる有用性とのある種の対応関係・合致として理解されているといえよう。

こうした真理観の伝統は、レヴィナスも指摘するように、表象に再・現前化という指向的仕方でその事象をとり集め（レゲイン）、表象と合致する自同的世界の産出を帰結する。こうして真理は、表象的理性の視界の明るみに現前する自同的世界の現前に外ならず、それ以外のものは、非合理なことで暗闇であり偽であり、非存在としての刻印をうける。

しかし、ハイデガーが指摘したように、真理（alētheia ＝ a ＋ lēthē ＋ ia）は、忘却・隠れ（lēthē の野）の否定（a）としての顕現でありかつ隠れに外ならなかった。われわれは、真理において自同的な合致よりも、むしろ真理の差異化（顕現／隠れ）に撃たれ驚異したのである（オイディプス物語とホセア物語における真理）。

その差異化こそ、真理が孕みそしてそれを表わす事的言的テキストに必ず隠されている背景、行間の現前していない意味、間、文章や出来事内の無さらにプネウマの吹きわたる見えない筋、筋の断絶、志(指)向を逆転させる逆転志(指)向性などである。その差異化は対象的認識には見えず、そこから息吹く気がひびかせるハーヤー的声を聞くことを求める。こうしてわれわれは、これまで考究してきた背面聴従的解釈に再会しえた。それはプネウマがハーヤーの差異化としてもたらし、そこに解釈を促すプネウマ的解釈ともいえる。その事例を二、三とり挙げてみよう。

われわれはヘブライ語の十のダーバール解釈において、母音の欠如した子音のベタ・テキストをどのようにその母音の無きところに母音をつけて区分し（すなわち、文の間を見出し）て読むのか、というプネウマ的方法を教えられた。その根本的意図は無限なハーヤーを有限なテキストに閉じこめ、テキスト自体を偶像化せず、不断にテキストを未完了態にしてその限りを無化する、非偶像化の作業だったのである。

あるいは、欧米語における統辞的関係と連合的関係において生ずる新たな表現・語り直しの誕生のことである。従来すでに語られたSはPである、という語りとそれによって在らしめられた習慣的世界が、突如としてSに新たな予測もできぬP′が結合してそれまでの世界に激震・断層を生じさせたり、あるいは自明なものとしてそれを用い、生活した物個体Sが消失し、SなきP′が現出し、もの個体なきP′だけのいわば詩的虚構的世界が突如現出したりする。こうした統辞や連合関係の破壊や変化は、共時的言語構造を研究する構造主義によっては、構造自体のうちにその差異化の原因を解明することはできない。例え，事後的説明はできるとしても。これに対しわれわれは、その差異化をカイロス的出来事として理解し、そこにプネウマに息吹かれたハーヤーの到来を洞察するのである。

また日本語表現では、行間を読むとか、「もののみえたる光、いまだ心にきえざる中《うち》にいひとむべし」（服部土芳『三冊子』）とか、いわれるように、古くからテキストの空間や、絵画の余白などをどう読むかという「無用の用」に通底する解釈の心が生きている。

こうした差異化・無に着目して、プネウマ的人格は、ダーバール、すなわち自然的事象も含めた歴史的事件やエクリテュールの中に新しいカイロスあるいは危機や他者との邂逅の機を読みとるのである。[54] 勿論歴史の転回を聞きとり、そして彼の言を圧殺する根源悪に抗して。

三　プネウマは、自同的体制とそれが自らを語り正当化する過去から現在までのクロノス的歴史観を裂開し、その裂けた断層をさらに無化しつつ断層を深く広めつつ吹きぬけてゆく。そこには音、拍子、リズム、声が響くが、それは自同的世界の意味論や歴史観を断絶し別な未来を披く意味を孕む言葉であり、言語行為である。従って、その言葉は伝統的世界にとっては理解不可能な無意味な預言的言述・行為の徴候であるといえる。現代世界にひきつけて語れば、それは資本主義的巨大国家とそのネットワークが志(指)向する政治や経済支配への告発言語ともなり、また進歩史観に拠って世界制御や自然改造を企てる実証主義的技術的科学に対する批判言語ともなる。すなわち、預言的プネウマ的言語行為は、如上の自同的世界に対し、辺境において抑圧された少数民族や女性・子供たち、無視される異文化や滅亡してゆく自然に出会い、そこから文明の虚無的構造を感じとり、その他者抹殺的性格を批判・異化しようとするからである。従ってプネウマ的人格は辺境の思想を展開する者である。

### （3）　プネウマ的人間とハヤトロギア

プネウマ的人格を通してハーヤーが生む以上のような言・事的行為は、今日的世界にハヤトロギアの誕生として新たな異化的他者との邂逅をもたらす一契機になりうるであろう。

もし今日ハヤトロギアの意義が問われるならば、如上の（1）と（2）から明らかなように、それは事的言的（ダーバール）なテキストにハーヤーの深処から息吹きハーヤーの到来を解釈し、聴従的解釈者として発言し体現する方位を示し続けることであろう。われわれの日々のさり気ない日常においてハヤトロギアのそのような解釈的示しは、他者と邂逅していることの深処を明らかにし常に深処の自覚を促し続ける。

さらにハヤトロギアはショアー的歴史的次元にあっては、抹殺され辺境で抑圧され顔を消された人々に深く関わる。われわれもいつ抹殺されるかも知れない。そのような危機において、それは現代の政治社会学や心理学あるいは宗教学的な学知の言語を用いて正義のプログラムの下に抹殺された人々、またわれわれを復権させ現代的に有意味化することはしないし、またそうすることはできない。そうすれば、それは再び現代の巨大機構システムとその言語用法・文法に彼らや自らをも解消同化させてしまうことになろうからである。むしろ巨大な自同的システムとその有意味性に抗し、その文化的装いの下に斉一的同化を狙う文化斉一主義に抗し、これらの無視され無意味とされたその無意味を如上の自同的有意味の差異化としてたたきつけつつ、さらに無意味である〈外〉の言葉を創り続け、徹底的に語り続ける。そして自ら具体的な在り方をするにせよ、精神的な仕方であれ、有意味な文明と無意味な砂漠、生と死、語りと沈黙の間・辺境を旅しつつ、その差異化を言葉にもたらし、有意味を語り直し、無意味を新しく語り、他者の地平を披いてゆく。そうした解釈学的物語的自己同一性の未完了な歩みにおいて、様々な物語が創られてゆく。ただしそれらの物語は単に物語的相対性の流砂に呑まれ次々に忘れ去られてゆくのではなく、あくまで他者を試金石とする果てなき物語の歴史を創造してゆく。そこに物語的解釈学的同一性が生ずる由縁であり、この同一性に基づいてこそ、またそこに「他者の物語」を語り継ぐ語り部の誕生が期待されるであろう。そしてそれが可能であるとしたら、それはただハーヤー到来を蒙ってその同一性に落在して在ることに拠るしかないのである。

以上のすべての意味で現代においてハヤトロギアが働き続けるに違いない。また凡そ語ることが一つの世界贈与・他者との邂逅のエチカであるとしたら、ハヤトロギアとその働きこそ一つの他者への贈与に外なるまい。

とすれば、現代に顔もない不気味な自同的巨大システムが稼動し、一切を次々と交換する「立て組み」(Ges-tell)が他者を解体しているとき、その立て組みを逆解体すべくハーヤー的無化の風を吹かすプネウマとそのこと(事・言)の渾名にハヤトロギアはふさわしいといえるであろう。

# 第五章　「神」なき時代の無「神」論とは？

## ――トマス、ニュッサのグレゴリオスからハーヤー、ヴィヴェカーナンダ（の黒天女）へ――

### 一　「神」なき時代

他者との邂逅こそ問いの根幹をなす。現代では、絶対的他者と考えられてきた旧き形而上学の「神」の時代は終わり、それにかわって隣人こそ絶対的他者ではないかとの問いが生じている。同様に今や神ははるかに遠き存在であって、他者の近みをわれわれに抜きうるのか、神は無用の長物なのかと深刻に問われてくるのである。この現代的問いを提起し参究をおし進めるためここで問いのコンテキストである時代を簡単に考えてみたい。というのも、時代によって存在理解の重心がずれてくるからである。例えば、自然界で農耕牧畜を主としていた時代には生物が存在の中心を占めた（アリストテレスの『形而上学』における存在理解の核心は生物生命体であるように）。しかし、技術文明においては人工物をめぐって存在が語られてくる。この存在理解は、神や他者問題へのアプローチに根底的な変化をもたらしたといえる（例えば、延命用のレスピレーターや集中治療室などは、脳死状態の存在・植物人間を創り出し、また尊厳死や生命の質（ＱＯＬ）や臓器移植の問題をつきつけているように）。

われわれは、西ローマ帝国滅亡後の西洋を農耕社会として再構築したベネディクト修道会の偉業と「祈りかつ働け」というその霊性を知っている。そうした修道院においては、精神的指導者との関係を媒介に、修道士の魂はいわば孤独のうちに上昇的垂直的な仕方で神の観想に飛翔した。それは意志と知性が浄化され照らされる求道であったし、いわゆる「修道院神学」の苗床であり、アンセルムスもその系譜に属している。都市化が漸く進み托鉢修道会が奥深い大修道院から大学都市などに居をかまえたときも、「観想し、観想したことを他に伝えよ」のモットーが示すように、観想（contemplatio）が第一義として挙げられている。われわれは、その後植民地主義や産業革命・市民革命を経て一九世紀以降、国民国家（Nation State）が急速に成立し、アメリカは自由を、フランスは平等を、旧ソ連邦は共産社会を新しい夢として目指し、それらの夢を国民国家の自同性を語る建国神話の核としたことも知っている。さてその現代という地球化時代では、国民国家が地球的ネットワークを形成しつつ、技術によって生命や自然環境を思うままに征服・制御する時代に到達した。そこではあらゆるものは用立てられた存在者として連鎖をなし、人間も用立て操作するものとしてこの用立ての構造に組みこまれている。従って人間は主体として立つことなく、ものは人間に対して立った独立の対象（Gegenstand）でさえない。

ハイデガーが暴く技術時代の「立て組み」（Gestell）における人間もものも、その結果、自らの固有性を失い、技術学という新しい形而上学の普遍的支配下にある。こうして至高なる神も他者もその存在やイメージが解体されつつある。かつて修道院の僧房で瞑想を通じて「神」を観想し、そこに真理を収約しようとした時代にわれわれはもはやいない。逆に技術時代に生きるわれわれは、そこで用立てられた存在者の間に迂回に迂回を重ねてめぐり探ね、ようやく人間の顔に出会うのであろうか。その時の人間の顔は、理性的主体が示す自由決定力と未来志向にみちた顔ではなく、むしろ磔刑前にむち打たれ、いばらの冠をかぶせられ、つばを吐きかけられたナザレのイエスの相貌を示しているのではあるまいか。アウシュヴィッツの絶滅（ショアー）が象徴的にそのことを物語っている。すなわち、ガス室で理性的主体によって人間・ユダヤ教徒が殺され、燃やされる時「至高者」の観想は断ち切られ、それまで西欧における人間の絆を結んできたエチカも宗教的信仰も共に灰となったといえる。そのとき、その廃墟においてどのように他者との出会いのエチカを再構築しうるのか、という問いが深刻に提出される。その問いに応えるかのように、そこに人間の相貌さえ失った顔が、立ち現われる。彼は旧き神にかわって、わたしにとって、いわば至高者のごとくにして現存する。彼は一体誰なのであろうか。彼はG・ルオーが描いた貧しく旅するキリストなのか、神の似像なのかあるいは人間の似像なのか。神と人の区別はそこではもうできない。だから超越的で神聖な摂理的な神、「在りて在る（ego sum qui sum）」の「神」につらなる西洋形而上学の言葉（存在、善、ロゴス、摂理など）は無意味になり、余剰となったと叫ばれる。それゆえ今日レヴィナスなどは、ハイデガーを承け、存在とはessenceであり、自存の努力（conatus essendi）として他者排斥の、つまり自同の国建設の温床となったとし、存在論を批判し、別に善に基づく倫理的形而上学の構築を試みた。しかしすでにその善さえ、神名・超越概念としては、イワン・カラマーゾフが呪詛したようにもはや、悪の全体主義的支配に抗し切れない。だからレヴィナスは、超越概念的善とは別に、その外にエチカ的善の根拠として「顔」の問いかけを出発点としたのである。

他方M・ブーバーは「隠れた神」を動機として「神の蝕《しょく》」（Eclipse of God）を語ったが、アウシュヴィッツの絶望に応えなかった「神」はいつも不在であり没落せざるをえないのではあるまいか。現代にあって神や隣人との邂逅に関わる思索と状況はかくも絶望的で、アドルノもいうように「アウシュヴィッツ以後」に、「神」も詩もさらに哲学も語れないのであろうか。

本章は、以上の状況を自覚し、教父・中世哲学や聖書思想を援用しつつ、再び神を語ることと他者との邂逅が同時的に生起する地平を探りつつ、その現代的意義あるいは無意味を考究しようと意図するものである。その出発点としてトマスの「神名論」（*S.T.* 1, Q.13）(1)を手がかりとしたい。が、それはトマスの神名論研究ではなく、むしろささやかではあるが新しい視点、つまりヘブライ的存在（ハーヤー）や歴史性の視点をとり入れて如上の意図と問いを展開する物語になるであろう。それは言いかえれば、レヴィナスのように存在論を放棄し、善探究に向かうのではなく、存在を再理解することからエチカに向かうことを意味する。

## 二　トマス「神名論」　神・存在・神聖四文字

さてトマスの「神名論」は、プラトン的分有論とアリストテレス的因果論とが有機的に交差し相補する一見調和のとれた論文であるが、それだけに存在論的にアポステリオリな因果性とアプリオリな神的完全性との対比、認識論的には因果的認識や否定神学的認識や卓越的な認識などの認識論的連続と不連続、言語論的には意味表示された事物（res significata）と意味表示する様相（modus significandi）との相違などの極めて錯綜した方法や階層から成立している。しかしわれわれとしては、そうした「神名論」の複雑系において、二系列・二位相の神名系を読みとりたいのである。

一つは「そこから表示のために名が定められてくる現実」（id a quo imponitur nomen ad significandum）（A）に属する神名系であり、二つ目は「それを表示するために名が定められるその現実」（id ad quod significandum nomen imponitur）（B）に属する神名系である（Q.13, a8.c）。トマスは、経験的に知られる感覚的事物にあってはこうした現実と名の区別はないという。例えば、石（lapis）を例にとると、その名はその現実的働き（laedit pedem、足を傷つける）からとられるが、それがそのまま石の本質を表示する名として定められるというのである（a8.c）。ところが神はその本質においては直接経験的にわれわれには知られず、その働きや結果から知られるので、名がそこからとられる神の現実的働きや固有性（A）と名がそれを表示しようとする神的本質（B）とは区別されなければならない。例えば、神（Deus）という神名は、それが万物・万人を普遍的に摂理するという働きから（ab universali rerum providentia）とられる意味ではAの神名に属するが（a8.c）、それが万有の原理だが卓越的超絶対的存在者（aliquid supra omnia existens, quod est principium omnium, et remotum ab omnibus）を表示する限り、神的本性Bを表示する神名系に属するという具合に。ここでは次の二点に注目しておこう。第一点は、如上のラテン語表現では、principium omnium という因果性の方法と remotum ab omnibus という除去の方法を媒介に supra omnia という卓越性の地平が拓かれ、それが神的本性の地平と重なっている点である。第二点は、如上のAとBの区別は存在論的次元に属するものであって、その意味では、表示の様相と表示された事物という言語論的（認識論も当然関係するが）区別とは異なるという点をおさえておかねばならないであろう。(2) 例えば、神の単純性を表示する名は形相的名（bonitas など）が用いられ、その実体的自存を表示する名は具体的名（bonus など）が用いられるが、これはあくまで言語論的次元の区別である（a1, ad2）。勿論これらの神名でも表示の様相に関しては神を表現する点で不適切極まりないが、その意味表示される神的現実に関していえばある神名は神的完全性を開示するというのである。それは因果性の道による神名でも除去・否定の道による名でもなく、先述の如く卓越性の道が披く次元の神名である。

それはどういうことであろうか。

「神が善である」という判断は、神が善の原因であるという因果性でも、神は悪ではない（non）という除去でもなく、われわれが被造的果において善と語る現実が被造的善より高次な仕方で神に先在している（prae-existere）ことを意味するのである。そのことはさらに「神が善である」ゆえに、その善性を事物に注ぐことを意味してくる

(a2, c)。こうした意味で、神的完全性を示す神名（善性、生命など）は被造物より先に（per prius）、神に述定される（a3, c)。こうして諸完全性が神に、卓越した仕方で（iminentiori modo）先在し（prae-existere）、何よりも先に（per prius）かつ本質的に（essentialiter）述定されるという具合に、神名が因果性と除去を超越して、いわばアプリオリに構想され語られるイデア的次元が拓けてくる。つまり、因果的アポステリオリな神名考究が逆転され、卓越的アプリオリな仕方で神的本質を示す神名の地平が拓け（a6, c)、それは被造物と関係なしに措定される（a11, ad3)。

以上の考察を要約し深める仕方で、また存在論の再理解のため神名「在るところのもの」（Qui est）をとりあげてみたい。

さてこの神名は神に最も固有な名とされる。その典拠として「出エジプト記」三章13－14節が引用されている。その箇所のヘブライ語マソラ本文や『七十人訳』ギリシア語本文さらにウルガータ訳に拠る解釈の相違が、後の西洋形而上学の存在論の性格を決定づけたという経過があるが、それはすでに本書において語られたので、今はトマスによる「Qui est」解釈を追跡してゆきたい。

実に Qui est が神に最固有な神名であるというのはどういう理由でなのか。その理由を、トマスは Deus との比較において論じ明らかにしている。まず第一に「そこから名が定められる現実」（A)、すなわち神の働きや結果である存在（esse）の観点からすれば、「Qui est」が Deus より神に固有な神名である。それは、恐らく esse の方が、摂理的働き（providentia）より一層人間も含めた世界に浸透している根底的な現実だから、という理由からであろう。他方、「それを表示するために名が定められるその現実」（B）の観点からすれば、神的本質を表示する Deus の方が、Qui est より一層固有な神名とされる。こうして観点の相違によって神名の固有性の違いや階梯も定められるのであるが、以上のようなDeusとQui estの比較の場合、Qui estが神的本質の表示名としてでなく、神の働きとその果の観点から語られている点に注意しなければならない（a11, ad1）。ところが以上のesseやDeusをこえて「神聖四文字」（Tetragrammaton）こそ、神的本質を、共約不可能な、つまり個別的な（singularis）な仕方で表示するという意味では、さらに固有な神名とされる。この「神聖四文字」とは因みにヘブライ語では「アドナイ」、新約聖書ではKurios、ラテン語ではDominusと転写・転読されており、元来、HVHY（ヤハウエ）という神名を文字通り発音することをタブーとするユダヤ的絶対一神教の精神から仮に「アドナイ」と発音されている神名である。そしてわれわれの関心を引く点は、このHVHYが、旧約の釈義学者がほぼ一致してヘブライ的存在ハーヤー（HYH）と関係すると認めている点である。そうだとすると、アドナイ⇩祈り呼ばれる神名⇩ヤハウェ⇩ハーヤーという連関が浮上し、そこに極めて人格的なアドナイと普遍的ハーヤーの統一を窺うことができることになる。この点は再考するとして、Qui estが神の被造界への働きかけの観点でなく、一転して今度は神的実体そのものを表示している点から考察されていることが注目される。まさにQui estこそ、（神的）本質の無限な大洋そのもの（ipsum pelagus substantiae infinitum）として語られるのである（a11, c）。それは「神聖四文字」の内容をなすとも考えられうる。そしてこうした神名は、被造物との関係を含まず、絶対的完全性というアプリオリな先在的観点から考察されるのである（a11, ad3）。たとえ善が、原因として神の根源的な名であるとしても、esse absolute（絶対的に理解される存在）は、原因以前に知解されるとする由縁である（ad2）。こうしてわれわれは神名Qui estが、一方で神が被造物の中で働くesse相（A）と他方で神的本質そのもの（B）を表示することを洞察し、神名が示す神的現実の二相・二系列を明らかにしたように思われる。

こうした二相は、知性がまずアポステリオリな因果性の道を辿り、除去・否定判断を媒介に卓越性の道に拠って神的本質の理解に進み、そこでアプリオリな地平に高揚するという、認識論的次元での知性の自己超出をも物語るといえるであろう。トマスも「知恵者」(sapiens) の例をとって、それが人間に述べられる場合には、何らかの仕方で人間的知恵の現実を描き把握する (quodammodo describit et comprehendit) というが、神に述べられる場合には、神的知恵をそれが名の意味的指示を超出しかつ把握不可能な現実であるとしてそのまま残す (relinquere) と語る (a5, c)。それは知性が自己の表象的把握に拠って神名的神学を構築し、その有神論的形而上学の自同に自閉し、その〈外〉に、神的他者に邂逅する可能性を閉ざす知的全体主義(これは存在－神－論〈onto-theo-logia〉としてハイデガー以降、有神論的形而上学において指摘された性格であるが)を突破する神名論的な知性の自己超越であるといえるだろうし、そこには他者の地平が自覚され拓けている。

われわれはしかし、この Qui est と他者をめぐる地点から、百尺竿頭一歩を進めなければならない。

その際、再度確認すべき出発点は、神名が意味作用として指示する神的現実において、実体本質的相 (B) とわれわれの許にまで働き浸透する働きの相 (A) とが分別されるということであった。前者は Tetragrammaton が示す不可共約的で不可識の神的現実を極とし、後者は摂理する Deus の働きや生命、知恵、善などの完全性が示す神的働きの現実である。こうした神的現実を示す神名は、ただし直ちに肯定神学を構成するわけでなく、除去・否定の道を経て、その表象が不完全・欠如的である点が指摘されなければならないが、その意味指向が指向する現実はアプリオリで超越的な神的現実である (a2, c)。

けれども神的本質の何たるかは、恩恵の啓示によってさえ現世で知られることはない。われわれは神に「彼があたかも知られざる者であるかのように結ばれる外にない」(sic ei quasi ignoto coniungamur, Q.12, a13, ad1) のである。その点を深めたのがギリシア教父の思索であった。

## 三　ギリシア教父とウーシア・エネルゲイア

如上の神における実体相と働きの相は、ギリシア教父のいうウーシアとエネルゲイアの二相と重なる地平を披くように思われる。そこでわれわれは、今や教父の中でも先駆的にこの二相系を思索したニュッサのグレゴリオスに参学しながら、一体この二相系はどのようなことを意味し、そこでどのような出会いの地平が拓かれるのかを問うてゆきたい。

まずグレゴリオスの『雅歌講話』(3)を手がかりとしよう。「雅歌」とは旧約文学における相聞歌であって、花婿と花嫁あるいは若者と乙女の間に交わされる愛のドラマであり、心たかまる恋愛の詩歌である。それにグレゴリオスはギリシア哲学（主にプラトン系の思潮）やギリシア的教養を背景に解釈を加え、新しい哲学的物語的同一性の世界を披き創作しているのである。本章では、ほんのその一部について考察したい。そこで解釈が加えられる「雅歌」の原文を紹介し、次にそのグレゴリオス的解釈を追跡してゆくことにしよう。

五・４　恋人は　扉のすき間から手を差しのべ、
　　わたしの心は　あの方を求めて、奥底から波立ちました。

五・６　わたしは、恋人に扉を開きましたが、恋人は　立ち去った後でした。
　　あの方の呼びかけに応えて、わたしの霊魂は外に出て行きました。
　　探し求めても、あの方を見出せませんでした。

呼び求めても、応えて下さいませんでした。
町をめぐる見張りは、わたしを見つけると、打って傷つけました。

7

ここでグレゴリオスは、花婿をキリスト（受肉したロゴス神）として、また花嫁をわれわれ一人ひとりの個人でありかつ協働態として解釈するのであるが、その際重要な一点、すなわち花婿はわれわれが日々交流する隣人を意味するという点に着目しておかなければならない。その意味については後述するとして、グレゴリオスは花婿の「手」を一方で神的エネルゲイアとしてまず理解する。そのエネルゲイアは家にこもっている自閉的なわれわれの自同的在り方をゆり動かしつき破って「奥底から波立」たせ、「外に出て行」くよう呼びかけて来る。われわれはその呼びかけに応え外で他者と出会えると希望するが、彼はすでにたち去って隠れてしまっており沈黙の空間があとに残っているだけである。この花婿（隣人あるいは恋人であるキリスト）の退去は彼の隠れであり、それは神の不可知的本質相・ウーシアを象徴しているのである。とすると、花婿はその顕と陰、呼びかけと沈黙という差異化を生きながら、花嫁に向かって彼女が家にひきこもっているという自同を差異化させ「外」の異世界に挑戦するよう働きかける。たとえ花嫁がその挑戦の中でトラウマ（傷）を負うほど差異化を蒙ることがあっても、である。こうして花嫁は花婿の言葉に聴従してゆく。そしてここで繰り返して注意すれば、花婿のウーシア・エネルゲイアあるいは退去と立ち現われ、沈黙と呼びかけの差異は、われわれがまず隣人（キリストの人間性に即した人間）との日常的関わりにおいて経験する差異化であるが、しかしその隣人は同時に神的無限的地平（キリストの神性に即した人間）を秘めているという点である。さて花嫁の聴従的な他者との関わりの意味を明らめるため、今度は『モーセの生涯』に参究してみよう。(4) この書は、旧約「出エジプト記」にグレゴリオスが注解を施した神秘主義的著作である。その中の一シーンにおいて、モーセは面と面を会わせて神の顔を見ることを欲した。しかし一般にそうした不死なる者との対面は、死すべき者にとって死を意味したのである。従って神はその背をもってモーセに顕現したとされる。つまり、モーセは神の正面認識ではなく、背面認識を与えられたと物語られているわけである。それではその物語をわれわれはどのように解釈できるのであろうか。重要なことは、正面認識とはわれわれが他者（の顔）を対象化し、自己の表象的視界に収め摂ることを意味するという点であり、それを逆転した背面認識とは、自己の表象を超える他者の声に聞き従うという点である。すなわち、前者が他者を主体の表象知に還元し、それを私有し制御することを志向する方位をとるのに対し、後者はそうした同化的表象やそれに拠る対象支配の意志を放棄・逆転し、逆転志(指)向性によって他者を歓待してゆく方位をとることである。この点はすでに述べられた。さてモーセの物語は、一方で神と人間との交流において神の無限な超越的ウーシア性を際立たせ、人間はただそこから横溢する神のエネルゲイアに与ってその無限な働きに支えられ、神に聴従する地平を語り示している。その際、この聴従を「神を観ること」(5)として定式化している。その限り、この聴従は、ギリシア哲学の観照（theôria）を逆転する思潮史上の意義をもつといえる。しかし他方で、この聴従はエチカ的次元でも実践されなければならないのである。つまり、人間は人間的他者に隣人として出会い彼の声をきき交流するとき、決して正面的認識によって彼を自己の知識体系に還元したり、あるいは彼を支配し私有して意のままにするという我有的立場に立つのではなく、隣人の還元できない無限な超越的性格を尊重し、地方で共に交流し合い互恵に生きつつ協働態を創造するべく招かれている。それは言いかえると、隣人は『雅歌講話』が語るように限りなく人間であり、その彼は限りなく把握や我有の不可能な神域を秘める存在でもあることを示している。こうしてグレゴリオスにあっては、至高的存在（神）の知恵と徳に参究する学（哲学 philosophia）と哲学に基づく人間のエチカ（エチカ的学）は交差し差異化しつつまた協働しつつ、他者との邂逅の地平を開拓している。(6)今は詳しく立ち入る余裕はないが、後代グレゴリオス・パラマスがウーシアとエネルゲイアの区別をする時も、他者との邂逅を第一義としていたといえる。それは人間の側からすると他者である神との邂逅の問題に帰着する。その邂逅はパラマスやヘシカストにとっては、神の体験であり、それは思惟的に、因果論的方法によって、あるいは類比によって、あるいは否定神学を通して神を観ることではない。神の体験は否定神学的ロゴスさえ超えた至高者から発するエネルゲイアに拠って授与されるのだから。東方教父、あるいは十世紀の新神学者のシュメオンは、このエネルゲイアを無限な光として体験したのである。(7)しかしウーシアに対すると同様に、この体験においては人間の能動的表象や意志的主我は放下されていなければならない。他方で他者との邂逅に関していえば、エネルゲイアは何者かの現存に束縛されて神から横溢するわけではない。つまり、エネルゲイア的視点では、神のエネルゲイア的顕現は永遠であり、創造による被造物が存在していなくとも、神の栄光として輝いている。その意味では逆に被造物を創る神の創造は自由であるといえる。しかしV・ロースキイに拠ると創造は、「神的エネルゲイアによって現実となる。それは神が神的存在の外に、無から新しい主体を生み落とそうと欲する欲求的行為である。このようにして顕現の〈場〉は存在し始める(8)」という。すなわち、エネルゲイアは他者と出会う根拠であり、「無」を異化して、無条件に他者を存在にもたらし彼を引きうける協働態的方位をもつのである。その引きうけは質料にも及ぶ点で、ギリシア的思想の逆転をなすが、ともあれ、ギリシアの思想家(ニュッサのグレゴリオス、G・パラマスなど)にとって、以上のようにウーシアとは神の知られざる超越的本質面を示し、エネルゲイアは聖霊の息吹きから始まって世界の創造・摂理・子なる神の受肉、恩恵などの神的活動面を示す。従ってエネルゲイアはウーシアとの差異化において、〈外〉・他者に関わる根拠であり、開放的内在的エネルギーである。他方でウーシアが超越的であるのは、人間の理性や宗教的魔術などによって制御・我有化されずに、エネルゲイアを自由に自己贈与として与える根拠であり、この贈与的な働きをなす究極の神的自律の根拠を意味しているといえる。

われわれはこの神名が示すウーシア相とエネルゲイア相について、かつて essentia と esse の区別をめぐって生じたスコラ学的議論（実在的区別か形相的区別かあるいは概念的区別か、など）には入らない。その議論の傾向は、神名を存在−神−論的領域において、いわば静的空間的に神的属性や世界の存在論的階層的秩序との関連で構想し、その結果理性に相関的な有神論的形而上学を構築し「神」を没落させてゆくからである。われわれはむしろ次の方位に思索を向ける。つまりトマスの神名論が秘め、ギリシア教父が語る神名のウーシア・エネルゲイアの差異は、実に神のウーシアからエネルゲイアへの差異化的な自己脱自として理解する方位へ、である。その自己脱自はわれわれが考えるような時間軸において発現するのでは勿論ないが、それを永遠とか自然本性におけることとしてスコラ的に解説してすますこともできない。すなわち、神のこの自己脱自・差異化は、同時にわれわれの差異化として、歴史的生におけるエチカ的協働態成立の根拠として受けとめて理解する方位へ向かわなければならない。その企てはグレゴリオスが示したように、エネルゲイアの働きでもあるのだが、そのための新しい言葉をわれわれは探り当ててしまったわけでもない。しかしこの企てはあえていうなら神的存在の絶対的自己同一性を、いわばヘブライ的な脱自的差異化、ハーヤー存在として理解する方位である。それはどういうことか。

## 四　ハーヤー

ハーヤー的ヘブライ動詞が典型的に現われるのは、旧約で神名が開示される「出エジプト記」三章14節であるのは本書ですでに何度も言及され、また余りに周知のことである。この書が歴史書、つまりエジプト帝国からのヘブライ奴隷の解放物語である「出エジプト記」の文脈で、神名「'ehyeh 'asher 'ehyeh（わたしは在らんとして在らん）」を示しているので、その文脈でこの神名の意味を簡単に考えてみたい。そうすると一人称単数未完了動詞'ehyeh は、完了動詞に対し不断に未完了に脱自する動態を示すことが自覚されよう。そしてこの 'ehyeh の二度の反復については、それが神名を完全に人間の掌中にわたして魔術的にコントロールされ、神が人間的我有に同化されることの拒否であるとも解釈されており、さらに神の脱自が無意味な奴隷との邂逅に迫り出てゆく方位を加味すると、'ehyeh は一方で人間からの超越的自律を示し、他方で歴史世界へのコミット的内在化を示し、こうして超越と内在との間の緊張関係を秘め一種の差異化を孕んでいることが明らかであろう。この考えを進めると、旧約でハーヤー動詞は頻出しないにしても、イスラエルや預言者などの歴史的展開や預言活動などの出来事および未完了的行為がすでに何らかの仕方でハーヤーを反映していることが理解されてくる。それはつまりハーヤーの自己差異化が他者（歴史的出来事や人間的生および彼の語る言葉さらにテキストをも含んだ他者）をも差異化するエネルギーであることを示そう。こう考えてくると、ハーヤー論において先述のエネルゲイアとウーシアの差異が一層活性化され、場をえてくるといえよう。

このハーヤーの自己脱自的差異化について、今は次の二点にだけ注目したい。それは一方で存在論的な自己同一でないにしても、差異化という他者に邂逅する未完了的動態そのものを根源的な自己肯定（P・リクールの表現を借りて affirmation originaire）とする意味で、ある自己同一性だという点である。次にハーヤーの自己肯定的差異化が他者をも差異化する点に関して、である。出エジプト物語ではハーヤーのこの他者差異化をもろに蒙るのは、モーセやヘブライの民やエジプト帝国（ファラオ）なのであるが、この自己脱自的な歴史やその人物の差異化は、ヘーゲル的な絶対精神の弁証法的自己規定の差異化とその歴史とも異なり、ハーヤーの根源的自由の決定に基づく自己肯定において生起することなのである。だから、根源的肯定の根源（origine）は、いわば、歴史以前の（an-archique）根源的決断の初動を指すのである。以上の2点をふまえ、他者の差異化を少し考察してみよう。

ハーヤーは歴史に顕現しまた隠れる（Deus absconditus）、捕囚に民をわたしまた帰還させる、預言者を神の言そのものとして送るが、彼はみじめにも迫害され受難し神の言は拒否される。

このハーヤーの歴史へのその時々の差異的な介入によって一般的に年代記的に理解されるクロノス的な時は遮断され逆転され、そこにカイロス時が差異化の働きとして現出する。従ってハーヤー存在の差異化とは、カイロス時を契機に歴史を分節化し創造する歴史性をおびてくる。

それはマルクス的な必然的歴史でも、年代記的クロノスでもなく、他者との邂逅と別離の出来事やその解釈を呼び起こす歴史である。だから、そこに終末も危機的カイロスとしてくみこまれる。

このようなハーヤーの差異化に対して人間はそれを拒み自らに閉じ自同の王国をつくることもできれば、全く逆にハーヤー的エネルギーを身に蒙り体現し生きることもできる（モーセやアブラハムの生をみよ）。その際、前者のように、ハーヤーの根源的自己肯定と他者への開放を拒否し、自らの表象的思惟や自存の努力の下に一切の差異化を回収して自同的系として支配する閉ざしこそ、根源悪と考えられるのではなかろうか。例えばハイデガーが指摘したように、技術学的存在－神－論の世界、すなわち役立てうる用材という仕方で存在者の現出構造を規定する立て組み（Gestell）は、主体－客体の差異さえひとし並みに斉一化させ、そこではあらゆる存在者がとりかえのきく用材として連鎖する自同的世界である。そこには、神名の差異化によって知性が自己超出してかけがえのないペルソナに出会う地平が蔽い隠され、あるいは解消されているといえよう。

これまでわれわれはトマスの「神名論」において、Tetragrammaton の超越性と共に「アドナイ」を通じハーヤーにせり出す働きを洞察し、その可能性をギリシア教父のウーシア／／エネルゲイアの差異を媒介にハーヤー論として考究してきた。その間に、ハーヤーがケノーシス的自己脱自的差異化としての「根源的自己肯定」を生命とする点と歴史的カイロスを通して他者の差異化を働き呼びかける点が際立ってきた。それはそれでは旧き「神」にかわって、人間の絆が破綻した廃墟において、どのような生の意味と協働態の在り方を示唆しうるのであろうか。旧き神々が死に絶え、「仮想現実（virtual reality）」や技術学の神々が支配し人間の言葉と関わりが、無意味に全く別の相貌を示し始めているこの時代に、あるいは新興のイスラムの神とユダヤの神とが闘争し、ニルヴァーナの東洋的和の花園に安らう人々に挑戦を仕掛けつつある現代にあって。

ハーヤーの差異化は一切を無化し無意味とするその無化的異化によって、どのような破壊的インパクトと無意味な意義をこのように現代にもたらすのであろうか。最後にその点を存在・認識・言語の観点から簡潔に展望してみたい。

存在の観点からすると、神存在が永遠不動な第一実体でなく、ハーヤー・ケノーシス的自己差異化・他者のカイロス的差異化の系譜で理解されるとき、その差異化の方位を決定づける一つの引力は他者である点が際立つ。そしてその他者との邂逅がカイロス的である以上、存在には歴史的存在理解が常に伴わなければならない。こうしてわれわれがこの意味でのハーヤーの到来を自覚し、ハーヤーを自らに蒙るとき、そこに現代の根本悪の分析告発を伴うエチカ構築が要請されてくる。そのエチカは、一つの社会を維持するイデオロギー的法律でも、それを秩序づける規範学でもありえない。それは他者のエチカとして西欧的存在論に基づくエチカが見落としてきた少数民族、女性、非西欧的異文化などを語る開放的言説となりうる。さらにいえば、このエチカの体現者はハーヤーの体現者としてそのような隣人との邂逅を、支配的文明文化の辺境に求めて旅する者（homo viator）のすがたをとるであろう。

上述のエチカ的方位とも連関して認識論的に重要なハーヤー的視点に一点言及すれば、それはいかなるペルソナも神に似て把握できない自由な超越性をもつと共に限りなく関わりゆく働きを生きているとの洞察である。その場合、ペルソナとは理性と自由意志をもっている自存者というのみならず、ハーヤーの差異化を蒙って在る者（例えば、心身に障害のある人々や寝たきり老人も入る）である。如上の洞察は、そうした社会的に弱者であるペルソナが、かつてナチスが遂行したように医療科学や法的体系内に、その存在意義を解説され同化・解体・処理し尽くされてはならないというエチカに通底してゆく。

ハーヤー的言語論に言及すれば、それは隣人・他者《ひと》に直に邂逅する力働性を秘めた言葉といえよう。その一例として、記述的で事後的な学的説明言語に対して差異化する情態的遂行的言語あるいは親愛の言葉が挙げられよう。レヴィナスの日常的な心のこもった「シャローム」の発語も、道元の『正法眼蔵』中の「愛語」も、いずれもハーヤーを蒙った者の一期一会実現の言葉と理解することができよう。これらの言葉は何か概念的媒体を必要とせずに、直接他者《ひと》の心にふれ、閉じた心をゆるがし開放さす力働性に富むといえる。神秘主義のミンネの詩や「雅歌」の相聞歌、フランチェスコの平和の詩などハーヤー的エチカの言語表現は価値の序列や規範体系やタブーの列挙などとおよそ異なる地平に働き親愛に富み、協働態の活力化の源となろう。それはハーヤーとの親和的な（connaturalis）関わりから湧出する言葉だからともいえる。だからまたこれらの言葉は、他者を我有・支配しようとする人間の自同の努力を差異化し、人間の意志をそこから超出させる浄化力にあふれる言葉ともいえる。こうしてハーヤーは、「神」と「神なき時代」の思索と生をその差異化に密かにまきこみつつ、われわれが語ってきた神とわれわれが生きる現代の歴史とわれわれ一人ひとりを新たなドラマとして仕立てあげる可能性を秘めているのではあるまいか。

たとえそれが現代の技術学的形而上学支配とその言語にとって余計な音声であり、無意味で時に破壊的に作用し、暴力的にみえようと。

最後にわれわれは、ハーヤーが歴史のみならず、地理の差異化でもある点に着目して、ヘブライ的ハーヤーから身を反転させて東洋文化の一源泉であるインドの知恵に目を向けよう。そこでの神が西欧的形而上学や技術的存在―神―論に何を語りかけうるか、を問いかけながら。

## 五　ヴィヴェカーナンダと黒天女

われわれは神の差異化を熾烈に身に蒙った東洋人としてインドの大聖ヴィヴェカーナンダ（一九〇二歿）[9]の宗教的経験に言及したい。彼は、一八九八年西ヒマラヤの氷の峡谷にあるシヴァ神の聖地に巡礼した。道なき道をよじのぼり、寒気の中で急流で沐浴しつつ、巨大な洞窟に辿りついた。彼はそこでシヴァを見神しほとんど死ぬばかりになったという。その一か月後、彼は横たわるシヴァ神の上に、多くの腕をもち、左には剣と斬った首をもちながら踊るカーリ（黒天女）女神を見神する。彼女の顔は黒く、世界の創造と破壊、善と悪、生と死、歓喜と苦悩、充実と虚無をつかさどり、それらの中に存在する「恐るべき者」なのである。

ヴィヴェカーナンダは、この破壊と死の女神を瞑想し、彼女と神秘的合一に入った。それは彼の師ラーマクリュシュナ[10]も体験した境地に外ならなかった。すなわち、黒天女とは、一般に宗教が恩恵・祝福・安穏・救いを授けてくれる神々を立てるとすれば、それとは全く逆に、人間の我・利己主義の根を徹底的に殺し断ち灰にまで燃やし尽くす死なのである。このようにカーリ女神の舞踏の意味が洞察された。だから善と悪、生と死などの間に出現するカーリ女神は、絶対的な真理ブラフマン（梵）のエネルゲイア的化身であり、働きである。とすれば、この女神は時空を超えて現代で「神」の死と絶滅収容所における苦悩の意味を問いぬく現代のヨブたちの問いに現われ、どのように応えるのであろうか。ハーヤーの差異化は、黒天女をそして彼女の生と破壊の差異化的舞踏を、つまり人間の意味への問いを一切無化する舞踏を現代に新しき神の相として派遣するのであろうか。その差異化に耐え応えることができる神こそ現代の神であり、アウシュヴィッツ以後の神であろう。しかし、今日、形而上学的神は死滅し、また拈華《ねんげ》微笑の平安も喪われたとすれば、ハーヤーは再び自らを無化して到来するのであろうか。名も無き他者として、いばらの冠をつけ血にまみれた顔と共に。

# 第六章　食卓協働態とハヤトロギア

生命の根幹は、一つ一つの生命が出会い共生しつつ新たな生命を生み育むことにあり、その営為の中に生命の本源がきらりと輝き出ることにある。人間もその生命的営みに招かれているのであるが、あえて言えば、その生命的輝きを消し生命の営みを虚無化するのも人間なのである。なぜなら、それは彼が主我的な欲望や理性を働かせるとき、他者を排除した、自分だけの、自分だけが生きうる世界を構想するからだといえよう。本章は、その構想の主たるものを、存在－神－論（onto-theo-logia）に求め、そこからの解放、その逆転の鍵を食にまで到来するヘブライ的存在・ハーヤーにおいて探究しようと目指す。

それはどういうことであろうか。

一　哲学的世界構想は、在りとし在るものの「在る」をめぐって始まった。実に「在る」という言葉は、有象無象の一切に述定され、同時に在る世界の全体を在らしめているその存在原理（archē）をも指示しえたからである。こうして普遍性と至高なる第一原因（古代では神）という二契機を含む「在る」の思索は、その第一原因が諸原因のヒエラルキアや関係を通して、在る世界全体に意味を与えつつ、それを連動させ支配しているという世界を構想するわけである。近代以降、特に表象し計算する理性が第一原因である神の地位を占め、数学的言語と技術を用いて自然と人間を支配・改造していった歴史は周知の通りである。さらに現代では理性的人間にかわって技術学が神の座を占め、世界を役立ちうるものの集合としてゆるぎなく構造化しているといって過言ではあるまい。

このような世界構想をその起源の言語用法（神、存在、実体、原因性など）から「存在－神－論」と呼びうるのである。

この存在論にあっては、アリストテレスがそうしたように、存在の自己同一性の核心が付帯ではなく実体に求められる。その消息と結果についてはすでに語ったので、今はその文明史的社会史的意味と帰結とを簡単にスケッチして本論が考察する問題点を予め指摘しておきたい。この実体的思考は、荒野をめぐるアブラハムの放浪的遊牧生活においてでなく、定着化した古代ギリシアのポリス的生において発生したことが示すように、社会史的にみればレヴィナスのいう自己保存の努力（conatus essendi）とその自己同一性・自同性の追求を目指しているといえる。それはギリシア的存在論だけでなく、およそ人間の心根に巣食う根本的傾向でもある。例えば、イスラエル史をみるとすでにふれたように（第四章）、遊牧から定住生活に入ったとき、王権制度を構築し、テントのかわりに神殿を建設してそこに神をすえ、王権の正当化のイデオロギー（ダビデ契約）をつくり、軍事的、官僚的体制をしいたわけであり、そこに貧富の差も生じ、階級分化が進んだといえる。これは実体的発想といえよう。

現代の技術的存在－神－論は、絶対的定住的生活、つまり地上で人間が完全に充足して生活を享受できる自己保存的で拡張的な文明の建設に専念している。それは自然を人間の生活設計にとりこみ、巨大産業資本主義と消費型社会を形成し、そうした文明のイデオロギーを世界のあらゆる民族と異文化がいだくべき目標として他に押しつけている。従って、経済的には先進工業国と発展途上国の差がうめあわせできない程ひらき、異文化は技術文明に併呑され、自然環境は危機的な破綻状況をむかえている。その結果、原理主義の台頭や文明間の衝突、無辜の民が「忘却の穴」では抹殺されるといった事件が頻発している。(1)

本章の目論見は、如上の実体論的存在－神－論がもたらす人間中心主義的な問題系や危機を、ヘブライ的存在ハーヤーの視点に立って、逆転・突破し哲学的流動化をもたらす契機として探究することである。そのため「在るもの」の中で「生きとし生ける」生命的存在に焦点をあてたい。というのも、まず第一に生命的存在は、文明の人工的生産物よりその増殖によって自己差異的脱自的であり、ハーヤー存在に近く、次に人間であるこのわたしたちを含め生命的存在がまさに今日技術学によって操作され、絶滅の危機に瀕し、それゆえ深刻に根源悪の問題をつきつけられているからである。従って生命論を媒介に根源的に存在－神－論を批判し告発しうると思われるからである。

**二**　如上の生命的存在は、「立て組み」構造にくみこまれた人工物より本来異次元で密接に連鎖し、依存しあっている。というのも、食物連鎖において洞察されるように、生命は食を通じ、互いに生き生かされており、その連関において他を受容し他に受容される相互浸透（osmose）において在るからである。その相互浸透には他の生命個体を食すことが含まれるにしても、種的絶滅を目論むことはない。こうしてみると本論は生命をその食（物・食物連鎖）において考究せざるをえない。その際「において」という表現は、トポス（場）を意味することが了解されるであろう。そこで予備的作業として簡単に食のトポス的特徴に言及しておこう。

生命の広大な連関や食連鎖という、いわばウィトゲンシュタイン流の「生の形式」にあって、人間は生と食を問う存在である。彼はこの生命と食の連関に無意識的に埋没せず、そこに依存することの意味を問う特異な在り方をしつつ、生命的在り方を他の生物と異なった仕方で創造する。すなわち人間は食を文化として再創造、再構成する。その意味で「人はその食べるところのもので在る」（フォイエルバッハ）といえる。そして人間はさらに自己が広大な生命連関において生かされてあることを感謝し、その宇宙大の生の形式を示す。古来人が食物の収穫時や祭礼において、神々に供物を捧げ、犠牲の家畜を奉献したこともその証左の一つであろう。善の語源が、羊と誩という二要素の結合から成り、そこで羊が神への供え物で、詳が多くあることから、善とは多くの神の供え物、めでたくよいことを意味するとされるわけである。それは善と生命と食との連関にあって、食こそ善の原トポスである点を示している。人間こそ、一切の生命の根源に対し、それを食・善として感じ生き理解し表現し、互いに食を交換しそこで交流しつつ祭礼などの文化的形に昇華しうる生物なのである。

三　他方で、人間はまた食で他者を歓待し他者と交わるにしても、戦争や飢餓の只中にあって他者から食を奪い、あるいは殺して人肉を食い、あるいは他者に食を給することを拒む者でもある。それは上述した生命と食の連鎖に自らの生をゆだねてあるという信頼を虚無化する行為であると言える。この点は根源悪として後に考究しよう。

以上のように食は、人間的生命の普遍的交流の場であり、また根源的な生命力に感謝する祭礼でもあり、また生死をかけて闘争する根源悪の場面でもあり、また文化や善や義の徳を創造する場でもある。その意味で、食は人間の生死の問いや他者との出会いの場、文化創造の場・トポスなのであり、またそのようなトポスとなるように、ハーヤー的観点と食を重ね合わせてハヤトロギア構築に向かって参究したい。

## 一　トポスとしての食・食卓がやどす諸可能性と問題性に関する予備的考察

「序」の生命に関する問いをさらに食をめぐって展開し、食がトポスとして秘める問題と将来への可能性とを予備的に挙示しつつ、ハヤトロギア構想のたたき台としてゆきたい。

## （１）食の可能性と地平――人間、この食する者（homo manducans, homo edens）

**一**　食物連鎖の中に在って、諸生物中人間は生物種としては他の動物のように生来毛皮や歯やつめや活動力を備えておらず、捕食力もなく固形物の消化力もない。だから親（他者）の供食・授乳に長期間依存しなければ生きてゆくことはできない。

その意味では、人間の嬰児は衣なく赤裸であり、捕食には無力であり、授乳などにより生かされてゆく受動的存在であり、飢餓や暴力や戦いの中では直ちに死にさらされうるほど無に近い存在である。彼は成長に従って言語という世界理解の方法と創造力を教えられ、食を確かなものにしてはじめて生存しうる。その場合でも、どのように明日も食して生き、どんな食物が健康によいか悪いか、どのように食を分配するのかなど、食をめぐって問いかつ考え行動しなければならないのである。人はこうして食について問う存在となる。

**二**　その問いつつ食す人間がそこ「において」在る、食をうる生の根本的所与的場が川河大地である自然に外ならない。その際、自然と一口にいってもそれが生を支える構造と歴史を考究すると畏敬と驚異の念にうたれざるをえない。

実際、自然は水惑星である地球がなければ生じえない。その地球の大気は生息するにふさわしい平均十五度を保って保温されており、そこに水と大気と光が生命を養うに適切な環境をなしている。人間はこの自然から直にあるいは生産活動を通じて食の資源を授かり、それを人工的に加工して食料を造る。だから食において自然が再創造されるのであり、食の味づけ、食べ方、食の分かち合いなどと共に食文化が成立してくる。こうした食料生産や食の文化生成のプロセスを通して、人間の問いと思索が働き続けて人間の協働態的自覚も深まるのである。

**三**　以上のように食は人間の生命的核心的働きでありトポスであり、そのようなものとして食には次の主要な二特徴が洞察される。

まず第一に、食は人間の生物学的社会的文化的連帯および依存関係の最普遍的基盤をなすということである。食はいわばカントの道徳律の、無自覚的な内容をなすといえるほど生の必然的普遍的命令としてわれわれに刻み込まれているといえよう。

次にまた生命のもろさも食において露呈されるということである。一週間も食せざれば人は直ちに死んでしまう。自然災害や戦争による飢餓などで人は容易に死にさらされる。生命の根源的不安と食の欠如は結びついているのである。そのことは次の根源悪と食のエチカの問題に連動してくる。

## (2) 根源悪

**四** 他方で先述の一の連関にも由来するにせよ、生命が種や類さらに個体の保存に努力(conatus)する限り、生物体相互が食糧に関して闘争や利害の不一致の状態にあるのも必然的といえる。特に人間の場合、食料確保やあるいはあくなき欲望による他者の食料の収奪を目指して戦いにまで至ることは珍しくはない。帝国主義的侵略や植民地化の歴史はそれを示している。今日ではその歴史に起因する世界経済の体制矛盾、先進国と発展途上国の間の食のアンバランス(途上国で世界人口の四分の一が飢えている現状など)において、食の欠如・飢えの支配が局地的に支配している。

このように生物や人間にあって、個体から人間の生活システムに至るまで食料の欠乏や収奪とそれによる生命系の破綻が洞察される。そこには必ず他者の死(犠牲や抹殺)が含まれ、他者の否定という根源悪が如実に現われているといえる。そうした悪と呼べる災禍は、思想的視点からみると先述したように、今日的存在ー神ー論による技術学の世界支配に淵源すると思われる。そこで食のエチカが問われる由縁である。

## （3） 食のエチカと宗教性

**五** 問いそして食す人間にとって、食のトポスにおいて、根源悪の問いは今日異常に危機的な様相を示している。というのも、食の床である自然環境の破滅（地球温暖化による諸影響など）が深刻化してきており、発展途上国の人々に飢えが広がってきているからである。そのとき、先進工業国と途上国との間における食をめぐる格差、戦争や経済的収奪による他者・他国の食糧の収奪、また飽食が常態化したもてる国の人々の食糧のゴミ化や投棄などの事態が、他者をどのように食卓に招くかという歓待（hospitalité）やもてなし（accueil）の問題をも含めて倫理的にモラル上問われてこざるをえない。こうして食をめぐって社会正義からモラルと礼儀に至るまでエチカが問題化してくるわけである。

**六** こうした個人的モラルや社会倫理や国際法までも含む法律的な問題レヴェルとは別に、食においてはある意味で一層根源的な仕方で、生命の価値的超越的根拠が問われうる。飢えた人々の間で例えば肉親同士でも限られた食糧の分配をめぐって争うような場合、自分の分を他に贈与して自ら犠牲になることもありうる、あるいは供食者がない場合、死をも決意して瞑想や平和祈願に入る断食の宗教的誓いや正義の実現を希求するハンガー・ストライキの行為もみられる、あるいは生物学的生命以上の超越的生の生命を芸術や精神界あるいは宗教（永生）に認め追求する場合も生ずる。

そうすると食と精神的生命や価値さらに生物的生命の彼方の宗教的生命なども人間にとって極めて人間的問いとなってくる。そこでは、犠牲や永生や精神的な他者の歓待などの価値が食と連関して考究されるのである。こうして人間存在は、生命や食の連関において、生物界、人間界、精神界にわたって超越してゆきつつ脱自的に生き、同時に差異化され様々な出会いを生きるハーヤー的存在として立ち現われる。

### (4) 生と食に差異化をもたらすハーヤーをめぐる展望

**七** 以上のようにわれわれは、大は宇宙的地球的レヴェルの生命連関と食連鎖から小は嬰児の生命と授乳・供食のレヴェルに至るまでの「生きとし生けるもの」の関係とそこにおける食の問題の射程を簡単に洗い出してみた。その中心には生命系と食物連鎖に全く依存しつつ、そこに自己をゆだねかつ他者と共生して食し生きてゆく「homo manducans」としての人間像が浮き彫りにされてきた。その人間は他方で実体的存在―神―論に基づく技術学とその力を駆使して他者を抹殺しても、自己保存の文明圏を構想し拡大するという仕方で生命を虚無化させる志向・意志自体でもあった。そこに生命系の異常とその異常を自覚し回復させようとする別の生命意志が人間に働き出るわけであり、本論もその意志の促しに会って語っているわけである。こうして生命界は虚無的意志を含みながらも、新しい生命を次々と世代毎に生み自らを差異化させており、他方で個や種も相互の差異化の中で生命的成長と衰退を生きるのであり、その核心的プロセスとして食の働きがなされているといえよう。

**八** 生命系の諸々の働きをなす生命・生活連関や食物連鎖にあって、生命が差異化によって生まれそして死を迎えてゆくその生・死の差異が根源的差異であるが、その差異を支える食を含めてハヤトロギアに関係すると思われる主要な差異化の諸相を、如上の七の考察をふまえて予備的に挙示してみると次のような二項関係が語られよう。

生命的水惑星（地球）と無生命的宇宙、自然（大地・水・光）と化学的人工的有害物質、自然との調和と破壊、先進工業国と開発途上国、定住と遊牧、自己贈与と殺人、飽食と飢餓、精神的生命（食）と生物的生命（食）、自己保存（不正）とその告発、食卓協働態（家庭）と外食産業、生命意志と根源悪、無機物と有機物、菜食と肉食、食卓での神仏への感謝と人間中心主義的食文明、共食と孤食、農薬と有機農法、実体的発想の文明とハヤトロギア的脱自的漂泊、食卓での出会いと分裂などなど無限に挙示されうる。

これらは生と食の生命的動態とそれを虚無化する働きをも含んだ諸々の差異化・異化の諸相であり、そこには一方で自己保存による支配がみられ、他方でそれを突破し他者の地平を拓くハーヤー存在の到来と働きが読み取れるのである。従って、われわれは至るところで二項的差異を自覚し、その一方に他を還元することなく、その間を思索し、時としては越境しつつまた新しい間・辺境を辿りゆかねばなるまい。

以上のように食はトポスである。すなわちそこで生命・食連関における生物的生命やその共食、嬰児の成育とその環境（家庭）、食文化、一期一会の食卓、文明が自然と生と食にもたらす汚染・死あるいは食をめぐる利害や収奪、エチカや永生、自・他の差異化、宗教的超越など諸問題が参究されるトポスである。そこでは、どのように生命や食が差異化を根源的に肯定するのか、そして虚無的破壊的な意志や文明をどのように超越しつつ他者との共生の場となるかという問いが問われ、その限り食はハヤトロギア参究のトポスなのである。

これまでの食の諸問題が概説されたが、今はその後を承けて続く第二節では、ハーヤー的存在に関わるヘブライ思想を縮重している新約聖書テキストという原トポスにこの食のトポスを重ねおき、ハーヤー的視点から新約テキストの食・食卓・共生とその根拠を参究してゆきたい。それはわれわれの日常的現代的食が内蔵する可能性と食的ハヤトロギアとの関わりをめぐる探究となるであろう(2)。

## 二　新約聖書における食の地平──食の解釈学と他者との共生・食卓協働態

第一節の食をめぐる問題提起を念頭に入れつつ、本節では新約テキストにおける「食卓協働態」を食の原トポスとしてとりあげ、ハヤトロギア的特徴を洗い出し、第三節では、それを参照点として現代の食の問題をめぐりハヤトロギア構築の探究に立ち返りたい。

### (1)　新約テキストにおける食卓協働態とイエスの「神の国」運動

一　新約テキストに描かれる食および食卓協働態は、イエスの「神の国」運動とほぼ重なり合うほど相互に包摂し合い連動し合っている。

それはどういうことなのであろうか。

ことがらの理解のためにはイエス時代の（主に新約テキストに表現されている）ユダヤ教神政体制とそこにおける食の在り方に言及しなければなるまい。

当時のユダヤ教神政体制は、ローマ帝国の植民地としてローマ総督の政治的支配の下に、伝統的な選民思想に基づいて宗教的統治体制をしいていた。その宗教的体制を支えた一つの支柱は、エルサレムのユダヤ教神政体制であり、祭儀、殊に過越祭・仮庵祭、七週の祭（五旬祭）という三大聖祭を基軸としてユダヤ・ガリラヤ全地に生きる信徒を毎年結集し一つの宗教的共同体[3]を確立していたのである。もう一つの支柱はトーラー（律法）であって、モーセ五書という書記伝承の外に、口伝が啓示された神の律法とされており、その忠実な遵守がユダヤ教徒の同一性を証明していたのである。そのトーラーの中でも「清浄規定」の遵守が、ユダヤ共同体と異邦人あるいは汚れたユダヤ人とを区別する重要な判別的（今日的には差別的）行為であるとされた。「清浄規定」とは汚れた食物のタブー視や、汚れた手による食事とか汚れた人々との会食の禁止などを意味する。それはイスラエルが選ばれた「聖なる民」としてのみメシアの救済に与りうるという誤った聖性の重要視と選民思想に由来するものであろう。当時ユダヤ教分派の中でも死海に近い荒野に住居を定め、ユダヤを俗界とみなしこの清浄規定を徹底的に遵守したのがクムラン教団であった。他方ファリサイ派もトーラー・清浄規定遵守によってその自同的な共同体の結束と汚れたユダヤ人からの区別をなしていた。この清浄規定遵守はさらに食卓での交わりへの参加資格となり、日常的にも彼らの食卓共同体は「ヘブラー（khebrah）」という同志的結合を成していた。

また三大聖祭をはじめとする祭儀には聖なる食事がつきものであり（特に過越祭など）、そこからユダヤ教市民の一般的食事も聖なる宗教的性格をおび、そこには不浄なユダヤ人や異教徒が与ることは決してなかった。

このようにしてユダヤ神政体制におけるユダヤ教の食卓共同体は、他者を排斥し体制の自同性を支える重要な役割と象徴の意味をになったのである。この場合の他者とは、聖なる食卓共同体で会食できない異邦人、遊女、税吏人、伝染性のある重度の皮膚病者、律法を守れない貧しい人々などを意味しよう[4]。

こうしたユダヤ教的な自同的食卓共同体に対して、イエスの食卓協働態はどのような意味と展望を示したのであろうか。

**二**　（イ）まずイエスの現実的活動（事的ダーバール）面から考究すると、彼自らが「酔っぱらい、大食漢」と名指され、殊に続いて「徴税人や罪人の仲間だ」と非難をあびたことが注目される（「マタイ」一一19、「ルカ」七34以下）。すなわち、イエスは当時のユダヤ教の神政体制、それも食卓の交わりに関しては食卓的全体主義の立場から見ると、律法から逸脱し、汚れた者と会食することによって自ら汚れた者とみなされたわけである。例えば、ルカ七章は彼がいわゆる罪深い遊女に宴席でふれられ彼自身汚れを受け容れて彼女と連帯し、汚れ以上の赦しと出会いとの地平を拓き、それによってファリサイ人から非難された逸話を語っている（ルカ七39）[5]。また後に彼の弟子団に参加したマタイが徴税人だったときも、イエスは彼を食事の席で弟子に招いたのであり、その際もその会食がファリサイ派から「罪人と徴税人」と共にする共食行為だと批判されている。ここで徴税人について説明しておく必要がある。彼らはローマ帝国からユダヤでの収税をまかされた人々である。しかし異邦人ローマのために働き、しかも規定以上の税金をとって私腹を肥やしているので、ユダヤ人、つまりローマ支配下で反ローマ的な宗教的民族主義的感情をもっていた当時のユダヤ人から憎悪排除され「罪人」の刻印を押されていた。このように考えるとイエスはトーラー体制から脱落した弱者や女性や異端者のみではなく、支配権力ローマの手先をもその食卓に招き、食卓協働態を形成していったことがわかる。彼はユダヤや辺境のガリレアなどを旅し、その漂泊の途上、罪人たちと共に食する協働態を一期一会的に実現していったのであり、その協働態こそ「神の支配」する動的な場「神の国」なのである。本章ではこの点に注目して、自同的で不動なユダヤ食卓協働態に対し、辺境性・漂泊性・一期一会性を表わす目的でイエスの会食を食卓協働態と表記したわけである。

（ロ）次にイエスの言語的活動（言的ダーバール）面からみても、彼は「譬え話」を駆使して、ユダヤ神政体制を批判しその自同的全体主義を突破し、食卓協働態を他者歓待の場としているのである。ここで彼の「譬え話」を一つ引用してその他者志向を示してみたい。

それは「ルカ」一五に引用されている「見失われた息子の譬え」、いわゆる「放蕩息子の譬え」である[6]。

1徴税人や罪人が皆、話を聞こうとしてイエスに近寄って来た。2すると、ファリサイ派の人々や律法学者
たちは、「この人は罪人たちを迎えて、食事まで一緒にしている」と不平を言い出した。3そこで、イエスは
次のたとえを話された。……

11また、イエスは言われた。「ある人に息子が二人いた。12弟の方が父親に、『お父さん、わたしが頂くこと
になっている財産の分け前をください』と言った。それで、父親は財産を二人に分けてやった。13何日もたた
ないうちに、下の息子は全部を金に換えて、遠い国に旅立ち、そこで放蕩の限りを尽くして、財産を無駄使い
してしまった。14何もかも使い果たしたとき、その地方にひどい飢饉が起こって、彼は食べるにも困り始めた。
15それで、その地方に住むある人のところに身を寄せたところ、その人は彼を畑にやって豚の世話をさせた。
16彼は豚の食べるいなご豆を食べてでも腹を満たしたかったが、食べ物をくれる人はだれもいなかった。17そ
こで、彼は我に返って言った。『父のところでは、あんなに大勢の雇い人に、有り余るほどパンがあるのに、
わたしはここで飢え死にしそうだ。18ここをたち、父のところに行って言おう。「お父さん、わたしは天に対
しても、またお父さんに対しても罪を犯しました。19もう息子と呼ばれる資格はありません。雇い人の一人に
してください」と。』20そして、彼はそこをたち、父親のもとに行った。ところが、まだ遠く離れていたのに、
父親は息子を見つけて、憐れに思い、走り寄って首を抱き、接吻した。21息子は言った。『お父さん、わたし
は天に対しても、またお父さんに対しても罪を犯しました。もう息子と呼ばれる資格はありません。』22しか
し、父親は僕たちに言った。『急いでいちばん良い服を持って来て、この子に着せ、手に指輪をはめてやり、
足に履物を履かせなさい。23それから、肥えた子牛を連れて来て屠りなさい。食べて祝おう。24この息子は、
死んでいたのに生き返り、見失われていたのに見つかったからだ。』そして、祝宴を始めた。

25ところで、兄の方は畑にいたが、家の近くに来ると、音楽や踊りのざわめきが聞こえてきた。26そこで、
僕の一人を呼んで、これはいったい何事かと尋ねた。27僕は言った。『弟さんが帰って来られました。無事な
姿で迎えたというので、お父上が肥えた子牛を屠られたのです。』28兄は怒って家に入ろうとはせず、父親が
出て来てなだめた。29しかし、兄は父親に言った。『このとおり、わたしは何年もお父さんに仕えています。
言いつけにそむいたことは一度もありません。それなのに、わたしが友達と宴会をするために、子山羊一匹す
らくれなかったではありませんか。30ところが、あなたのあの息子が、娼婦どもと一緒にあなたの身上を食い
つぶして帰って来ると、肥えた子牛を屠っておやりになる。』31すると、父親は言った。『子よ、お前はいつも
わたしと一緒にいる。わたしのものは全部お前のものだ。32だが、お前のあの弟は死んでいたのに生き返った。
見失われていたのに見つかったのだ。祝宴を開いて楽しみ喜ぶのは当たり前ではないか。』」

右の譬え話から明らかなように放蕩息子は異郷の地での旗揚げに失敗し、豚飼いの身分、つまり奴隷にまで転落した。トーラーには豚が汚れた動物と規定されているので（「レビ」一一）、彼はユダヤ教社会にとって汚れた者・異邦人に似た者となったわけである。その汚れた異邦人となった息子を父親はそのまま迎え容れた。すなわち彼にサンダルを与えて奴隷から解放し、良い服や指輪をはめて再び息子として認め、子牛料理の最上の宴会をひらいて彼をユダヤ教社会に迎え容れたのである。だがその際、父親は、浄めのための正式の儀式や手続きをふんで汚れた息子を迎えたわけではない以上、父親もユダヤ教神政体制とその当局から糾弾され、排除されるリスクを犯したといってよいであろう（「レビ」五1－13）。その糾弾はまず次男歓待を拒否する長男の態度に象徴されるわけだが、そのようなリスクを犯してまで汚れた息子を歓待した父は、逆に息子の汚れをその身に蒙り、ある意味で比喩的に

は息子と共にユダヤ教神政体制の外に、共生の地平を披いたともいえるのである。ファリサイ人に挑戦するこの譬えは、どのようなことの逆転と新しい世界構想を秘めているのであろうか。

右の問いを探究するには、この譬えの文脈を検討する必要があろう。譬え話はそれが語られる具体的状況からその表現と意味の力をうけとっているのだから。

譬えの文脈となっている1－3節を検討すると、イエスが譬えを語る動機が明らかとなる。すなわち、彼はいつもの通り「徴税人や罪人」と共にタブーの会食をしていた時、ファリサイ人などユダヤ当局から会食を非難されたという文脈が譬えを物語る機縁となっているのである。

そうするとこの譬えの「放蕩息子」は正に「徴税人や罪人」を、父親はユダヤ教の神でありかつイエスが「父」と呼ぶ新しく啓示された神を、長男はユダヤ教当局を、父が歓待する宴は罪人と共なるイエスの食卓協働態を、各々象徴し譬えていることになる。そうするとユダヤ教の神は今やイエスの神として、イエスが体制からしめ出された人々を迎える食卓協働態と共に、しかもそこを新しい「神の国」の実現の場として現存していることになろう。言いかえると、イエスの「神の国」運動こそ、ユダヤ教食卓的全体主義を超克した新たな出会いの場であり、そこにこそ神の意志が働いていることになる。正にそれはユダヤ教の食卓共同体とそれを支える律法や祭儀、さらにユダヤ教的自同性の突破かつ否定であり、差異化に外ならない。

（ハ）以上のように考究してくると、イエスの食卓協働態は、自同的ユダヤ教を突破するエネルギーと力を秘めつつ、彼の旅行き・漂泊のここかしこで民衆、特に「遊女や徴税人や罪人」を結集しつつ一層大きな食卓協働態運動をひき起こしていったといえる。それは一方でユダヤ教から偽メシア運動として、他方で素朴な弟子たちによって民族主義的な宗教的メシア運動として誤解されたのである。だから反体制的民衆運動として断罪されるだけの政治的告発力も発していたのである。その結果イエス（と食卓協働態・神の国運動）は、宗教的には偽メシアとして、政治的には反ローマ的反乱者として断罪され、十字架刑に処せられる大きな原因となったといえる。そう考究してくると、イエスの十字架刑は彼が汚れた人々と共に食したことそのことの排斥・抹殺であり、逆説的に語れば十字架においてこそ、自同的神政体制から脱落した人々との食を媒介にした邂逅が生起しうるともいえる。

**三**　以上の意味でイエスの生涯は、よく十字架によって象徴されるのであるが、今はその意味を「ルカ」（二二24―30）のテキストに拠って食との関連において解釈してゆこう。(7)

24また、使徒たちの間に、自分たちのうちでだれがいちばん偉いだろうか、という議論も起こった。25そこで、イエスは言われた。「異邦人の間では、王が民を支配し、民の上に権力を振るう者が守護者と呼ばれている。26しかし、あなたがたはそれではいけない。あなたがたの中でいちばん偉い人は、いちばん若い者のようになり、上に立つ人は、仕える者のようになりなさい。27食事の席に着く人と給仕する者とは、どちらが偉いか。食事の席に着く人ではないか。しかし、わたしはあなたがたの中で、いわば給仕する者である。28あなたがたは、わたしが種々の試練に遭ったとき、絶えずわたしと一緒に踏みとどまってくれた。29だから、わたしの父がわたしに支配権をゆだねてくださったように、わたしもあなたがたにそれをゆだねる。30あなたがたは、わたしの国でわたしの食事の席に着いて飲み食いを共にし、王座に座ってイスラエルの十二部族を治めることになる。」

この物語に似た話は「マタイ」二〇20以下（「マルコ」一〇35以下）にも見られるのだが、ルカ物語では明らかに「仕えること」は「食席で給仕して仕えること」に重ね合わされ、イエスはその意味で「給仕する者」(ho diakonôn) として自らを規定している。その「給仕する役」は古代では奴隷の仕事であって、その意味でイエスは食卓協働態運動にあって「罪人」に仕えてきたのである。そしてマルコのテキストが示すように、その給仕は生命がけの仕えであり、磔刑が示すようにイエスは生命を与えるまで仕えたのである（一〇45）。従って先述のようにイエスの生涯を象徴する十字架は、ユダヤ教から罪人と断罪された人々との会食に生き会食という仕方で仕えたイエスの仕えを象徴する方位に極まってゆく。それは一つの自己無化（ケノーシス）を象徴する。しかしこの食卓協働態は、後に言及するように、ユダヤ的食卓体制をうち破って、異邦人と共なる食卓協働態にまで止揚拡大されるのである以上、彼の仕えのケノーシスは未来を先どりする希望であるといえる。こうしてイエスの食卓協働態にあって奴隷的給仕が兄弟的仕え合いに変容してくるのである。その例としてさらにもう一つ洗足の物語をとりあげてみよう（「ヨハネ」一三1―15）。

[1]さて、過越祭の前のことである。イエスは、この世から父のもとへ移る御自分の時が来たことを悟り、世
にいる弟子たちを愛して、この上なく愛し抜かれた。[2]夕食のときであった。すでに悪魔は、イスカリオテの
シモンの子ユダに、イエスを裏切る考えを抱かせていた。[3]イエスは、父がすべてを御自分の手にゆだねられ
たこと、また、御自分が神のもとから来て、神のもとに帰ろうとしていることを悟り、[4]食事の席から立ち上
がって上着を脱ぎ、手ぬぐいを取って腰にまとわれた。[5]それから、たらいに水をくんで弟子たちの足を洗い、
腰にまとった手ぬぐいでふき始められた。[6]シモン・ペトロのところに来ると、ペトロは、「主よ、あなたが
私の足を洗ってくださるのですか」と言った。[7]イエスは答えて、「私のしていることは、今あなたには分か

るまいが、後で、分かるようになる」と言われた。8ペトロが、「私の足など、決して洗わないでください」
と言うと、イエスは、「もし私があなたを洗わないなら、あなたは私と何のかかわりもないことになる」と答
えられた。9そこでシモン・ペトロが言った。「主よ、足だけでなく、手も頭も。」10イエスは言われた。「すで
に体を洗った者は、全身清いのだから、足だけ洗えばよい。あなたがたは清いのだが、皆が清いわけではな
い。」11イエスは、御自分を裏切ろうとしている者がだれであるかを知っておられた。それで、「皆が清いわけ
ではない」と言われたのである。12さて、イエスは、弟子たちの足を洗ってしまうと、上着を着て、再び席に
着いて言われた。「私があなたがたにしたことが分かるか。13あなたがたは、私を『先生』とか『主』とか呼
ぶ。そのように言うのは正しい。私はそうである。14ところで、主であり、師である私があなたがたの足を洗
ったのだから、あなたがたも互いに洗い合わなければならない。15私があなたがたにしたとおりに、あなたが
たもするようにと、模範を示したのである。」

ヨハネの洗足物語は、他の福音書ではいわゆる磔刑直前の「最後の晩餐」物語に該当するが、イエスと弟子たちとの過越祭に関連する会食を前提にして、別の仕えの仕方、つまり洗足を際立たせていると考えられる。洗足行為も本来奴隷の仕え・仕事である。

　このヨハネの洗足シーンでは、この奴隷的仕えの行為がやはり弟子たち、ひいては人間間の兄弟的仕えの行為に止揚され、食卓協働隊から協働態一般の根本的エチカとして勧められていることが理解されよう。それゆえまた後代にこの食卓の給仕と分かち合いが、アガペー（愛餐）として語られることにもなる（「ユダの手紙」12）。つまり、人間に仕えるイエスの愛やその愛を生きた人間の愛が、新約テキストではアガペーと語られているが、その核心に

「共食＝アガペー」が働いているわけである。そしてそのように互いを生かし合うアガペーの下にすでに生きとし生けるものを生かす生命的意志、あるいはハーヤー（ケノーシスを媒介に他者を歓待する脱自的存在）が到来しているともいえよう。

このようにして食卓協働態にあって、ケノーシス的仕え、和解、ゆるし、謙遜、平等な分かち合い、手仕事（心をこめて料理する行為）、希望、兄弟的共生などの動的協働的エチカが生まれ育まれてくる。それはおよそケノーシスなどを問題としないギリシア的アレテー（aretê）、つまり人間の優秀性としての徳や個人の安心立命を求めるヘレニズム的不動心（apatheia）の徳とは別次元にある。また形式的無内容な義務論（カント）、功利主義的倫理（最大多数の最大幸福）、メタ倫理学や義務論（deontology）と異なって、自同的全体主義を突破し、他者の地平を歴史に披く力働性の根拠となってくる。

**四**　イエスの仕えは十字架刑に至る受難の道行きともいえた。その食卓協働態運動は、神の国運動の中核として、先にふれたようにイエスにとっていわば父の意志であった。その父の意志の受容の典型的シーンは、古来余りに有名な「ゲツセマネの園」におけるイエスの苦悩において活写されている。このようにイエスは父と自らの差異化・イエスのケノーシスを通して父が汚れた人々を結集しようとする意志を実現していったのであるといえる。その彼の放浪の旅とそこに生ずる食卓協働態運動は、定住し神殿祭儀に信仰を実体化し、トーラー遵守に救いと自同的宗教体制を実体化したユダヤ教神政体制を異化し、その異化作用を通してよび起こされる他者との出会いの場となったのである。その場は、ローマやユダヤ国家の規範や法を超克し異化する奴隷のエチカ、つまり新たな仕えの兄弟的協働態のエチカを生みだしたわけである。

以上のようなイエスの食卓運動による差異化の働きの根底にわれわれは、父の生かす生命的意志に現成するハーヤーの働きと異化作用を洞察することができよう。このハーヤー到来こそ、新約でアガペーと呼ばれることであり、「ユダの手紙」が示すように親愛の食事に結晶化し、そこから働き出してゆくのである。

**五**　ところで「ガラテヤ人の手紙」五22以下でアガペー（単数形）が様々な形で発現する諸々の徳（複数）が語られ、ハーヤー的エチカが新しく展開しているが、そのアガペーは、プネウマ（霊、気、息）の実とされている点が注目されなければならない。そしてこの霊によって人はイエスと同様に「アッバ・父よ」と叫ぶことができるというのである（四6、外に「ローマ」八15）。だからこの叫びはイエスと同じく、父の子の証しであるともいう。それは何を意味するのであろうか。

先述（四）のように、父のハーヤー的差異化の意志が、食卓の仕えを人間の一人ひとりに求め、自同性を突破し、他者を食卓で迎え容れることにあるなら、父の子とは正にそのハーヤー的ケノーシスの差異化を自らに体現して在る者を意味しよう。つまり、アガペーに生きる者の謂である。彼はすべての自同的実体化や自同性とその支配、自同的エチカなどに対して無化をなし、その中に間・空を吹き分けおしひろげ、そこを媒介に自同の外を、全く異なる生と言葉の地平を息吹き披く者である。この全く異なる生と言葉は、自同的正統からみれば異端であり、無意味で空虚で余計な言葉という外にない。それほどまでに空・無・間をおしひろげる力は、プネウマ・気・息吹き・息吹く声なのである。それは語りの文法においては、主格を次々と属・与・対・呼格に転じて人間の物語的自己同一性をなす。以上の意味で、プネウマこそ、存在論的・言語的・食卓的自同を異化するハーヤーのエネルギー・元気として今・ここに現成し言葉・食卓に到来する。そのプネウマを体現する者は具体的には食しつつ出会い一期一会の食卓に結集し、そこにおいて生きうる食卓協働態を食卓物語にして語り伝えてゆく。

以上のように、ハーヤー、プネウマ、食卓協働態の系譜が確認された後に、その食卓協働態とその歴史性さらに記憶との連関に参究したい。

### （2）記憶に拠る食卓協働態の成長と歴史的カイロス――ZIKKARÔN, anamnêsis, memoria

一　イエスは死の直前の食卓において弟子たちに食卓協働態とその他者歓待のエチカを、記憶・記念という仕方を通して弟子たちに託す。今はそのテキストに虚心に聴従してゆこう（「コリント一」一一17－26）。

17次のことを指示するにあたって、わたしはあなたがたをほめるわけにはいきません。あなたがたの集まりが、良い結果よりは、むしろ悪い結果を招いているからです。18まず第一に、あなたがたが教会で集まる際、お互いの間に仲間割れがあると聞いています。わたしもある程度そういうことがあろうかと思います。19あなたがたの間で、だれが適格者かはっきりするためには、仲間争いも避けられないかもしれません。20それでは、一緒に集まっても、主の晩餐を食べることにならないのです。21なぜなら、食事のとき各自が勝手に自分の分を食べてしまい、空腹の者がいるかと思えば、酔っている者もいるという始末だからです。22あなたがたには、飲んだり食べたりする家がないのですか。それとも、神の教会を見くびり、貧しい人々に恥をかかせようというのですか。わたしはあなたがたに何と言ったらよいのだろう。ほめることにしようか。この点については、ほめるわけにはいきません。23わたしがあなたがたに伝えたことは、わたし自身、主から受けたものです。すなわち、主イエスは、引き渡される夜、パンを取り、24感謝の祈りをささげてそれを裂き、「これは、あなたがたのためのわたしの体である。わたしの記念としてこのように行いなさい」と言われました。25また、食事の後で、杯も同じようにして、「この杯は、わたしの血によって立てられる新しい契約である。飲む度に、わたしの記念としてこのように行いなさい」と言われました。[26]だから、あなたがたは、このパンを食べこの杯を飲むごとに、主が来られるときまで、主の死を告げ知らせるのです。

ここで記念と邦訳されるギリシア語原語は、anamnêsisであって、それはヘブライ語のZIKKARÔNに根差し、他方ラテン語ウルガータ訳ではmemoriaと翻訳され継承された伝承上に位置づけられる。

ユダヤ人の間では、彼らこそ記念の民であることが示すように、殊にエジプト帝国からのヘブライ人(イスラエル民族の祖先たち)奴隷の解放を記念して過越の祭が現在に至るまで記念されている。その祭は彼らのディアスポラの流滴と亡命の全歴史を通して祝われ記念されている。過越祭の「ハガダー」(物語)においては、(8)「いかなる世においても、だれでも自分自身がエジプトから脱出したもののように思わなければならない」とされ、解放の出来事を現在化して感謝して生き、その意味をさらに探究することが求められると共に、現在の苦難を解放の未来に転換すべく「来年こそはエルサレムで!!」と共同で祈願する。そうすると記憶、記念などと訳されるこのアナムネーシス、ジッカローンとは、心の中で過去を想起するという心理学的な記憶の意味でなく、正に過去の救済史的出来事を現在に再現在化させ、その解放を祝い未来に向けて新しい協働態的自己同一性を切り拓いてゆく動的なこと(事即言)に外ならない。

従ってイエスがその食卓の共食・共生によって汚れた者の解放を実現し、その出来事を記憶にゆだねたことは、パンとぶどう酒の会食の記念が彼とハーヤーのアガペー的到来・現存として将来的にも現実的に生起し、その生起を契機に将来、汚れた人々・異邦人、抹殺された人々などが出会い協働態を創造し解放の地平に生きてゆくことの歴史的継承を意味したわけである。

弟子たちは将来、パンとぶどう酒を食卓で食し記念し、イエスの食卓協働態の成長を育んでゆく。記憶・記念とは、そうした現在化と未来への先取り的な力働的行為なわけであり、その意味でハーヤー存在の具現なのである。

**二**　この食卓協働態の記念においては、イエスのパンとぶどう酒を指す言葉「これはわが身体である。これはわが血である」をめぐってヘーゲルは極めて精神主義的な解釈を示している。(9) すなわち、彼によると、イエスの主観的愛はパンとぶどう酒を指して「これわが身体、わが血である」と言う言葉によって、パンとぶどう酒に客体化され、それを通して弟子たちにとって感覚的に客体化された愛になった。けれどそれは一時のことで、パンとぶどう酒が弟子たちに飲食されると消えさってしまうので、そこに客体化された愛は再び主観的愛にもどるという。つまり、パンとぶどう酒は何ら神的なものでも、イエスの愛の客体的現実の現存ではなく、ただ残っているのは彼の愛の主観的純粋的感情だけであると。そうするとヘーゲルにあっては、食物が、食卓が彼の愛の行為の受肉的継続でなく、食物とイエスの愛に何ら現実的歴史的関係はないことになる。

しかしヘーゲルは記憶・記念という出来事の再現存化の働きを知らなかった。われわれが参究したように、記念はパンとぶどう酒と食物とその会食の記念を通して、イエスの披いた食卓協働態的愛と結集を今・ここに現実化し、その愛によって未来世代の食卓協働態を希望しつつ今に先どりするハーヤー的な持続する働きなのであった。だからそこにはイエスの純粋感情である愛のみが残存するのでなく、食卓で会食し一致する人々が彼のアガペーを体現し、食物を中心とした会食そのものがアガペーと成り、そこから協働態的エチカも現成する。パンとぶどう酒の分かち合いと兄弟的会食は、アガペーのケノーシス、和解、正義、洗足的仕えなどのエチカを生み出してくる。こうしてパンとぶどう酒が「これわが身体、血である」と語られる毎に、他者の歴史的現実的地平がいよいよ拓け現存しており、だからその身体・血はすでにイエス個人の愛を超え受肉したいわば客観的協働態的身体、血（愛）と成っている。しかも、「主が来られるときまで」遂行されるこの会食は、イエスの愛の歴史的現存として終末的現実として継続されるのである。

三　二から協働態的食事が、記念を通して歴史的世界でアガペー的具体として歴史性をおびてくることが示唆された。そこでこのアナムネーシス的記念が、どのような意味で、斉一的物理的クロノス時を破るカイロス時と関わるかという問いを、「使徒言行録」で物語られる「食事の転回」をとりあげ考究してゆきたい。テキストはエルサレム会議を活写する「使徒言行録」一一1－15である。

[1]さて、使徒たちとユダヤにいる兄弟たちは、異邦人も神の言葉を受け入れたことを耳にした。[2]ペトロが
エルサレムに上って来たとき、割礼を受けている者たちは彼を非難して、[3]「あなたは割礼を受けていない者
たちのところへ行き、一緒に食事をした」と言った。[4]そこで、ペトロは事の次第を順序正しく説明し始めた。
[5]「わたしがヤッファの町にいて祈っていると、我を忘れたようになって幻を見ました。大きな布のような入
れ物が、四隅でつるされて、天からわたしのところまで下りて来たのです。[6]その中をよく見ると、地上の獣、
野獣、這うもの、空の鳥などが入っていました。[7]そして、『ペトロよ、身を起こし、屠って食べなさい』と
言う声を聞きましたが、[8]わたしは言いました。『主よ、とんでもないことです。清くない物、汚れた物は口
にしたことがありません。』[9]すると、『神が清めた物を、清くないなどと、あなたは言ってはならない』と、
再び天から声が返って来ました。[10]こういうことが三度あって、また全部の物が天に引き上げられてしまいま
した。[11]そのとき、カイサリアからわたしのところに差し向けられた三人の人が、わたしたちのいた家に到着
しました。[12]すると、〃霊〃（プネウマ）がわたしに、『ためらわないで一緒に行きなさい』と言われました。

ここにいる六人の兄弟も一緒に来て、わたしたちはその人の家に入ったのです。13彼は、自分の家に天使が立っているのを見たこと、また、その天使が、こう告げたことを話してくれました。『ヤッファに人を送って、ペトロと呼ばれるシモンを招きなさい。14あなたと家族の者すべてを救う言葉をあなたに話してくれる。』15わたしが話しだすと、聖霊（プネウマ）が最初わたしたちの上に降ったように、彼らの上にも降ったのです。」

このシーンは、ペトロがエルサレム会議でユダヤ人キリスト者の自閉的な食卓共同体を裂開し、異邦人をも歓待する食卓協働態成立の次第・理由を語っている場面である。すなわち、イエスの死後、原始キリスト教団で指導的力をになったのはユダヤ教から改宗したキリスト者であって、彼らは依然ユダヤ教的な清浄規定の観念をもって、食卓の食物にも浄・汚の区別をし、それをまもれない異邦人を排斥していた。しかし、ペトロが幻の形でどんな食物にも、もはや浄・不浄の区別はなく、割礼の有・無も問題でないという啓示をうけ、異邦人と共に会食した。それが新たな食卓協働態の成立であり、ユダヤ人キリスト者の食卓共同体を突破して無限に異邦人他者を歓待する地平が拓かれたのであった。この地平で異邦人の歓待に向け、小アジアからローマに至る旅を続け食卓協働態を当時のローマ帝国に誕生さす会食を続けたのがパウロだったのである。それは新しい出会いのカイロス時の出現であり、パンとぶどう酒を中心とする会食は、イエスの仕え・アガペーの記念として陸続と一期一会的食卓協働態の誕生を促してゆくことになったのである。そしてペトロこそ、イエス死後にあって異邦人に食卓を開放した人であるが、その彼が異邦人と会食中にプネウマ（霊、気、息吹き）が異邦人の上に注がれたことを物語るテキストが非常に注目される（一〇44以下）。それはユダヤ的食卓の自同性が無化される際に、その自同性に無、空の間をおしひろげ息吹き〈外〉を開放する気・プネウマの働きを示すから、といえる。その限りなくひろがりゆく他者の世界に、自同の中で、「これわが体、血である」という語り（Dire）が語られゆき、パンとぶどう酒の会食がアガペーとして歓待に変容し、一期一会のカイロスを息吹き創造するのである。[10] ここでは、食卓的語り、記念・記憶、プネウマ、アナムネーシス、カイロス的出来事（ダーバール）、新しい歴史という連関に心をとどめ、次にその連関を結合し結節するハーヤーを再び参究してこの章のむすびとしたい。

**四**　最後にイエスにとって「父」とは誰・何であり、その「父の子」としてのイエスの食卓協働態的生はわれわれにとって何であるかを考究したい。

イエスは「父」の意志を「父」との対話によって受け容れ（ゲッセマネの園などのシーンを想起されたし）、自らが差異化された。また自ら、当時の民族主義的メシアから差異化された受難のメシアの生を歩んだ。さらにトーラー的自同から汚れた者として排除された人々と旅の道行きで出会い、彼らを一期一会の食卓で歓待しつつ、ローマ帝国的システムとそこに自閉するユダヤ教的食卓共同体を異化していった。そうした事的ダーバールの異化的働きに加えて、彼は譬え話などの言的ダーバールを通じて、トーラー的自同化の言説や解釈の伝統的システムをつき崩し差異化したのである。

こうして彼がユダヤ王国の辺境を歩みつつ体現した「父」とは、ハーヤーに外ならないであろう。父の意志とは従ってハーヤー的差異化なのであり、それは他者の歓待のエネルギーであり、その核心こそ食行為であった。

イエスやその弟子たちそしてパウロなどは、このハーヤーを体現して旅する漂泊者として生きた。一方のローマ帝国、ユダヤ国家とその神政体制と他方の文化文明果てる砂漠・荒野という二項の間、つまり辺境・辺界をめぐり歩みつつ、そこで二項を包越する仕方で新しい食物の食し方を披き、人々とそれを共有しつつ歩んだ。であるから、その辺境を旅する生と言説は、自同的世界の拓開の合図となり、しるしとなり、激震となり、噴火となり、二項対立を包越する地平を抜き新しいカイロスとなったのである。そこに今日のわれわれにとってハーヤーの思索が、一方の項から他方の項へ向かう越境や二項の消去を画策する全体主義にならず、二項を不断に発見しあるいは創りつつそこに間を披く辺境の思索となり、辺境のエチカとなり、現代の目にみえない辺境を探索しつつ歩む生と思索の源泉・元気となる由縁があるといえよう。そのことを希求・希投するために、われわれは「序」・「第一章」の問題意識に立ち返って、現代の食のトポスが、ヘブライ的新約的原トポスを参照し、どのような食と食卓協働態によって他者歓待の可能性や展望を披き、そこにどのようにハーヤーが語られえ、その物語がどのようにエチカに転じて将来世代をも巻き込む現代的な邂逅の地平を示すかを参究してゆこう。

## 三　再び現代における食のトポスとハーヤー的存在

新約テキストが開示したすさまじいまでの食の可能性を、現代のわれわれの食のトポスはどのように引き受けてゆくことができるのであろうか。現代的食がつきつける生命の危機と根源悪の圧倒的な支配の世界にあって、どのようにハーヤーが働き、カイロスを披いてゆくのであろうか。問題は根深く危機的である。

### (1)　食の宇宙的生命的ヴィジョンとグローバルの時代

一　われわれはここで生命にとってかけがえのない場である地球自然とその生命および食物連関について一考したい。それは地球の宇宙論的創成史やビッグバンを語ることではない。しかし、第一節で言及したように、われわれの住む地球が水惑星として銀河系の諸惑星中、やはり独特な生命の場である点は自覚されてよいのではないか。というのも、空想科学やアニメの虚構における他惑星への移住などの話はともかくとして、生命の場は、われわれ大多数の、資産や精神や身体の力に限りある弱い人間にとってこの水惑星における今・ここでしかないからである。その意味で地球は、生命の動かし難いアプリオリな根本的形式といえよう。

さて生命の初源をはるかに思うとき、植物の偉大な役割に驚嘆せずにはいられまい。始めに海藻や植物プランクトンが太陽エネルギーを利用して少しずつ光合成をおし進めていった。光合成によって大気中の二酸化炭素 $CO_2$ と水を合成して炭水化物と酸素を造るのである。その結果、一方で地球は窒素（七八％）、酸素（二一％）その外に二酸化炭素などの微量な気体から成る大気でやさしく包まれ、その大気圏は生命の生育に最良な光と熱と水蒸気を保つ生命圏となっている。これは二酸化炭素が大気の八〇％以上を占める、生命にとっても不毛な火星や金星と比較すると、植物の働きの根源的生命的産出性にうたれざるをえないのである。他方では、植物は自らの中に炭水化物と脂肪および蛋白質を合成し、草食動物の食物となり、さらに草食動物は肉食動物の食物となり、食物連鎖が形成されるわけである。このように植物を根幹とする自然生命圏にあって、今や人間がその知的技術的征服力を強大にして、地球環境や食物連鎖を制御し、地球温暖化や食物支配といった反植物的な生命危機をまねいているのも事実である。しかしそれにも拘わらず、われわれは地上の生命圏における生命・食物連関に生きとし生けるものを生かす大きな生命の流れや意志を洞察しうるであろう。それは決してアリストテレスが樹立した生命の目的論的構想と同じ洞察ではなく、むしろ人間の自然征服の野望を痛みとしつつ、ハーヤー的差異化によって自他を肯定し、互いに共生してゆこうとする生命的差異化の流れといえよう。

## 二　生命・食の宇宙的連関を思い、そこで犠牲になる生命への痛みを語った人々も多い。その一人としてわれわ

れは宮沢賢治をあげうるであろう。[11] 今は彼の生に対するヴィジョンと共に銀河宇宙的生命連関の全エネルギーがかけられている唯一的存在・嬰児の生命を考察して生命的ヴィジョンの根底を窺ってみたい。すなわち、動・植物や人間にあって、種子の胚芽や母乳こそ、自ら生育しまた子を育むため栄養分が濃縮集中する縮重点であるといってよい。例えば、母乳は、太陽エネルギーに発し、光合成を通してつくられ蓄積した植物性炭水化物や脂肪さらには小魚や哺乳動物などの動物性蛋白質を摂取した母親の栄養の濃縮点であり、それが明らかに嬰児を養育する最適の食物とすれば、いわば弱くはかない嬰児の生命に、母乳を通じ全宇宙のエネルギー連鎖・食物連鎖が懸けられているといっても過言ではあるまい。このようにこの一点の生命に、宇宙大の生命の流れがかけられていることの洞察こそ、生命ヴィジョンの根幹をなす自覚であって、そこに人間の支配的野望の入りこむ余地はない。その意味では一つ一つの小さな生命が限りなくかけがえのない生命的出発点・根底なのである。[12] 以上のように生命の流れは淡々と、一つ一つの生命にかかっており、そのことが生命の流れそのものであってみれば、その自覚は「百花の春到りて、誰が為にか開く」（『碧巌録』）と語られよう。人間の側からさらにいえば、生命的意志に対する証しと生命に対する根本的な信頼は、この自覚から生ずるといえるし、また生命のエチカとそれが働く協働態の根底を形成する。

## 三

この協働態の基本的ユニットは家庭であろう。というのも、そこで嬰児が育まれる父と母が共生する協働態である家庭、それは同時に食卓協働態でもあるが、そここそアガペー到来の場だからだといえよう。その食卓は、赤児を迎え夫・妻が互いに無償に歓待する生命的場であって、根源悪が浸透しない状態では、ハーヤー到来の第一の全人間的関係であるといえる。

こうした家庭を含む地域協働態は、様々な食文化を形成する。まず、食といっても食器や食卓とそれらの装飾、食卓にのせる織布、また食事する部屋や環境の美化さらに食の作法・礼節、会話の仕方が食の文化を形づくっている。その際、日本でははしや陶器の器を用い膳を用意するが、西欧ではナイフ、フォーク、スプーンが用意され、また食器はといえば、磁器や銀食器を用い机の上に食を用意するということになる。バックグラウンド・ミュージックも異なってくる。

食材についても本来農耕文化と遊牧民文化の間では異なり、一方は米、麦と魚貝類、みそなどを用いるが、他方では、肉や乳製品（バター、チーズなど）が供せられる。また風土によっても生育・栽培される植物や住む家畜も違う。薬草など食とみなされる場合（医食同源）でも、風土により種類も料理法も異なっている。こうして食文化の違いは、それ固有な自然風土と出会い協働する生活様式の相違から生じ、逆に自然との出会い方を特徴づけてゆく。それはまた他者の歓待・もてなしや異文化との出会いの問題となる。

食卓は他者をもてなす典型的なトポスである。デリダは、異邦人の名も身分もきかずに無償に無条件に迎える「絶対的」歓待と、名や身分を確認し、彼の義務や権利を定めつつ迎える「条件付き」の歓待に分別し、無条件な歓待は条件付きの歓待に受肉すべく開かれているが、逆に条件付きの歓待は無条件な歓待によって文化的となるという。(13) 勿論彼の哲学にあって、両者は異質で、無条件な歓待は不可能とされるが、食卓こそ、この不可能な絶対的歓待が、計算可能な法や権利・義務との二律背反・アポリアにおいて、ふと一瞬カイロス的に現成する「場」であるかもしれない。実際、イエスの食卓における他者の歓待は、そのような絶対的な歓待が一瞬実現した場だと思われるのである。そのようなアポリアや問いと可能性を食卓は秘めている。

異文化との出会いという視点から考えると、食卓はそのこよなき体験の場となろう。例えば酒と食事との関係をとりあげてみよう。日本食では、様々に趣向を凝らした料理が出されるが、ほぼ最初から終わりまで日本酒が飲まれる。いわば、日本酒が様々に異なる材料を包み、その摂取に常にやさしく付き添っているかのようである。他方フランス料理では、シェリー酒などが食前酒として出され、肉料理には赤、魚料理には白、これこれのチーズにはこれこれのワイン、食後酒としては強烈なリキュール酒が、コーヒーを伴って供される。
以上の描写はかなり図式化されているが、日本酒の飲み方は全体を包み込む融合的包括的な文化や精神を示し、他方西洋料理における酒の供され方は、分析的分割的な文化や精神をその背後に窺わせるといえよう。そうした異文化、異なった食事法に身をおくと、食事する主体の精神や感情も、その文化にひかれて似てくることの観察は、筆者一人の経験だけではあるまい。実に他文化や別な世界との出会いは、食と言語を通して実現するのである。また冠婚葬祭もどの文化においても固有の形態に仕上げられ、もてなしの空間を開放し、その象徴として必ず酒席が設けられるのが普通である。そこでも強烈な異文化体験がまちかまえている。食物の中には一つの歓待の世界があるのだ。

食べもののなかには(14)

食べもののなかにはね、
世界があるんだ。
一つ一つの食べもののなかに
一つ一つの生きられた国がある。

チョコレートのなかに国があるし、

パンにはパンの種類だけの世界がある。
真っ赤なビートのスープのなかには
真っ赤に血を流した国がある。

味があって匂いがあって、物語がある。
それが世界なので、世界は
食べものでできていて、そこには
胃の腑をもった人びとが住んでるんだ。

テーブルのうえに世界があるんだ。
やたらと線のひかれた地図のなかにじゃない。
きみたちはきょう何を食べましたか？
どこにどんな旅をしましたか？

最後に歓待という視点からすると、歓待を虚無化する根源悪として食の不公正が横行し今日を支配しており、難民や飢餓の国への食糧援助や食を欠く人々へのたき出しなどが、もてなしの別の形態として深刻になっている。この食の不公正を次に考察しなければならない。

## （2）現代食文明における食卓協働態の破綻と根源悪

一　技術文明と資本主義的大量消費社会の出現について、それが実体的存在論に淵源する歴史をまず簡単に考察したい。

一八―一九世紀における英国に端を発した産業革命は、インドの綿花を綿織物にする紡績機械の発明さらに機械製作に有効な工作機械の発明そして石炭を大量に利用消費する蒸気機関車や蒸気船などの交通手段の進歩と共に飛躍的に発展をとげ、たちまち仏、独、米、日などに波及し、これらの国の国内では資本主義の発展による工業化、都市化が進んだ。対外的には産業革命に成功したこれらの先進的資本主義国家は、原料の獲得や市場の拡大を目指してアフリカ、アジア諸国を植民地化し、帝国主義支配の時代が始まったわけである。その後帝国主義列強国の覇権・利権の追求によって広大な地域を巻き込む戦争が次々と勃発するに至った。そうした戦争などの淘汰を経て、今日では世界市場の完全制覇をねらう先進産業国家とそれを目標とする発展途上国との歴然として格差づけられ特徴づけられた二つのグループが出現している。こうした利潤追求型の物質文明・大量消費型経済世界において、人間の、それも一部の強者・富裕層が自分たちのための便利で快適な自同的文明を改造し、そのため自然や異文化・他民族などを完全に自らの思想・生活様式・法的管理方式つまり文明システムに同化し制御しようとする。その限りそこには全体主義が窺えるのである。その全体主義は言い換えれば、レヴィナスのいうあくなき自存の努力（conatus essendi）に外ならない。そしてこの自存の努力の背後には、ものごとの実体化とその私有化の意志が洞察される。すなわち他者を排斥しあるいは同化し自らの王国を構築・支配しようとする巨大なあくことを知らない意志である。それこそ、存在―神―論の温床となり、逆に存在―神―論によって宇宙大に巨大化してゆく意志だともいえよう。

このような存在―神―論的技術文明と巨大消費経済システムは、生命と食にどのような打撃と破綻をもたらしているのだろうか。

（イ）まず工業化は化石燃料（石炭、石油）の大量消費によって地球温暖化を著しく早めているといえる。樹林などの森林破壊と共にそれは地球環境の大気中の気体の構成や天候などのバランスをくずし、水惑星を不毛な惑星にする危機を呼び起こそうとしている。また工業化による化学物質や核の大量廃棄物などは、大地、水、大気などを汚染し、生命の根源的形式を侵そうとしているといえよう。これは生命・食連関の破壊に連動する。

（ロ）以上のように、植物が根差す大地や川が汚染されると、汚染されたプランクトンや植物を食す小魚や小動物が汚染され、こうして人間の生命がそこに依存する食の生態系が汚染されてくる。このプロセスの中で、汚染の被害を最も受けるのは、これから生命がもえ出ようとする種子や胎児・嬰児であるといってよい。そしてわれわれは生命・食連関が唯一回的な仕方でかけがえのない嬰児の生にかかっており、それが生命のハーヤー的意志であると洞察したのであった。とすると、現代の全体主義的自同文明は、この生命の意志の根底を撃ち抹殺しようとしているといっても過言ではあるまい。こうして必然的に生命は、新しい病魔におびやかされることになるのである(15)。

（ハ）さらに利潤追求型産業国家や集団は、世界の市場操作に血道を上げている。金融市場だけでなく食物市場もそうであり、将来は臓器移植技術の進歩を利用して、生命体臓器市場も操作の対象となりうる。こうして先進工業国と発展途上国の間には、市場操作上格段の相違がみられ、例えば食料獲得の格差が生じており、食糧市場の投機市場化によって食の不公正が生じている。日本などは食糧資源を大量に世界から輸入し加工ししかも大量の食のゴミを廃棄し再利用できないでいるのに対し、開発途上国では食糧は慢性的に不足しているわけである。

（ニ）こうした経済利潤追求の社会にあって食の全体主義的支配は、家庭や地域さらに各民族の食卓協働態や文化的特徴を崩壊させているといえる。

日本ではゲゼルシャフト的な経済優先の社会が急激に支配的となり、ゲマインシャフト的な家庭的結合の崩壊と急速な外食産業や食品産業などの食の消費文化の拡大もあって、子供たちの孤食や親の買食などが増大し、家庭で料理し共食し分かち合う食卓協働態が消滅しつつある。こうした孤独で存在充実感の欠如した家庭では、やせ志向の宣伝によるファッションに踊らされて摂食障害や過食といった食の病理が見られ、それが文明の病理を象徴しているとされる。

地域共同体の食文化と現代文明の関係を日本において考究してみると、伝統的で地域的特徴をおび食文化の風土・習慣・連帯を反映した冠婚葬祭の食空間は、今や公共施設やホテルでお仕着せでマニュアル化されているといえる。しかもそれら行事を司る祭儀も、寺社、キリスト教会でなされるのではなく、ホテルや施設の宗教的に仮構された空間でフィクション的に司式される。こうして地域的食卓と食の差異化は、都市空間の中で斉一化され虚構化されているとも、あるいは手軽で便利なマニュアル方式が新しい文明様式としてそれら食の伝統的地域文化にとってかわっているともいえる。

グローバリゼーションがアメリカ化の言いかえであるように、食の地球化もアメリカ化の言いかえであるように思われる。コカ・コーラ文明はすでに前から世界を席巻しているが、ハンバーガー、ケンタッキー・フライドチキン、アイスクリームなどの食品は、確実にその支配をひろげている。日本のように器用に、和風、洋風、中華風の異文化をまとめえた食の融合的文化の例は珍しいといえる。しかしアメリカ式大農経営を勧めた「農業基本法」（一九六一年制定）に象徴されるように、農業経営のアメリカ化は農村や林業を荒廃させ、これに加え工業製品の輸出に依存する日本経済は逆に農産物の大量輸入を強いられる結果、食の生産力は減少してゆき、将来世代でそれを継承する若者は皆無に等しくなっている。そして農業と食糧生産や食卓協働態は工業化されているのである。例えば、食物生産に際しては、農機具、農薬などが用いられ、ビニール・ハウスでは石油、電気が消費され、農業経営も農業協同組合の資本に支配されている。食卓に供する料理も、伝統的な薪、井戸水などにかえられた電気、ガス、水道そして電子レンジやトースターが備えられた現代的キッチンで用意され、食料保存には冷蔵庫が用いられている。

以上の簡単な考察からさえ、現代の自同的文明による食支配・生命連関コントロールの普遍性が容易に洞察され、その文明の背後には技術力を生み出して自然・人間社会を征服・利用・改造しようとする自存の努力とそのイデオロギーでもある理性的な存在－神－論の働きが垣間見られるのである。

そこで次にこのような存在－神－論とその文明が如何に、どのような食卓協働態の新たな創造によって突破され〈外〉に裂開されうるのかが問われてくる。

### （3） 食・食する人間（homo manducans）の回復と他者との邂逅に向けて

本項では、第二項で考察した食・食卓的全体主義文明の「彼方・外」の裂開と新たな食卓協働態の成立に向けて思索がおし進められるが、それは結局「むすび」におけるオントロギアからハヤトロギアへのパラダイム転換という課題と展望の思索に合流する。

一　われわれは、宇宙大の生命・食連関が、人間の世界構想や世界構築以前に、対象化し私有化できない根源的な人間的生の形式をなし、温床的場をなし、およそ生きとし生けるものを生かす意志の体現となっていることを確認したのである。その意志はハーヤーの到来の働きとも考えられた。そのような生命・食の全連関が秘める生かす意志は、このいたいけで無力な乳児の唯一の生命にかけられているのであった。

その自覚はさらにわれわれ一人ひとりの生命も、全宇宙大の無限に比べれば、か弱く貧しいこの乳児の生命と同様に、広大な生命・食物連関にゆだねられてあるという自覚を生み出すのである。その意味で乳児もわたしも他者も一切の生きとし生けるものが、今この場、この瞬間に食するときのその食の働きは、生かそうとする宇宙大の生命的意志の働きと同等であるともいえる。そこにハーヤー的意志が現われており、各人の食は皆かけがえない唯一回的出来事でありつつ、広大無辺な食・生の連関を今創り、あるいは言いかえるとそこに今刻々と織り込まれているのである。この自覚がまず働かなければ、現代の自同的で人間中心的な（食・生命）支配の外に向かって他者と協働して一歩ふみ出すことはできまい。この自覚をある意味で的確に示しているテキストを今引用してみたい。それは道元の『赴粥飯法《ふしゅくはんぽう》』の冒頭である。

『維摩経』に「もし食物において等ならば、あらゆる事柄においても等であり、あらゆる事柄において等ならば、食物においてもまた等である」と説かれている。これはまさに法と食とを完全に等ならしめようとしているのである。したがって、法がもし法性であるといえば、食も法性であり、法がもし真如であるといえば、食も真如であり、法がもし一心であるならば食もまた一心であり、法がもし菩提であるならば、食もまた菩提である。われわれの生き方を、根本の真理である法性・真如・一心・菩提に求めるならば、食もまたそうでなければならない。名目上にも事実上にも等なるからこそ、等であるというのである。『楞伽経《りょうが》』にも「名称が等しく、事実においても等しく、あらゆることにおいて等しいものが、統一でまじりけのないものである」と説かれている。

馬祖道一禅師は「法界差別観に立ってみれば、この世界はことごとく差別世界であり、もし真如平等観からみれば、この世界はことごとく真如平等である。また、平等理性の立場に立てば、この世界はことごとく平等理性の世界であり、現象差別の世界からみれば、ことごとく現象差別の世界となる。つまりこの世界は平等の真理という立場から見れば、あらゆるものが真理として見られ、また差別の立場で見るならば、あらゆるものが差別の現実としてあらわれる」と言っている。そうすると先に述べた「等」は、等均とか等量の「等」、つまり「等しい」という意味ではなく、正等覚の「等」、すなわち「比較するものなき絶対の」という意味になる。さて仏陀のさとりである正等覚は、本末究竟等、つまり「真如と、現実としての諸法とは、究極のところ絶対無二で、別物ではない」ということである。そしてこの本末究竟等というさとりが、仏陀（真理を体得した者）の間においてのみ体認することのできる諸法実相ということにほかならない。したがって、食事は真如の現われたすがたとしての諸法の在り方ということになるのである。そしてこれも悟れる者のみ究め尽くすことのできるものである。このことを体認できたときにはじめて本当の、姿・性質・体質・能力・作用・原因（直接原因）・助縁（間接原因）を実感できるのである。

以上のことをもって、法は食であり食は法であるという。この食と一体である法こそは仏陀と呼ばれた方々が自由に用いたものであり、この法と一体である食こそは、聞法の喜びや坐禅の悦びを十分に備えているものである。(16)

食事は真如（世界の究極的一性）の現われであり、かつ一つ一つの食事が絶対的にかけがえのない在り方をしている。生命もそうだというのである。

こうした自覚に立てば、一つ一つの食をハーヤーの意志として受け、一期一会の食卓での共食にハーヤー的歓待が現成していることに感謝して生きうるであろう。すなわち、その感謝は、生かすハーヤー的意志、食物の生産者、労働者、料理した人々、共に食卓をかこむ人々に向けられると同時に、現在食を欠き飢えている人々の想起を促し、食の公正な分配への願いと実践に連動してゆく。道元の『赴粥飯法』には、その消息と実践が見事に示され勧められている。

食事が全員に行きわたった合図の遍直槌が聞こえたら、合掌し、食事に対して頭を下げ、次に五つの事柄について心にえがき反省する。

一つには功の多少を計り、彼の来処を量る。（一つに、目前に置かれた食事ができ上がってくるまでの手数のいかに多いかを考え、それぞれの材料がここまできた経路を考えてみよう。）

二つには己が徳行の全欠を忖って供に応ず。（二つに、この食事を受けることは、数多くの人々の供養を受けることにほかならないが、自分はその供養を受けるに足るだけの正しい行いができているかどうか反省して供養を受けよう。）

三つには心を防ぎ過を離るることは、貪等を宗とす。（三つに、常日ごろ、迷いの心が起きないように、また過ちを犯さないように心掛けるが、その際に貪りの心、怒りの心、道理をわきまえぬ心の三つを根本として考える。食事の場においても同様である。）

四つには正に良薬を事とするには、形枯を療ぜんが為なり。（四つに、こうして食事を頂くことは、とりもなおさず良薬を頂くことであり、それはこの身が痩せ衰えるのを防ぐためである。）

五つには成道の為の故に、今此の食を受く。（五つに、今こうやって食事を頂くのには、仏道を成就するという大きな目標があるのである。）[17]

二　如上のハーヤー的食卓協働性の自覚を育む場として新たな農場的協働態の構想・創立が示唆されよう。宇沢弘文氏などは、農作物の生産、加工、販売、研究開発活動まで含めた総合的な組織でリベラリズムに基づく協働態、つまり「農社」を構想し、自然、社会との調和的共存を考えているが、これも新しい農業的協働態の一つのすがたであろう。(18)そこでは当然、結《ゆい》という協働作業、食・食物・生命のエチカ授受、異文化・異風土との出会い、生産成果の分かち合い、共同資本などの諸生活構成要素が有機的に結合されていることが大切である。すなわち、それらは何らかの祝祭的・アゴラ的空間において活性化され統合される必要があろう。なぜなら、食的祝祭的空間こそ、人々が結集し生命的意志を想起し感謝し喜びを分かち合い、さらに将来世代にわたってその協働態のすがたと意味と創造的実践を記念し伝えてゆくことのできる場だからである。例えば、日本の秋祭り、キリスト教の復活祭などみな食を中心とした生命的喜びと将来のエネルギーをよび起こす場として挙げられるであろう。

三　この食卓協働態は、われわれが一で自覚したような生命・食連関に働く生かす根源的意志に支えられて実現してゆくが、その自覚からまずハーヤー的食のエチカの根幹をなす他者の「歓待」「もてなし」が生じてくる。歓待の根本はデリダの歓待論が示唆を与えてくれたが、道元も『典座教訓』の中で禅的協働態において、典座(修行僧の食事を司る役僧)が心をこめて食事を作る役務がそのまま悟りの働きであり、かつ修行なのであるとして、次のように述べている。(19)

一本の野菜を手に取り、一丈六尺の仏の身として用い、十分に活用し、また一丈六尺の仏身を一本の野菜にこめて、これを大切に用いることができるのは、これこそ本当の神通力というものであり、また典座の自由自在なはたらきでもあり、仏として仕事である教化でもあり、またすべての人々を利益することでもある。

こうした歓待のエチカが、そのままアガペーとして、様々なエチカ（ケノーシス、清貧、もてなし、和解、正義など）に分節化されてゆくわけである。このエチカは正義に分節化されることからも明らかなように、現代文明の生命支配や食のコントロールにおける根源悪を告発するエチカに展開してゆく。すなわち、嬰児に与える乳、発芽の核となる種子の胚芽などを汚染することは、食の原型を破壊し、小さな無力な者（乳児など）に暴力をふるい彼を抹殺することに外ならない。そこに集約的に現われるように、現代の食支配文明は自然を汚染し公害をもたらし、公害病など様々な病を、食を通じてひき起こしているわけである。さらに富裕な先進工業国の大量消費型食経済システムは、利潤追求を優先として食の生産現場を汚染し、有害な食糧を市場にもたらしつつ、食料市場を操作し、飽食社会と大量の食料廃棄物を生み出しているのに対し、発展途上国は食を収奪され、ますます飢餓に苦しむ一方である。こうした現代技術学を用いる産業社会の自存の努力とその背景的な存在－神－論を研究し、その構造を暴き、不正な私有システムと分配方式を告発するハーヤー的エチカが求められている。例えば、本来農業は化石燃料を用いず、自然な肥料に拠って有害化学物質を排出することなく、却って森林や河川や大地を護る反・工業的な性格をおびている以上、工業文明の告発のエチカは、二で述べられたような農業的協働態と連帯し農業的行を実践してその告発力を養うことができよう。

**四**　さて本項のテーマ「食する人間の回復と他者との邂逅」を深めるために、食する人間のみが実践できる「食さないこと」・断食という食の背面に聴従してみたい。というのも、食さないという差異化が食すことの真相を開示しようからである。そこで食さないことは、食の自同的体制とそれによる生命の抹殺に対して、どのようなメッセージと共生の可能性を披きうるのであろうか、あるいは披きえないのであろうかが問われてくる。

人間が病弱や病気の改善あるいは宗教的精神集中や行持、果ては生き仏になるための予備行、あるいはまたハンガーストライキや懸賞めあてなど様々な目的・理由で断食を行うことは周知の事実であるが、今はそれを生命と食の関連で考究したい。

断食は食の単なる拒否ではない。食を徐々に細くすることは、ある限られた一口の食物に自らの生命を託すという意味をもつ。その自覚において、生命が託された一口の食物さえ放棄し、生命喪失のリスクを担う場合がある。例えばある隠修士のように、供食者が現われて給食しない限り、死んでも食さないと断食の誓願をたてる場合にみられるように。そのように人は自己の生命を、偉大なる生命に放下する場合が断食においてみられるのである。それは一種のケノーシスの徹底、ハーヤーへの信頼に通底する行為といえよう。それをさらにつきつめて考究すれば、それは、たとえ自らの身が断食で一時朽ち果てても、生命連鎖や食物連関がそこにおいて在る全天地・自然に、さらに宇宙的生命に自らが永久に託されてゆくという放下の行為である。これは絶食による死のリスクと境界にあって、死・無化を通して生命の流れの根源に身を託すという逆境だといえる。有と無の淵・間を過越してゆくことだともいえる。

そこにはたとえ死ぬ目にあっても、地上的生から消滅し人々から忘却され何ら自らの痕跡を地上的生活に残さなくても、自らが大地に分解し水や植物にとけ吸収され様々な生物の中に散在し再びまた生命の流れに入れば、別の無数の生命が陸続と死し生まれ来る循環において、たとえ自我意識はなくとも、他の生命となって甦るという一種の宇宙的な生命連帯の洞察とそれに向けての放下が自覚されよう。そのカイロス時には、断食は死に直面しても、生と食が言祝がれているという自覚に変容しうる。こうして食（存在）と断食（無）の間に生きつつ、生命の流れも生と死から成り、日々にわれわれ一人ひとりも食し生き部分的に死んでは再生されてゆくことを自覚するのである。その生命的流れは、われわれの生がハーヤー的に自己脱自的であって、他の生命の地平と連帯し、相互に深い依存にありながらも、唯一回的に言祝がれているという生命への畏敬を呼びかけ促して来る。絶食による空腹の空・無に息吹いてくるこの叫び声と促しが、生命の畏敬・食の協働態における相互的畏敬のエチカを現代にメッセージとして語りうると思われる。

以上のように本項の探究において、食の根底に生命的ハーヤー的意志の到来が自覚され、食卓のエチカが様々に語り出されたが、ともあれその実現の第一歩として、われわれの生の一日は、単純に食物を料理しまず自分をもてなすささやかな食事から始まる。

ふろふきの食べかた[20]

自分の手で、自分の
一日をつかむ。
新鮮な一日をつかむんだ。
スがはいっていない一日だ。
手にもってゆったりと重い
いい大根のような一日がいい。

それから、確かな包丁で
一日をざっくりと厚く切るんだ。

日の皮はくるりと剝いて、
面とりをして、そして一日の
見えない部分に隠し刃をする。
火通しをよくしてやるんだ。

そうして、深い鍋に放り込む。
底に夢を敷いておいて、
冷たい水をかぶるくらい差して、
弱火でコトコト煮込んでゆく。
自分の一日をやわらかに
静かに熱く煮込んでゆくんだ。

こころさむい時代だからなあ。
自分の手で、自分の
一日をふろふきにして
熱く香ばしくして食べたいんだ。
熱い器でゆず味噌で
ふうふういって。

# むすび　オントロギアからハヤトロギアへ

むすびでは、これまでの参究を、新しく語り直しつつ、ハヤトロギアの構想と展望がどのように拓けるかという問いを中心に参究したい。

## 一　（1）生命・食物界の真実と根源悪

人間を含む生物界の生命的真実とは、植物のように自らを食物として他に食され、あるいは人間の共食のように自らを開放して他者に食事を捧げ、種としてまた個としても自・他共に生きる深い不可視の連関に在ることであった。その自覚に基づき、理性知と技術を用い食の協働態や文化が創造されてきた。他方でしかし、人間のみが自存の努力によって自分の生命・食の圏域を構想し、現代に至るまで自然を技術力によって改造し、他の生物種を食糧にしながら、生と食の文明を実現した。それは同時に、人間の間でも他者抹殺や支配が実現した歴史でもあった。根源悪とはそうした他者性を抹殺する自存的自同化の意志に存するといえる。

それでは個においても、システムにおいてもどのようにして自分の自同的存在のあくなき追求をなす根源悪が突破されうるのか。これまでわれわれはその問いを蒙り、他者の言述、新たな語り（Dire）を物語ろうとしてきたのである。

その物語の最初の鍵は、先述の生命的連鎖の自覚に基づいた、食卓での歓待にあるといえる。すなわち、どのような善人も極悪人も日々食するのであり、親は子と、兄弟は姉妹と、友人と共に、職場の人々と共に、さらに学会や集会ではじめて会った人と共に、異郷にあって異邦人のように見知らぬ人々と共に……食するのである。他より余計摂食することがあろうと、日常的食卓や会食にあってはやはり食を独占し切ることはない。知る知らずに拘わらず、共食をし、そしてその限り様々な程度で他者を受け容れ、さらに喜びにみち食を分かち合う、あるいは異邦人を歓待することもある。

ここに人間の憎悪や愛を超えた不思議な矛盾が見出される。つまり、各人はその自存欲求の只中においても、他者を受け容れるという差異化が生じているということである。この逆説的異化は過去の世代をこえて次々と現成してきており、それゆえ人間は絶滅することなく、生命の流れに託されており、将来世代にその異化作用は働いてゆくであろう。そうした差異化による他の受容に生命の生かす意志が働いている点を、われわれは指摘し、この日常底に働く最小限度のケノーシスや他者受容に、自存の努力を破り他者を歓待するハーヤーの到来とその働きを洞察したのである。

**二**　こうして道元の『赴粥飯法』に示されたように、食する人間にあって食事や料理人さらに生産者さらに自然を通じて食卓に働いているハーヤー的な生かす意志への感謝が表出され、それが食のエチカ・食の威儀に展開するわけである。

さらに体力ある成人であっても、乳児がその無力なか弱い生命さながらに、生命の連関に働く生かす意志に支えられて今生きていることを自覚するとき、また自らもその小さな生命と同様に宇宙的無限からすると卑小な己が身も生かされてあることを自覚するとき、そこから人間的生命へのいたわりや畏敬、信頼や責任、謙遜と感謝、分かち合いと正義、食物生産労働のエチカだけでなく、逆に生命や食を破壊する暴力を告発したり変革する食のエチカが生じてくる。その場合の告発も、ハーヤー的な生命の自覚から生じてくるもので、単にルサンチマン的怨恨から生じてくるものでは決してない。

以上がハーヤーに支えられた食卓協働態から語り出される根本的エチカである。そのエチカは、様々な仕方で家庭、地域、民族、異文化などにおいて、祝祭的な共食の記念や異なる伝統の交流を通して、各々固有な食卓協働態形成の契機となって働きうる。そのエチカは生命的な生かす意志に支えられて働く限り、将来を先取りする形で食卓的協働態を誕生させてゆく希望でもある。しかしまずエチカの根幹である歓待は、歓待者の単純な迎える言葉から始まる。それはダシの効いた言葉である。

言葉のダシのとりかた(21)

かつぶしじゃない
まず言葉をえらぶ。
太くてよく乾いた言葉をえらぶ。
はじめに言葉の表面の
カビをたわしでさっぱりと落とす。
血合いの黒い部分から、
言葉を正しく削ってゆく。
言葉が透き通ってくるまで削る。
つぎに意味をえらぶ。(22)

厚みのある意味をえらぶ。
鍋に水を入れて強火にかけて、
意味をゆっくりと沈める。
意味を浮き上がらせないようにして
沸騰寸前にサッと掬いとる。
それから削った言葉を入れる。
言葉が鍋のなかで踊りだし
言葉のアクがぶくぶく浮いてきたら
掬ってすくって捨てる。
鍋が言葉もろともワッと沸きあがってきたら
火を止めて、あとは
黙って言葉を漉しとるのだ。
言葉の澄んだ奥行きだけがのこるだろう。
それが言葉の一番ダシだ。
言葉の本当の味だ。
だが、まちがえてはいけない。
他人の言葉はダシにはつかえない。
いつでも自分の言葉をつかわねばならない。

## （２） オントロギアからハヤトロギアへ

ここでは、まず（一）ハーヤーの特徴と（二）次にそのエチカ的特徴について簡単に考究したい。

（一）、われわれは、一節と三節において食の根源悪としての自己保存の努力に基づく現代の大量消費型経済体制とそれが用いる技術力の諸帰結を探査し、それが生命や食を汚染し支配する構造にふれた。そこには「知は力なり」とする技術学的な存在－神－論が思想的力として伏在し働いていることが指摘された。それはＡ＝Ａ、Ａ≠非Ａという矛盾律や同一律的論理に表現される実体的自同性を維持し拡大し強固にする努力とその思想に外ならない。そうした自同の圏域にあってハーヤー論者は異邦人のようにＡ＝Ｂと異言を語る者である。そのことを第二節において、ユダヤ教神政体制において、磔刑されるにまで至ったイエスのケノーシス的な給仕の生涯を通して学んだ。デリダによれば、有＝有、無＝無と語るパルメニデス的思想に対し、有＝無と言う異邦人は、存在論の父パルメニデスを殺そうとする父親殺しであり、その言述は全く別の奇妙さにおおわれているという。同様に存在－神－論に基づく自同的実体の圏域で語るハーヤーの徒は、ユダヤ教体制においてイエスがそうだったようにやはり実体存在の無化を語り主格から属・与・対・呼格を生き続ける異邦人に外ならない。しかし、彼は存在の無化による自己脱自が他者の歓待の地平を披くことを語るのであり、加えて存在＝無化であること（言即事）をいうハーヤーとは、まさに無限な存在の無化を根源的肯定とする動態、その意味で自己同一性を保つ存在であることを示し、まさにそのハーヤーを体現して生きているのである。しかも、その生の根差す初源的場が、食・食卓・共食であることを語り生き、そこに他者歓待のくさびを打ち込む。そのくさびは、自同の世界にひびと断層と裂開を引き起こし、他者の地平を披いてゆく。従ってハヤトロギアは、デリダ流の脱構築論ともいささか趣を異にするのである。

（二）　右の存在に関わるハヤトロギアの特異性は、エチカの点でも際立ってくる。ここでもやはりデリダの「アブラハムによるイサーク犠牲の物語」（「創世記」二二）解釈を契機にまとめと展望の意味をこめてハヤトロギア的エチカを考究したい。(23)

さてアブラハムは、神が彼の息子のイサークを供犠にせよと命じた言葉を身に蒙ったが、決してそのことを正妻サラ、イサーク、側女ハガルなどに語らず深い沈黙をまもった。デリダによれば、この沈黙は、家族、近親者、社会への義務や責任、つまりエチカを放棄しそのかわりにエチカの彼方の地平にある、神に対する絶対的義務や責任の関係のみを引き受けることのしるしであるという。簡単にいえば、神に対面する孤独と秘密の人間の在り方は、ときには倫理を無視するというのである。このことは対人関係においても同様にいえることである。すなわち、あるかけがえのない個人に対面しているときには、他の人々を無視するのである。これは倫理的アポリアであって、このようなアポリアに立って倫理的決定不可能性において人は決定してゆかなければならないというわけである。こうして他者への責任のひき受けは、方策も規範もない決定不可能なことにかける決断ということになる。

このデリダ的責任性に対して、ハヤトロギアはどのようにエチカ的決断をなすのであろうか。さてわれわれにとってハーヤーに直面することは、食卓で他者を歓待するエチカとして直ちに働くのである。それのパラダイムは天なる父のアガペーとその命令に対面したイエスの応えである食卓協働態運動にみられよう。すなわち、彼は正に父なる神の生命を生かす意志を体現して食卓協働態の中に、ユダヤ教の自同的食卓全体主義から汚れた者として排除された人々を歓待したわけだが、そこにおいてハーヤー的父との出会いが即他者のエチカとして働くことを見出したのであった。従ってハーヤーがすでに食卓において他者を歓待すべく働くそのアガペーに支えられてのみ、他者への倫理的関係がまた生起し働き出すわけである。このように考えると、デリダ解釈におけるアブラハムの場合、彼は命令を至高な絶対者的神から受けそれに対してのみ責任を引き受けたのでありそれはイサークも含む隣人へのエチカに直結しない。しかも他方でイサークが犠牲として献げられる以前に、自ら自己無化して他者のために犠牲になる神自身のハーヤー的在り方やそのアガペー的意志を知らないのであるゆえに、神の命令と他者に対する同時的責任は彼にとっても、また彼を解釈するデリダにとっても考えられないのである。われわれは第二節で、まず他者に仕え自ら磔刑の犠牲を引き受けた、つまり神への供犠の子羊となった神（の子）キリストと彼による食卓協働態のエチカを考究したのである以上、食卓協働態において如上の決定不可能性が超克され、絶対者の生命的意志とそのダーバールに対する責任が他者へのエチカに直結し現成する新たな地平と物語を展望し語りうると考える。それがハヤトロギアのエチカに外ならない。そして食と食卓に生ずるエチカは、今日アジア、アフリカ、欧米、アラブ世界、極東などの地域に、根源悪に密かに抗しつつ、カイロス的意義をおびて生命の畏敬と他者の歓待に関わる問いを投げかけている。

従って、生命支配を目論む自同的現代文明にあって、その問いを担いハーヤーを参究する者は、実体と無、自同と脱自、同一性とアポリア、文明と砂漠、生と死の間の辺境を辿り、文法的位格を主・属・与・対・呼と生きつつ、そのどれでもあり、そのどれでもないという破格の生を生きつつ、こうして自同の中の間や空に息吹き外を開くプネウマに吹かれ、一期一会の会食をいただきつつ、オントロギアからハヤトロギアへと過越してゆく。その過越しは、風の誘いに乗って「颯として浮雲の若く、又西に去る」（良寛）底のものであろうか。

# むすびとひらき——安藤昌益から再び無・限な旅路へ

今はハーヤーの季節である。四季の春夏秋冬は気によって分節化される。南風《はえ》や北風が季節を分節し、季節風も吹く。だから今はハーヤーの気節である。それはハーヤーが気において気を通して到来するということである。言いかえれば、そのハーヤーの到来的出来事や物語をひき起こすのは「気《プネウマ》」であり、「気」によって「こと」も分節化され、気節を生ずる。こうして気はことに吹き入りそこに受胎し新しい事・言と成る。その意味で「こと」は気を蒙り受ける場であるともいえよう。こうしてまたハーヤーは、気とこととの協働において、われわれの「間」に様々な事や言の差異化をもたらす。従って、その分節的差異化は歴史のカイロスと成り、ハヤトロギアの誕生と成ってわれわれの間に現成する。とすれば、世界の歴史と地理にハーヤーが差異化をもたらすともいえよう。たとえば、ハーヤーがギリシア的思索やラテン中世を旅し、近代的主体に打ち当たり、現代的ショアーの虚無に忘却されながらも、今や東洋的文化伝承と出会い、その差異化を以って、インド教的不二一元論やイスラム教、仏教哲学や孔孟の教えの間をめぐりつつ、日本の伝統的思潮をもまき込んで、新しい協働態や言説を呼び起こしている事態を思うのもハーヤーの自覚に由来する洞察なのである。こうして、人間がこのことを自覚しようが自覚しまいが、ハーヤーは至る処で新しいカイロスを創り自同と差異との境界を示しその辺境を歩むよう今日も呼びかけているのである。

われわれは、これまで本書においてそうしたハーヤーの呼びかけに応えようと様々な仕方でダーバール（物語テキスト・事的テキスト）にプネウマ的解釈を遂行し、他者との邂逅の地平を披こうとしそこに希投してきた。

そのプロセスの中でわれわれは、ハーヤーが明らさまなハーヤー動詞として物語や事的テキストに顕現し働くというよりはむしろ、それらの物語の行為や出来事における未完了形脱自的用法に受肉しつつ隠れ、隠れつつ顕在化するという差異化的事態を自覚し、そこを追跡してきたといえる。

そこで今そのハーヤーの差異化的到来をここ東洋的辺境に求め、本書の最終章を飾った「生命・食・食卓」協働態のことに関連して、気と食と倫理との連関を見事に示した安藤昌益の人と言説を簡単にとりあげ、彼におけるハヤトロギアの到来を窺いたいのである。

安藤昌益は一八世紀江戸中期の自然（ひとりする）に関する謎の哲学者であるが、実に彼にあって全く新しい仕方で、儒教的五行説や人倫の思想が逆転され、新しいことが日本の地に転回し息吹いているといえる。食物・生命連鎖の現実を「気」といういわばハーヤー論的視点で示した日本の思想家は、安藤昌益をおいて外にはいない。ここではその著『統道真伝』[1]を通して、彼の食の哲学を簡略に考究しておこう。その食の哲学の根幹は「気」である。無始無終の自然は、ただひたすらな気の働きであって、その働きは進退退進として自《ひと》り然《す》る、自《ひと》り感《はたら》く。その際、五元気・五行（木、火、金、水、土）が生ずるが、その次第は次のように語られる。始源的に「其の一気が小進して木、大進して火と進みて、進み極まりて小退して金、大退して水と退き、退き極まりて亦小進して木と進み出し、進み極まりて又小退して金と退り入り」（『人倫巻』一）こうして四行は運回するが、これら自然の四つの気行（木、火、金、水）をばらばらにしないで就《つ》け、就けても混合させずにその進退を革《あらた》める気行は土である。こうして昌益は、宇宙自然の根源的構成要素である五つの元気（木、火、土、金、水）を気のいわば凝ったすがたとし、土を中心として儒教的五行説を改めてゆく。

この五つの気行の各々に進退が具わっているので合わせて十気といい、この十気《とき》は時に通じ時節を生ずる。この自然はだから一神気となり、五行であり、進退退進して働くが、その働きは、「通・横・逆」という気の秩序をなす妙用によって秩序化される。すなわち、通気は転定（てんち・天地）となり、横気は土となり、逆気は穀種となる。特に穀物が逆気というのは、その形態上、頭にあたる根を土につけ、足にあたる枝葉を天に対して逆立し、養食を根に受けているからである（『人倫巻』二）。こうして穀物・五穀は、転定の通気・土の横気の大気行を一つの極として縮重して体現しているので、五穀の精気は、自然・転定・日月・万民の体現なのである。さらに通・横・逆の秩序づけは働いてゆく。すなわち、転定が小さく縮まった米穀の中の通気は人と成り、その横気は転定の横気と感応して鳥・獣・虫・魚を生ずる。その逆気は雑草を生ずる（同二六）。こうして通・横・逆気は次々と円環運動をなし万象を形成してゆく。しかし、気の一切は米粒に小《こま》かに凝結する。これを昌益は「米粒に転定入身」と述べている（四）。この米穀の精神は人になるというが、それは男女と生《な》ることに外ならず、穀精を食する男女は穀の一進退として親和しそこに子が生まれる（二二）。そこから五倫も定まってくる。但し昌益のいう五倫は儒教のような上下関係を定める二分法的思考をとらず、皆人が平等であるような五倫である。すなわち、儒教的君臣の義、父子の親、夫婦の別、長幼の序、朋友の信にかわる夫婦、親子、孫、兄弟姉妹、従兄の五倫で、夫婦が対となってはじめて人間が一人であるように、互いに平等で生かし合っている五倫である（二三）。この五倫は多倫に成ってゆき、男は直耕し女は直織しつつ、上下・貴賤・私法・貧富という二分法はないし、その二分法を説き制度化して不耕貧食する支配階級も存在しない。昌益はその支配階級の例として、仏教（釈尊）と儒教（孔子）とを不耕貧食の徒として激しく批判するわけである。

こうして昌益は、論を一歩進め、転定が結晶化して生ずる米粒を食することこそ、道であると説くに至る。「食は人・物ともにその親にして道の太本なり」（『紀聖失巻』一七）と。言いかえると、「米は転定の通気・中土の横気・穀の逆気と一極して生ずるゆえ、転定と同根なり」（『万国巻』四一）というわけで、従って人は米の精神であり、万物は米気を反映していることになる。だからみな人も獣も米食を欲するし、深いところまでは万象は米の気において一体である。とりわけ、人は米穀を食して人と成っているので、人は米穀であって、人はただ食のために人となっている。従って上下、貴賤、聖釈、衆人みな食して生き、言語も説法も文化文明も芸術も結局、食に浸透されている。「世界は一食道のみ」（『紀聖失巻』一七）なのだ。生死も米の進退にすぎない。人が成る前の野は五穀にみち、そこに人が生じ食し一見野に五穀が滅るからにみえるが、人が死ねば野にかえり、野はまた五穀に満ちる。こうして昌益は、いよいよ米の自然宇宙における中心的価値と意義を示すために、一種のエテュモロギイ的な仕方で「米」の解字に着手する。米《コメ》は「此身（コノミ）」の中略されたものだとか、米（ヨネ）は世根であって、世根は米から生ずる人倫の世であるという。あるいは稲は寿根（イノチネ）であって、生命の精気を示すともいう。この寿（イノチ）は、飯（イイ）の中（ウチ）のことで、飯によって養われるし、飯は善（エエ）に通ずるので、天下（転下）の唯一の善は、飯であり食に外ならない。稲荷（イナリ）とは、人の身や精神、行業などすべて稲に由来するので、人はその存在全体が稲であり、稲を荷《にな》う者なのである。だから人は転定と共に稲を直耕し、世根・此身・寿根を立てるのであり、これこそ自然（ひとりする）真の稲荷である。そうして飯をえて、食し反（ヨミカエル）。食に反る者こそ、人であり、飯こそ命師（メシ）であり、聖釈はこれに遠く及ばないのである（『万国巻』四二、四三、四四）。人が生育するのは、米気の小進、壮年は大進、老衰は小退、その死は大退である。その生の途上で誤り迷うのは、米が辶（ゆくこと）であって、食が人を去ることに外ならない。だから以上のことはすべて「米が人に成り、食と為り、神気と為り、言を為す、ゆえに米の一（ヒトリ）して自（ひと）り言うなり」（同ということなのである。

以上の昌益の米食論を生活にもう少し近づけて考察してみよう。まずどんな人も五穀を煮たきしなければ食せまい。そこで炉をとりあげてみよう。炉で薪を燃やすとき、そこにはすでに木・火が働き、薪が灰になって土となる。他方、火に釜（金）をかけて水を入れ煮るのでそこには金・水がすでに働いている。この水が暖まり、湯を与え寒さをふせぐ。薪は夜を照らし家を暖める。こうして炉中に働く五行は、人の用の本質であり、「人生は只此の炉中常用の五行」（『禽獣巻』四、『万国巻』二五）というわけである。あるいは、「炉中は生死の一道」（『万国巻』二五）ともいわれる。

われわれは、安藤昌益の思索をこのように辿ってきたが、次にわれわれの食のハヤトロギア的参究との関連で、彼の食の哲学の特徴をまとめ浮彫りにしてみよう。

まず第一に、気が凝って一切になる仕方で五行や十気（五行の進退）、通横逆気が語られていることが注目される。例えば、その気一元論は、人の呼吸と転定の呼吸が対応するゆえ、人の呼気が荒々しく悪しきとき、転はそれを汲入し、それが積って天災が生じ、また人の怒りが久しく積るとき、それは呼息となって運気を怒らせ、兵乱や人災をひき起こすという（『万国巻』三九、四〇）。このような気の偏在と作用を命名すれば、気のハヤトロギアとも呼べるものであるが、しかし気の無限循環を主張する点で、われわれのハヤトロギア的時（カイロス）やその歴史性と異なってこよう。

第二には、その気によって万物・人間に平等な協働態が生ずるという点である。それは転定、進退退進をはじめ、男女、社会の貴賤、聖釈衆生など皆平等であり、五倫も平等であることをいう。その意味で万物は、互性活真なる[2]在り方をし、二分されず互いに親和し支え合って運回するのである。二分するのは悪しき聖釈の教えに外ならない。

とすれば、昌益の封建社会の体制とそれを支える儒教的イデオロギー批判の根底には、気の哲学が存するのである。第三に、米穀こそ一切気を一極に集約している意味で、万物がそこに凝結してあり、人は米粒から生まれ、食し、壮となり老い死し、また米粒にかえる。その人生の途上の禍福迷妄もみな米粒との関わり方によるのであるから、食がモラルやエチカの根拠となってくるが、それ以前に、世界は一食道である。

第四に、こうして第一の特徴から第四への特徴の展開は、ハヤトロギア的気が直ちに生成滅亡を宰どり、それが五倫となり、一食道となり、互性活真となり、エチカとなるという連続と分節化といえよう。その結果は、第五の特徴として、人生の理想が直耕であり、稲荷的生であり、炉に万物を宰どる五行を洞察して定ることであり、エチカの中心を食におくことである、ということになる。

こうして昌益は、いわば生成変化である自然をプネウマ的に捉え、その多様な事的言的なダーバール的展開をプネウマの運横気に拠って語り出し、その全展開を米粒とその食に収斂して、人の生のプネウマ的在り方や食の協働態性を際立たせているといえる。

従って彼の哲学は、その歴史性や漂白性や人格性などの点でハヤトロギアと微妙に異なっているとはいえ、ハヤトロギアと大いに呼吸し合い、響き合うことをここで指摘しておきたい。

このようにして、物語的自己同一性から本書ははじまり、物語は様々に語りつがれ、語り直されながら、ギリシア、ヘブライ、中近世、現代を経て東洋にまで至ろうとしている。その経過の中にわれわれは、ハーヤーの差異化的到来の閃きを東洋思想にまで垣間見つつ、その到来の季節を思うことができる。他方でわれわれは今日杜甫の語った「国破れて山河在り」（春望）とはいえない「国破れて山河なき」という危機の思いにもかられるのである。とすれば、その思いをかかえてまた聴従的漂白の旅路を迎える季節が芽ぐみつつある。

# あとがき

シャルトルやアルビなど威容をほこる様々な教会建築の中でも、南仏トゥールーズのジャコバン大聖堂ほど、わが身わが心を奪われた空間はなかった。枝葉を大きく広げたなつめやしの木になぞらえられた、円柱から天井の交差リブ・ヴォールトへ広がる切り立ったような蒼穹的眺めは、一切の信心装飾的な聖画・聖人像あるいは多数の祭室を拒否して単純にそこに在る。創設時のバラ窓を模した左右のステンドグラスも多様な聖書物語の絵画的解説を排して、青と赤のすっきりした対称の奥に、見る者の心を抽象へと高める。それらはあたかも地上的時間を消したかのように果てもなく透視できる空間の現出となり、われわれの眼差しを柔らかく赤裸な壁面をつたわらせてさらに高く大聖堂さえ超え、光の形而上的圏域へと高めてやまない。と同時にツーリストもほとんどかえりみないこの空間の片隅には、西洋中世最大の神学者トマス・アクィナス（十三世紀）が永遠に眠る静謐な空間、彼の奥津城《おくつき》がある。彼こそ人間の精神と生と文化の一切を、またその虚像と混迷をラテン哲学の詩的ともいえる単純な論理に純化し、その粋を神の至上の属性にまで高め、『神学大全』を構想して単純な形而上的言語空間を創造した人であった。そのせいか、『神学大全』とかの大聖堂の空間は不思議に共鳴しつつ、われわれの心を「形而上」にひき上げてゆく。この中世南仏の中心的都市だったトゥールーズから中世の城砦がそそり立つ地方都市フォワを経て、ピレネー山麓のモンセギュール村に辿り着いたのは、初秋の落日に透明な冷気が天地に満つる頃であった。

モンセギュール。そこにそそり立つ千三百メートル余りの山頂は、かつて自らを純粋な（カタール）精神、天使であると信じたカタリ（純粋）派の修道院の跡であり、それゆえか北仏の中世的権力から異端の刻印をおされた人々が、アルビジョア十字軍との最後の一戦を挑んだ拠点であった。その山麓で投降を拒んだ二百余の天使たちが焚刑の紅蓮の炎の中で肉体を脱して天使的自己に帰一したのは一二四四年三月一六日のことだと記されている。現代人には異質な中世の歴史に思いをはせて天上に屹立するモンセギュールの岩山を仰ぐと、それは「純粋な人々」の魂を天使的世界に運び去った巨大な祭壇のように映った。そのピレネーの透明な空間もなぜかあのジャコバン大聖堂のそれと共鳴し、超越への情熱を今日のわれわれに示しているようにみえる。実にそれは、質料を含めてであれ（トマス）、精神だけであれ（カタリ派）、一切の実体を形而上にもたらすという恐ろしい情熱なのである。この情熱は倒錯し頽落した形で近世以降に伝えられたが、近世はすでに形而下への思いに身も心も焦《こ》がれていた。形而下へのこの情熱は現代に至るまで、政治権力と富・資本と技術力や科学知および軍事力を総動員して一つの実体化、つまり人間中心主義的文明の構築にひたすら燃えてきたといえよう。その文明の象徴は今日なら欧米の大都市のどこにでもみられるように、カテドラルなどの建築を圧倒するグラットシェル（摩天楼）群である。あるいは尖塔のように天をにらむ巨大な核ミサイルである。この形而下への情熱はまた形而上的他者だけでなく、自己中心的な文明の辺境においやられ見棄てられた他者（動物も含む）をさらに排除し隠蔽し密かに抹殺している。そしてその情熱は横方向にも実体的権力域を拡張し、世界を植民地化し分割してきたのである。この窒息させる文明の実体化の圧力。

そうした現代的重圧状況に敏感に反応するのは身体であり感性であり気(持ち)であろう。そうした反応はわたしにとって、一切を我有化しようとする自同的実体思考とその即自存在的文明の突破口を手さぐりで探し、今日ではXとしかいえない他者の根源との出会いに向かう模索となった。

その模索のとき、砂漠・荒野の感覚が光のように眼をよぎり、この身体感覚をとらえたのである。それは不毛で無化の砂嵐に呑みこむ無限に光る砂漠のようである。

実際、われわれ日本人が文明から、さらに文化からも抜け海辺に巡礼するとき水平線に眼を奪われるように、砂漠は文明が隠し通している地平線の無限を暴いてくれる。この荒野・砂漠の感覚はわたしにとって、かつてアカバ湾からワジ・ラム（ヨルダン領）を目眩むような思いで抜けたとき、よぎった感覚であった。歩いても歩いても地平が無限に転回して拓け、地平線は不動のまま依然そこに在るという感覚でもある。その地平感覚はジャコバン大聖堂やモンセギュールの空間に対して一面共鳴するとしても、決して天上への誘惑ではなく地平への誘惑の感覚であり、その身体感覚は聖堂や岩山という不動な堅固さではなく、遊牧民の流浪でありテントなのである。その言語的響きは空間的な厳密な論理ではなく、未来に流動し自分をつねに超えて当てが定まらないような預言なのである。このような地平感覚——転回しつねに新しく拓けつつ、しかも地平がいつも地平であるような自己同一的流れの感覚——は、その後セム語系ハーヤー存在やダーバール（言・事）あるいはセム語を背景とするギリシア語プネウマ（気）などの語感と意味地平に共鳴することが次第に自覚された。思うにハヤトロギアは余りに独りよがりかもしれないが、わたしのそうした感覚や身体性の暦日のうちに育まれたのである。だからまたハヤトロギアは、単に形而上学的な意味での超越の方向はとらない。

親鸞の名をここでもち出すのは奇異であろうが、感覚的にいえばハヤトロギアの方位は、彼のいう「横超」とも重なるのである。「横超」は中国の科挙試験にあって次第に高位の資格を授かってゆく階梯、竪《たて》方向の出世とは逆に、そのまま横っとびに異次元にすっとぶ跳躍を意味するという。親鸞にとってその異次元とは、全くの此岸でもなければ全くの彼岸でもない地平なのである。その地平に立たなければ、この世（此岸）は浄土彼岸と縁が切れてしまうし、浄土もこの世と無縁となってしまう此岸と彼岸の交錯地平なのである。そこでこそ、此岸に埋没しない

「わたし」が彼岸の心で現身の「汝」他者と出会いうる。だからそこは、他者との邂逅が授かるぎりぎりの辺境であり境涯であり、それを親鸞は自らの身と生き方にひき当てて「非僧非俗」と語ったのである。そこに横超するのである。そこでわれわれの棲み狎れた実体的形而下文明の突破の感覚的手がかりは、「横超」的発想と共振し、ハーヤー的発想と共鳴するであろう。それはどのようなことなのか。

本書でも再三述べたように、ヘブライ文字におけるハーヤーは、王朝的実体を捕囚にひきわたして預言者と共にあくまで歴史の地平に新たな協働態を披く意味で横超的働きをなす。と同時に、絶対的超越（神聖四文字）の面をも示している。それが西欧的形而上の超越的流れとなって思索の歴史を形成するのだが、しかし後代の西洋形而上学はその面しか注目しなかったといえる。その結果、形而上・形而下という差異・分割に今日に至るまでとらわれ、他者をどちらかの次元項に同化して見失っている。そうした縦の実体分割と横方向をも実体化して地平を隠蔽する拡張的支配とを突破する可能性を披くのが横超なのである。そしてこうした実体支配の自同的圏域に最初の横超的ゆらぎをもたらしうるのがハヤトロギアともいえる。というのも、ハーヤー存在こそ、形而上・形而下の分割をさらに超越的に差異化すると同時に地平の無限な転回、地平に向かう不断の自己脱自をなしつつ、そこに橋頭堡を設けて他者との出会いを待望しようという希投なのであるから。

本書の「あとがき」を利用してこれまで随分わがままな「わたしの感覚」を述べさせていただいたが、それは本書の言説が決して思弁に起源せず、極めて感覚的な拓けに拠っている点を示したかったからである。そのせいか、本書を飾る二つのデザイン化されたロダンの彫刻「考える人」と「手」は、何ほどか「わたしの感覚」と共鳴している。つまり、「考える人」は決して思弁（テオーリア）しているのでなく、実体的文明の重圧に耐えながら今まさに立ち上がろうとする直前の意志・ハーヤーを示しているように感じられ、そして何かをつつみ放とうとするかのような両手は実体的圏域から「共に」光と気を求めて開花しようとする花の協働のように感じられたからである。

本書『存在の季節』は、『福音書の言語宇宙』（岩波書店、一九九九年）と『他者の原トポス』（創文社、二〇〇〇年）と共に三部作をなし、ハヤトロギアの思索がそこから湧き出る地下流の趣を呈している。それもしかし次の思索のほとばしりに向けての小さなたぎりであり飛沫であり空華にすぎない。

これまでの乏しい思索の歩みは、恩師、学友に支えられてからくも歩みえた手伸《たの》しくも苦渋にみちた道行きであった。この場をかりてそうした一期一会の結縁を結んでいただいた方々の恩愛に対し深く感謝する次第です。

また本書のように混乱するだけでなくどこかにすっとび迷走しがちな言説に耐えて一冊の著作が実現するようお骨折り下さった、知泉書館の小山光夫、髙野文子両氏と、索引作製および本文の誤植訂正などに尽力して下さった東京大学大学院総合文化研究科博士課程の柳澤田実さんに深甚の謝意をささげます。

平成十四年十月末日

秋冷の菊花に落在して香り立つとき

## 初出一覧

一章　「荒野に咲く花——真理と漂泊者の言語」（『宗教と文化』二一、聖心女子大学キリスト教文化研究所編、二〇〇二年所収）。

二章　「はじまり」（『哲学雑誌』四六、№七八八、哲学会編、有斐閣、二〇〇一年所収）。

三章　「存在の死」（『論叢』八、聖徳大学言語文化研究所編、二〇〇一年所収）。

五章　「神名・差異化・他者・ハーヤー」（『中世思想研究』四四、中世哲学会編、知泉書館、二〇〇二年所収）。

以上の諸論文は大幅に訂正加筆され本書の各章として構成要素となっており、「序」および「四章」「六章」「むすびとひらき」は直接書き下され、こうして全体がハヤトロギアに収斂するように工夫されている。

# 註

## 第一章　荒野に咲く物語

(1)　従来の「共同」「共同体」という表現は「同」という点で他者を斉一化する面を、また「体」という仕方で実体性を強調する面をもち、その結果、実体的自同性を意味するので用いない。むしろ、多数のペルソナが協力し出会い働きつつ、しかも常にその円居・共生を脱自する動態を表わす意味で「協働」「協働態」の表現を今後用いる。

(2)　本論は、はっきり意志をもって世界や運命の必然性に挑戦し、その必然性を語りによって突破しようとする人物（オイディプスやホセアなど）と共に、他者の邂逅をめぐる語りに注目しており、その際、ウィトゲンシュタインの「世界の中では、すべてはあるようにあり、起こるように起こる。価値は世界の中には存在しない」（『論理哲学論考』六・四一）、「語りえぬものについては、沈黙せねばならない」（七）などをふまえ、他方でまた「語りえないものの秘密を漏洩すること、恐らくそれが哲学の使命にほかならない」（*Autrement qu'être* ... Ch1, 3）と語りつつ、「〈語ること〉、それは隣人に接近し、隣人に向けて〈意味することの口を開く〉こと」（Ch2, 4, b）を語り続けたレヴィナスを手がかりとしつつ、言葉の語りによるわれわれの出会いのドラマを考究しようとしている。これは物語的に自・他協働の世界の開拓に連動している。

(3)　ここまでは真理を隠れなきこと（Unverborgenheit）、つまり存在の明るみとして示し、また「明るみと隠れの拮抗」として語ったハイデガーに拠っているが、やがてホセアの考究に至って真理は、神の三位一体論的な内的な関係を暗示する、神内の自己無化として理解されてくる。それは結局、自己を差異化する脱自的存在・ハーヤーに帰着する真理理解である。

(4)　デルポイの碑文「汝自身を知れ」と共にここでソクラテスを想起しなくてはなるまい。なぜならソクラテスは問答法という特別な対話的語りを通じ、自分にとってよいという思い做しを一切無化し、徳という形で「存在」「善さ」の根源にふれて人間の生のかたちを参究吟味した人、つまり「愛智（ピロソピア）の人」だからである。この徳という点についての白眉な論文として、松永雄二「ソクラテスの現存」（『現代思想3』一九八二年臨時増刊、青土社）を参照。

(5)　A. Heschel, "*The Prophets*", vol II, Harper Colophon Book, 1975, pp. 1-103.

(6)　*L'être et le néant. Essai d'ontologie phénoménologique*, Éditions Gallimard, 1968, p. 183.

（7）契約を愛の「ちぎり」と理解し、その挫折・背信と希望の間を歩んだケノーシスの預言者エレミアについては、「エレミアの告白」（拙著『聖書と愛智――ケノーシス（無化）をめぐって』新世社、一九九一年）参照。彼も「告白」を語りつつ、自・他の協働態を創ろうとした人である。

（8）E. Lévinas, Dieu et la philosophie, dans *De Dieu qui vient à l'idée*, Vrin, 1982.

（9）以上の消息については、第三章「存在の死」参照。また唯一の希望であるイサクを犠牲にするという自己無化を経て、イサクを獲得するという希望に甦ったアブラハムは、オイディプス＝ホセアのドラマの系譜に本質的に属する。それについては、J. Derrida, Donner la mort dans *L'Éthique du Don*, Colloque de Royaumont décembre 1990, Paris, 1992. さらにこれら自同的存在を差異化するヘブライ的ハーヤー存在については拙著『他者の原トポス』（創文社、二〇〇〇年）を参照。その際、神名ヤハウェとハーヤーとの類縁関係にも注目され、ホセアの出会ったヤハウェ神のハーヤー的性格に留意されたい。「七十人訳」との関係で La Bible d'Alexandrie 2, *L'Exode*, Éditions du Cerf, 1989。

**第二章　はじまりと語り**

（1）F. de Saussure : *Cours de Linguistique Générale* (CLG), Introduction, Édité, Annoté et Préfacé par R. Godel（『言語学序説』山内貴美夫訳、勁草書房、一九七一年）、邦訳、七四頁参照。また同邦訳書七六－七七頁と一五九頁参照。共時的な言語の中の語の価値は、ゲーム内のチェスの打ち方と類比づけられる。

（2）*Hermeneutics & the Human Sciences*, Ed & translated by J. B. Thompson, Cambridge UP.

（3）丸山圭三郎『ソシュールの思想』（岩波書店、一九八一年）、『ソシュールを読む』（岩波セミナーブックス2、岩波書店、一九八三年）の「第十講　ソシュールと文化記号学」を特に参照されたい。

（4）「コリント一」、一一23以下。この伝承史的に古層に属する聖餐式の制定文を基に、カリスマ的な原始キリスト協働態が、身体とその各肢体のメタファーで語り出されつつ新しい未来の地平を披いている。

（5）*Soi-même comme un autre*. Éditions de Seuil, 1990（『他者のような自己自身』久米博訳、法政大学出版局、一九九六年）.

（6）Edmund Husserl, *Cartesianische Meditationen. Eine Einleitung in die Phänomenologie* (Philosophische Bibliothek Bd. 291, Herausgegeben, eingeleitet und mit Registern versehen von Elisabeth Ströker, 1977)（『デカルト的省察』浜渦辰二訳、

岩波文庫、二〇〇一年)．この『デカルト的省察』中「第五省察」に、フッサール的他我論が語られているが、他我論と他者論は、後者が主観の志向性による他「者」接近を超越する以上、厳密に区別されなければならない。

（7） 例えばこの点について次著を参照。Daniel Epstein, "La SHOAH comme traumatisme éthique dans l'oeuvre d'E. Lévinas", dans *Difficile justice*, Colloque des intellectuels juifs. Albin Michel, 1998.

（8） リクール、前掲久米訳、四一八頁。

（9） 同、四一九頁。

（10） Ibid., *Soi-meme*, p. 391.

（11） Ibid., p. 405.

（12） レヴィナスとリクールの自・他論の相違については、次の論文に別の視点から述べられている。久米博「選ばれた者の尊厳をめぐって」〈エマヌエル・レヴィナス〉(『思想』八七四、岩波書店、一九九七年)。

（13） *Entre nous*, Éditions Grasset, 1991. preface (『われわれのあいだで——〈他者に向けて思考すること〉をめぐる試論』合田正人・谷口博史訳、法政大学出版局、一九九三年)．

（14） *Autrement qu'être ou au-delà de l'essence*, Le Livre de Poche, Paris: ch1, 3.

（15） Ibid., ch5, 3.

（16） Ibid., ch1. 3.

（17） 拙著『他者の原トポス』(創文社、二〇〇〇年)、特に第五章を参照されたい。

（18） *The Life of the Mind*, New York, 1978 (『精神の生活』上・下、佐藤和夫訳、岩波書店、一九九四、九五年) 中の中世キリスト教哲学を扱う第二部を参照。

（19） 言葉とプネウマの関係については、前掲『他者の原トポス』中「むすびとひらき」における「言葉・ロゴス・ダーバール(言即事)」(第二節) と「他者のトポスとプネウマの言説」(第七節) とを参照されたい。

**第三章　「存在 (essance)」の死**

（1） Herakleitos, B1, 2, 50; Parmenides, B6, 8; Diels/Kranz., *Die Fragmente der Vorsokratiker*, vol. I, Weidmann, 1974[17].

（2） アモスの預言は、ダマスコ、ガザ、ティルス、エドム、ユダ、イスラエルの滅亡を次々と告知する (「アモス」三7—

8)。滅亡と再生のドラマについては、「エレミアの〈告白〉」(拙著『聖書と愛智――ケノーシス(無化)をめぐって』新世社、一九九一年)を参照。

(3) 本章の「語られたこと」「語ること」「在ること」は、Emmanuel Lévinas, *Autrement qu'être, ou au-delà de l'essence*, Martinus Nijihoff, 1978 に多大なヒントをえている。他に J. L-Marion, Note sur l'indifférence ontologique, dans *Emmanuel Lévinas. L'Ethique comme philosophie première*, Cerf, 1993, pp. 47-62.

(4) essance の用法については、Ibid., *Autrement*, Préface および本書第二章を参照。ロゴス中心主義については、J・デリダ『根源の彼方に――グラマトロジーについて』(足立和浩訳、上・下、現代思潮社、一九七二年)を参照。

(5) M. Heidegger, "Die onto-theo-logische Verfassung der Metaphysik", in *Identität und Differenz*, Pfullingen, 1957. *Phänomenologie und Theologie* (Gesamtausgabe, 1. Band 9. Frankfurt am Main, 1976).

(6) 『全体主義の起源3』(大久保和郎・大島かおり訳、みすず書房、一九八一年)。

(7) マリオン、上掲論文の邦訳「存在論的無差異についての覚書」九一頁(合田正人・高橋聡一郎訳『思想』八七四、岩波書店、一九九七年)。

(8) このようなテキストの無化・異化に注目して、他者との邂逅を目指した書として、『福音書の言語宇宙』(拙著、岩波書店、一九九九年)、『聖書の言語を超えて――ソクラテス・イエス・グノーシス』(宮本久雄・山本巍・大貫隆、東京大学出版会、一九九七年)を参照。

(9) *Sein und Zeit; Was ist Metaplysik?* 9te Auflage, V. Klostermann F.A.M. 1965. Nachwort, p.45; Dieses Nichts west als das Sein.

(10) *S.T.* I, Q.45, a.1, c; creatio, quae est emanatio totius esse, est ex non ente quod est nihil.

(11) Predigt I, in *Deutsche Predigten und Traktate*, J. Quint, München, 1955.

(12) 例えば、St. Thomas, *De Veritate*, Q.1, a.1, c.

(13) 「ラテン語説教24」『エックハルト　ラテン語説教集』(中山善樹訳註、創文社、一九九九年)。

(14) *De Dieu qui vient à l'idée*, J. Vrin, 1986, pp. 164-165.

(15) 「死と甦り」(拙著『他者の原トポス』七章、創文社、二〇〇〇年)に所収。

(16)「恩恵的行為論の披く〈存在と人間〉理解」(拙著『宗教言語の可能性』勁草書房、一九九二年)に所収。
(17) ここで、モーセ、イザヤ、エレミアなど預言者たちがハーヤーの到来と呼びかけに応えて「わたしはここに」(hinnenih)と語る語りとそれによって生起するドラマとを想起しなければならない。
(18)「汝の近みゆえに我在り」(拙著、前掲『他者の原トポス』)に所収。
(19)「出会いの解釈学」(拙著、前掲)に所収。
(20) 善導の五部九巻は、『大正新脩大蔵経』第三七巻、四七巻に所収。一般的理解の主要な手引書としては、牧田諦亮『善導』(浄土仏教の思想5、講談社、二〇〇〇年)、藤田宏達『善導』(人類の知的遺産18、講談社、一九八五年)、『観経疏学習ノート』(山口聖典研究会編、永田文昌堂、一九八六年)などがある。法然については、大橋俊雄『法然全集』全三巻(春秋社、一九八九年)を参照、『選択本願念仏集』の注解としては、石上善応『法然、選択本願念仏集』(筑摩書房、一九八八年)を参照。親鸞の手紙文については、『末燈鈔』も含めて、石田瑞麿『親鸞とその妻の手紙』(春秋社、一九六八年)を見よ。浄土教の歴史を辿るためには、石田瑞麿『親鸞思想と七高僧』(大蔵出版、一九八六年)、『浄土教——その伝統と創造II』(浄土教思想研究会編、山喜房仏書林、一九九四年)、石田充之『浄土教教理史』(サーラ叢書15、平楽寺書店、一九六二年)などを参照されたい。
(21) このペルソナ像として一つの典型をなすのは、モーセである。そのことに関しては、「〈神〉言語の創る空間と人格——モーセと〈神〉言語との遭遇から」(拙著、前掲『聖書と愛智』)に所収。
(22) イエスのペルソナ性については、『福音書の言語宇宙』(拙著、前掲)。

**第四章　ハヤトロギア(ヘブライ的存在論)の胎動**

(1) このハヤトロギアの語は、同じ主旨で有賀鐵太郎博士によって創唱された。『有賀鐵太郎著作集』(創文社)中、特に第四巻「有とハーヤー」を参照されたい。本論は、この言葉を継承しつつ、ダーバール・プネウマ論との連動においてその内実を深化して他者論・協働態論としてねり上げるようとする試論である。
(2) この物語がアウグスティヌスのいわば、「物語的自己同一性」形成となった道行きについては、拙著『他者の原トポス』(創文社、二〇〇〇年)一七三—二〇〇頁を参照されたい。
(3) こうした解釈学的方法とその実践についてのモデルとして、『福音書の言語宇宙』(拙著、岩波書店、一九九九年)および『聖書の言語を超えて――ソクラテス・イエス・グノーシス』（宮本久雄・山本巍・大貫隆、東京大学出版会、一九九七年）の第二章を参照されたい。

（4） *Was ist Metaphysik*, Vittorio Klostermann Frankfurt A.M. 1965[9], Einleitung, p. 19. その他「存在－神－論」については M. Heidegger, "Die onto-theo-logische Verfassung der Metaphysik", *Identität und Differenz*, Pfullingen, Neske, 1957（大江精志郎訳、「ハイデッガー選集」10、理想社、一九六〇年）、マリオンについては、J.-L. Marion, *L'idole et la distance*, Grasset, 1977.「存在－神－論」の概観史と現代的意味については、『他者の原トポス』序論（拙著、前掲）を参照されたい。

（5） プロティノスについては、『プロティノス全集』（全四巻＋別巻一、中央公論社）を参照。特に、彼の流出的世界創成とその世界のロゴス的秩序については、「魂の諸問題について　第一篇」（『エネアデス』Ⅳ・2、全集第三巻、一九八七年）を参照。

（6） このペルソナ的一致がむしろ神と人間という二つのペルソナを決定的に生み出す構造については、鶴岡賀雄氏の次のような卓見を引用しておきたい。「魂と神との合一とは、魂と神が〈一つ〉になることであるよりも、本当の意味で〈ふたり〉になることとして捉えられている――神と自分とを指して真の意味で〈私たち〉と言えるようになることが合一の成就である」（『十字架のヨハネ研究』創文社、二〇〇〇年）三二四頁、および第三部全体を参照。他方でギリシア教父からビザンティンを経てロシア宗教思想に至る「イエスの名の祈り」の系譜も、ペルソナ的一致を示唆して止まない。Jacques Serr et Olivier Clement, *La prière du coeur* (Ouvrage réalisé avec le concours de la Fraternité Orthodoxe en France), Abbaye de Bellefontaine, 1985（『イエスの祈り』東方キリスト教叢書3、宮本久雄・大森正樹訳、新世社、一九九五年）参照。

（7） この点については、M. Delhez, N. Frogneux et A.-M.Guillaume, "Dieu d'apres Auschuritz", dans *Emmanuel Lévinas et l'histoire*, La nuit surveillée, Cerf, 1998 を参照。この論文では、アウシュヴィッツで破壊されたのは人間の絆である限り、政治的倫理的に人間の根本的絆の再結合が問われている。しかしその際、他者は同化しえない無限者である以上、倫理の問いに無限者・神が関わってくる。特にコギトや超越論統覚の統一を破綻させる他者として関わってくるという。

（8） 技術論については、*Vorträge und Aufsätze*, Pfullingen, 1954; *Die Technik und die Kehre*, Pfullingen, 1962（小島威彦、アルムブルスター共訳「ハイデッガー選集」18、理想社、一九六五年）.

（9） *Entre Nous Essais sur le penser-à-l'autre*, Éditions Grasset, 1991, p. 145（前掲訳書、合田正人・谷口博史訳、法政大学

出版局、一九九三年）.

（10） Ibid, p. 158; La première personne du présent ... garantit au savoir son rassemblement congénital et son autosuffisance préfigurant l'unité systématique de la couscience et l'intégration au système at au présent ou à la synchronie ... Thématique philosophique où le temps se trouvera subordonné à un présent qui ne passe pas, ni ne se dépasse ...

（11） この事物と思考の相関関係は、判断的真として、アリストテレスによって定義づけられた。「存在するものを存在すると言い、あるいは存在しないものを存在しないと言うは真である」（『形而上学』第四巻、七章、1011b 23-30）と。これを合致の真理として定式化したのはトマスであった。「真理とは事物と知性との合致である（veritas est adaequatio rei et intellectus）」（*De Veritate,* Q.I, a.1, c）。

（12） Ibid, p. 145.

（13） 以上の労働における疎外論については、K. Marx: *Ökonomisch-philosoplische Manuskripte aus dem Jahre 1844*（『経済学・哲学草稿』城塚登、田中吉六訳、岩波文庫、一九六四年）を参照。

（14） 道元はまた「菩提薩埵四摂法」中で愛語という語りが「よく廻天のちからあること」を指摘している。日常底の生活で「御大切に」とか、「御機嫌いかがですか」「今日は」などの愛語を不退転の仕方で語り続けてゆくことが、「怨敵を降伏し、君子を和睦《ぼく》ならしめる」のであるという。

（15） 逆転指(志)向性については、レヴィナスの非指向的意識（la conscience non intentionnelle）に基づいて、マリオンが他者の到来と関連させて語っている。他者的現象とは、"ce phénomène exerce sa propre intentionnalité contra la mienne. C'est lui qui me fait céder, reculer, ou au contraire marcher vers lui, car il le demande par un mouvement dont je ne suis pas l'origine" dans *Difficile Justice* (Colloque des intellectuels juifs, Albin Michel, 1998, p. 57)。

（16） かつてこの他者到来を死の到来として考究したので、その点をも参照されたい。拙稿「死が披く存在到来の地平」（前掲『他者の原トポス』第七章、第一節）。ここでは死という異化をもたらす、到来するハーヤー的存在が同時に示されている。

（17） この点をE・フェロンはよく示している。"Dans le Dire, le «je» perd en effet son identité, son étantité ... en ce qu'il est inspiré par l'Autre ... Cette perte de l'être en propre ne peut être approché que comme un autrement qu'être, parce que l'être lui-même ne se laisse penser qu'à travers cette idée du propre". dans *De l'idée de transcendance à la question du langage*, Millon, 1992, p. 199.

（18） 聴従的テキスト解釈については、前掲、『他者の原トポス』がそれを実践しているのであるが、特に第一章、ニュッサのグレゴリオスの聴従的エペクタシス的解釈を参照されたい。

（19） 「物語的自己同一性」については、P・リクールに多大の発想と方法を学んだ。*Soi-Même comme un autre*, Éditions du Seuil, 1990（前掲訳書、久米博訳、法政大学出版局、一九九六年）. 特に「第五―六研究」を参照。

（20） 「或るものの自然とは、これ〈自然〉がその或るもののうちに第一義的に・それ自体において・そして付帯的にではなしに・内属しているところのその或るものの運動しまたは静止することの原理であり原因である」（『自然学』第二巻、第一章、192b22-24）ゆえに、自然学者は「形相としては切り離されうるが、しかし質料のうちに存するところの事物〈自然物〉について」（第二巻、第二章、194b12-13）その運動や性質変化（alloiôsis）や転化（metabolē）を研究するのである。他方、質料から離れて存するものの本質定義にたずさわる者は、形而上学者であるとされ、彼は第一の天球・永遠的で唯一の移動的運動をする恒星天の原因である「不動の動者」をめぐって探究する（『形而上学』第十二巻七―八章）。その際、一切の質料を離れた「不動の動者」は、純粋形相といえる。こうしてアリストテレスにおける存在者は、第一原因（純粋形相）に動かされて永遠の回転運動をする諸天球に包まれて在るといえ、それゆえ空間的場において空間的表象を伴って思考されるわけである。

（21） 『自然学』第四巻、第十一章、219b1-2。なおアリストテレスの邦訳は、『アリストテレス全集』岩波書店を参照。

（22） アリストテレスの目的手段連関とそれを変容し目的に対する根源的自由を説くニュッサのグレゴリオスの目的手段連関を比較した論文として、今道友信「自由と美と神秘の連関について――ニュッサのグレゴリオスの美学」（『美学史研究叢書』第二輯、一九七二年）を参照。

（23） 「出エジプト記」三14の神名をめぐって様々な研究があるが、本論の意図に沿った次の書を挙げておきたい。R. de Vaux, *Histoire d'Israël Des Origines à l'Installation en Canaan* (Librairie Lecoffre, 1971) pp. 321-337（『イスラエル古代史――起源からカナン定着まで』西村俊昭訳、日本基督教団出版局、一九七七年）. Martin Buber, *Moses*, Harper Torch Books, New York 1958. *Celui qui est, interprétations juïves et chrétiennes d'Exode 3, 14*, Cerf. 1986. *Exégèses d'Exode 3, 14 et de Coran 20, 11-24*. Études Augustiniennes, Paris 1978. Von Rad, G, *Theologie des Alten Testaments* I & II（『旧約聖書神学』1・2、荒井章三訳、日本基督教団出版局、一九八〇、八二年）. W.H.G.PROPP, *Exodus 1-18* (The Anchor Bible 2, 1999). U.

Cassuto, *A Commentary on the the Book of Exodus,* translated by Israel Abrahams. The Hebrew University, 1972. カスートは、この書で神名の意味を次のように解釈している。It is I who am with my creatures in their hour of trouble and need ... just as I am with you, so am I with all children of Israel who are enslaved, and with everyone who is in need of My help, both now and in the future (p. 38). 彼によると、その神名のハーヤー性が、例えば「出エジプト記」一五2－3で確証されるとしている。

(24) B. S. Childs, *Exodus,* SCM Press LTD, 1974, p. 76.

(25) Plutarch, “The E at Delphi”, *Plutarch's Moralia* V, tr. by F.C. Babbitt, Loeb Classical Library, 1936. ここにヘレニズム的な存在の不変性超越性が示されている。

(26) 他者との邂逅を求めてエクスタシスする神のエクスタシスを見事に示した書として、A. Heschel, *Dieu en quête de l'homme*, Paris, 1969（『人間を探し求める神――ユダヤ教の哲学』森泉弘次訳、教文館、一九九八年）。

(27) その意味でわれわれは「十誡」に関し、特に現代ユダヤ教哲学者、Marc-Alain Quaknin, *Les Dix Commandements,* Seuil, 1999.を援用したい。また前掲、Cassuto, Exodus解釈も参照したい。

(28) Ibid, pp. 45-46.

(29) 前掲『他者の原トポス』第一部、第一章、第二－三節参照。外に、*EPEKTASIS: mélanges patristiques offerts au Cardinal J. Daniélou,* publiés par J. Fontaine et Chr. Kannengiesser, Beauchesne, 1972。

(30) この点を像と視覚や表象的思惟との観点から論じた書として次の著作を参照されたい。J.-L. Marion, *L'ldole et la distance*, Grasset, 1977.

(31) Ibid, pp. 208-10, p. 240.

(32) Cassutoによれば、安息日は、バビロニア人やアッシリア人によって満月の日（月の一五日目）に指定され、月神などの神々に献げられた。この一五日に加えて、七、一四、二一、二八の五日は、凶の日で重要な仕事はタブーとされ喜びはない。イスラエルは逆に安息日を、労働から解放され次の創造に着手する神に与る日として神に献げ、歴史や時間に新たな地平を披いたとされる。

(33) この想起・記憶の現在的未来的地平の披きの働きについては、『過越祭のハガダー』（石川耕一郎訳・解説、山本書店、一九八八年）が非常に重要な示唆を与えてくれる。

(34) Ibid, pp. 94-95.

(35) Ibid, pp. 93-96.

(36) Ibid, pp. 131-158.

(37) Ibid, pp. 207-208.

(38) 拙著『聖書と愛智』（新世社、一九九一年）、特に三五－四一頁まで参照されたい。

(39) ここら辺の議論については、関根正雄『古代イスラエルの思想家』講談社、一九八二年。*A. Neher, Moïse et la vocation juive*, Éditions du Seuil, 1978 などの思想的ヴィジョンも参考になる。

(40) Ibid, pp. 246-247.

(41) 前掲『聖書と愛智』中「〈神〉言語の創る空間と人格」において、モーセのことがハーヤー的自己同一性に関して語られている。

(42) 表象によっても現前系に入らない過去は、現前の起源以前として〈外〉〈他者〉の過去である。この点について、前掲『存在とは別の仕方で……』では次のように語られている。「この過去は起源以前の過去（passé pré-originel）、起源を欠いた過去（passé anarchique）であり、それゆえ一度たりとも起源と化したことがないのだ」と。*Autrement qu'être* ..., p. 12. Ibid., *Entre nous*, pp. 189-191.

(43) 「ゲーム」という言葉は、将棋、サッカー、野球、チェスなどに語られるが、それは様々なゲームと呼ばれることが共通の本質的同一性を共有しているからでなく、様々な類似によって重なり合うという類似性をもっているからで、その類似を家族の各成員が互いに類似している点に倣って「家族的類似」と呼ばれるわけである。『哲学探求』（藤本隆志訳、「ウィトゲンシュタイン全集」8、大修館書店、一九七六年）参照。

(44) 背面的聴従については、『モーセの生涯』第二部、二一九－二五五頁、特に引用箇所に関しては、二五二頁を参照。他に『雅歌講話』中「第十二講話」を参照。

(45) M. Buber, *Pfade in Utopia*, 1950（『もう一つの社会主義』長谷川進訳、理想社、一九五九年）.

(46) Ibid, *Entre Nous*, pp. 130-132.

（47） 言葉を贈与として思索を深める一例を挙げよう。"La relation avec autrui, la transcendance, consiste à dire le monde à Autrui" (É. Lévinas, *Totalité et Infini*, La Haye, Nijhoff, 1961, p. 148). Nommer une chose signifie la donner au *hic et nunc* de ma possession. Le langage est une première dépossession de la chose, une première donation du monde à autrui, précisément grâce à "la généralité du mot" qui "instaure un monde commun" parmi les êtres séparés. F. Claramelli, *Transcendance et Éthique Essai sur Lévinas* OUSIA, 1989, p. 165.

（48） これまで語られてきたような仕方で、実体的自己同一性の中に無をもたらす差異化、あるいは「すでに語られて在る」凝固した言語世界を語り直すという差異化およびそこに働くプネウマ（気）について、哲学や宗教思想上次のような思索や発想があり、類比的な仕方でヒントを与えてくれるであろう。

① まずカバーラ神秘主義でいわれる「神のツイムツーム（自己内収縮）」が参考になろう。この神内空間が創造の根源になる。

② ギリシア教父殊にニュッサのグレゴリオスが強調し、G・パラマスで完成した神におけるウーシア（実体本質）とエネルゲイア（働き）との区別である。この区別・差異とエネルゲイアが他者に関わる突破口となる。エネルゲイアはまたプネウマの息吹き・他者関与としても理解される。大森正樹『エネルゲイアと光の神学』（創文社、二〇〇〇年）にその消息が詳細に考究されている。

③ いわゆる「三位一体論」が挙げられる。各ペルソナは、実体的関係として理解され、実体的自同性を破る関係性が強調され、子のペルソナの受肉やプネウマ（聖書のペルソナ）の発出、つまり他者との関わりもその関係性から理解される。

④ トマスの無からの創造における存在の第一原因説がヒントになろう。というのも、彼はアリストテレスの運動的可能態と現実態の差異を、存在の差異である無と存在の場において差異化をおし進めた。その差異化は無から存在を原因する存在の第一原因の暴露であった。それは理論的に構築された差異、つまり形相／資料、現実態／可能態、運動／静止などとして判断され概念理解された可能的世界が、実は無から、可能的世界から存在へと現実化されて今ここで相互に差異化されて個として在るということの解読であった。こうして世界は現実的邂逅の場たりうることは、第一存在原因の発見に拠ることだったといえる。この第一原因は、理性的指向によって諸世界を可能的に構想するロゴス的指向に対して逆転指向として働き、理性をそれが指向する本質世界を突破して存在の現実態（actus essendi）にまで至らせる契機となる。勿論、存在の現実

態とは、一人ひとり一つ一つが唯一回的に邂逅に開いてあるということである。このトマス的ヴィジョンについては、『他者の原ポトス』第三章(1)を参照されたい。

⑤ M・エックハルトのいうあらゆる像（Bildern・他者を抹消する主我的イメージや夢幻世界）の突破としての無化も、それが神の子の誕生に通底し他者との邂逅を披く意味で大いに参究されてよい。

⑥ 十字架のヨハネの『カルメル山登攀』などの作品で語られる無（nada）の思想や語り。因みに、有名なカルメル山図の中央の道には、他者との邂逅に向けて「無、無、無、無、無、無、山中においても無」（nada nada nada nada nada nada y aún en el monte nada）と示されている。

⑦ デリダの差延（différance）。これは時・空的差異化を意味し、現前的同一者というあらゆる実体性とその主張（ロゴス中心主義）に先行・対立する語り・根拠・関係である。

⑧ ハイデガーの存在論的差異も有力なヒントになる。この差異に基づいて、存在の存在者への顕現と隠れの差異化も生起する。

⑨ レヴィナスのいう〈本質論的で自同的な〉存在論の〈外〉、存在とは別な仕方で語られる語りなども、プネウマの息吹きにおけるハーヤー的エチカの成立に示唆を与える。

その外、東洋的「無用の用」や哲学的否定神学やH・アレントのいう忘却の穴などとの関係で語られる記憶論など無数にハーヤーの差異化と通底する語りが想起されよう。その個々の語りへの参究は、未完了態として続けられる。

(49) これらの光、風、霊、水のメタファーは、新約ヨハネ福音書文学に頻出する。

(50) この過去からの解放と未来の創造に吹くプネウマに言及したテキストとして、枯れた骨の谷に吹きわたり骨を人間へ復活させるメタファーによってイスラエル民族の再生を語る「エゼキエル書」三七が典型《モデル》として挙げられよう。また終末論的再生をもたらすプネウマ・ルーアッハについては、「ヨエル書」三が古来から余りに有名である。

(51) 「ヨハネ福音書」三8。このテキストには、これに続く四章のサマリアの女の物語も含め、イエスというプネウマ的人間像が見事に活写され、われわれの「物語的自己同一性」成立に対して新しい言葉・ハーヤー的エネルギーを与えてくれる。

(52) Die Bedingungen apriori einer möglichen Erfahrung überhaupt sind zugleich Bedingungen der Möglichkeit der Gegenstände der Erfahrung. *Kritik der reinen Vernunft*, A. 111.

(53) W・ジェイムズ『プラグマティズム』(桝田啓三郎訳、岩波文庫、一九五七年)一四七頁。

(54) われわれはこのプネウマ人格と彼の歴史的展開に対する危機意識との物語の一例を「エレミア書」に読みとることができる。つまり、イエラエルを滅ぼそうと侵攻するバビロン帝国の到来を、国民のハーヤーに対する覚醒のチャンス到来とエレミアは理解したのである。特に一11－14中の次のシーンを参照されたい。「主の言葉が再びわたしに臨んで言われた。「何が見えるか」。わたしは答えた。「煮えたぎる鍋が見えます。北からこちらに傾いています」。主はわたしに言われた。北から災いが襲いかかる。この地に住む者すべてに(13－14)。

**第五章 「神」なき時代の無「神」論とは?**

(1) 如上の深刻な問題意識については、吉満義彦『神秘主義と現代』(著作集第4巻、みすず書房、一九五二年所収)を参照。*Summa Theologiae* 1, Quaestio 13. 以後 *S.T.* 1, Q.13. のように表記する。

(2) この点でわれわれは、稲垣良典『神学的言語の研究』(創文社、二〇〇〇年)の議論とは異なる。氏は「表示されたもの」に神名が示す神的本質を対応させ「表示の様式」に神的な働きを対応させ、こうして言語論的レヴェルと存在論的レヴェルを余り区別していないからである。しかし、トマスの神学的言語論としては参照されたい。

(3) Gregorius Nyssenus, *In Canticum Canticorum*, ed. H. Langerbeck, Leiden 1960(『雅歌講話』大森正樹・宮本久雄・谷隆一郎・篠崎榮・秋山学訳、新世社、一九九一年)。

(4) *De vita Moysis* (La vie de Moïse), éd, Daniélou, Sources Chrétiennes No. 1ter, Paris 1968(谷隆一郎訳「キリスト教神秘主義著作集1」教文館、一九九二年).

(5) Ibid., p. 280.「神の導く処どこにでも彼に聴従すること(akolouthein)は、神を観ることである」(252)。

(6) この点については拙稿「ニュッサのグレゴリオスにおける〈神の似像〉——エペクタシス表現を契機として」(『宗教言語の可能性』勁草書房、一九九二年所収)を参照。この拙論では、哲学と倫理の交差による個と協働態の成立について論じてある。

(7) エネルゲイアとウーシアの区別が示す意義やその形成史に関して、グレゴリオス・パラマスとの関連で次の好著が刊行された。大森正樹『エネルゲイアと光の神学　グレゴリオス・パラマス研究』(創文社、二〇〇〇年)。また東方ギリシア教父の人間論をパラマスのそれも含めて扱った書として、V. Lossky, *A l'image et A la Ressemblance de Dieu*, Aubier-

Montaigne, 1967.

(8) *Théologie mystique de l'Église d'Orient*, Aubier 1944（『キリスト教東方の神秘思想』宮本久雄訳、勁草書房、一九八六年）. 邦訳第四章「創られざるエネルギー」参照。引用は、同一一〇－一一一頁。

(9) ヴィヴェカーナンダの著作は、*The Complete Works of Swami Vivekanand*, Mayavati Memorial Edition, Advaita Ashrama, Calcutta 1996[9]. ラーマクリシュナとヴィヴェカーナンダの生涯については、『生けるインドの神秘と行動』（「ロマン・ロラン全集15」宮本正清訳、みすず書房、一九八〇年所収）。

(10) ラーマクリシュナの語録には、*The Gospel of Sri Ramakrishna*, translated by Swami Nikhilananda, Madras, India, 1969[5]。インド思想の紹介書としては、玉城康四郎『近代インド思想の形成』（東京大学出版会、一九六五年）。

**第六章　食卓協働態とハヤトロギア**

(1) 以上のような「存在－神－論」に拠る文明的経緯については、前掲『福音書の言語宇宙』序、第一章および『他者の原トポス』序論に詳細に語られている。

(2) 食については無数の著述や論文があるが、本書では次のような書をとりあげ参考にさせていただいた。地球環境を温暖化の視点で考察した書として、宇沢弘文『地球温暖化を考える』岩波新書四〇三、一九九五年、『地球温暖化の経済学』岩波書店、一九九五年。食の思想、食の様々な文化・文明および食と環境などを総合的に倫理的視点から問うた書として『食の倫理を問う・からだと環境の調和』（「講座　人間と環境6」安本教傳編、昭和堂、二〇〇〇年）。石毛直道『食事の文明論』（中央公書六四〇、中央公論社、一九八二年）。

(3) 共同体という語は、ハーヤー的協働態に対して、自同的実体的体制や集団などを表すために本書で用いられる。

(4) イエス時代のユダヤ教とそこにおける食卓規定について一般的参考書としては、荒井献『イエスとその時代』（岩波新書九〇九、一九七四年）。J・ニューズナー『イエス時代のユダヤ教』（長窪専三訳、教文館、一九九二年）。ヴィルリ・マルクスセン「聖餐の観念とその変遷」（H・ブラウン、H・コンツェルマン他著『イエスの時代』佐藤研訳、教文館、一九七五年）などを参照されたい。

(5) 前掲『福音書の言語宇宙』第三章、2「罪の女と金貸し」を参照。

(6) 同、1「失われた息子」参照。

(7) 特に「ルカ福音書」のコンテキストで、主と共なる宴の意義を分析明示した書として、三好迪『旅空に歩むイエス』(講談社、一九八四年)二一三頁以下参照。

(8)『過越祭のハガダー』(石川耕一郎訳・解説、山本書店、一九八八年)。

(9) *Der Geist des Christentums und sein Schicksal*, Jugendschriften, nach den Handschriften der Kgl. Bibliothek in Berlin, herausgegeben von Dr. Herman Nohl, Tübingen, 1907(『キリスト教の精神とその運命』伴博訳、平凡社ライブラリー二一〇、一九九七年). 邦訳中「愛の晩餐」一五二―一六四頁。特に一五八―一五九頁参照。

「彼らがパンを食しぶどう酒を飲み、イエスの体と血が彼らのうちに行きわたることによって、イエスはすべての者のうちにあり、そして彼の本質は、愛となって神的に彼らに浸透したのである。このようなわけであるから、パンもぶどう酒も、単に悟性にとって存在する一つの客体にすぎないものではない。その食し飲む行為も、単にそれらの客体を否定することによって生ずる自己との同一化にすぎないものではない。またその感受も、食物や飲物の単なる味覚といったものではないのである。[上述のように] イエスの弟子たちはイエスの精神において一つとなっているが、そのイエスの精神は、外部感覚に対して、客体として現前しており、一つの現前的なものになっているのである。

しかし、客体化された愛、事物となったこの主体的なものは、再びその本来のものへと帰還する。すなわち、それを食することによって、再び主体的なものとなるのである。この点この帰還の運動は、いわば、書かれた言葉という形で物と化した思想が、[それを] 読むことによって (in Lesen)、死せるものとしての客体からその主体性を再び取り戻すことに比せられるであろう。[のみならず] その書かれた言葉が読みたどられ (aufgelesen 〈würde〉[拾い集められ])、理解されることによって、物としての姿を失うものとすれば、この比較はさらに適切なものとなるであろう。すなわち同様に、パンとぶどう酒とを享受する場合にも、それによってこれらの神秘的な客体について感情が呼び起こされ、精神が生気をおびてくるというだけではないのであって、[同時に] これらのもの [パンとぶどう酒] 自体は、客体としては姿を消すのである。」

(10) 聖書の世界における、食を媒介にした神と人の関係や人間的エチカの問題、さらに食べ物の群像や調味料などに関し、健康の問題も含めて広く「食」をめぐる問題を提供してくれる好著として、奥田和子『なぜ食べるのか　聖書と食』(日本キリスト教団出版局、二〇〇二年)がある。また「特集・食」『アレテイア』第三七号(日本キリスト教団出版局、二〇〇二年)、二一―二二頁参照。世界の窮食を防ぐ策や孤食の問題やイエス時代の食文化など話題が多彩である。

(11)　賢治ほど生命連鎖あるいは生命的一体性の破れを食物連鎖や弱肉強食の食との連関において痛みを伴って感じ思索し、そして贖罪にも似た仕方で祈りに昇華した人はいないであろう。

初期作品の『なめとこ山の熊』では、貧しいがゆえ憎くもない熊を「熊ども赦せ」と赦しを乞いながら殺す猟師小十郎の悲しい運命が描かれている。他方でその小十郎を殺すつもりはなかったのに殺さざるをえず、その死骸の囲りに環になって祈る熊たちのすがたが哀切に活写され、猟師と熊、人と動物の生命的交流・交感が示されていると共に、そうした生命的連帯を破る商人やその背後の人間中心主義的産業社会が批判されている。

『鳥の北斗七星』は、作品論的視点から他の山鳥を殺す行為とその殺された鳥に祈ることとの矛盾をかかえていると批判されるにしても、その底流には次のような戦争批判・生命感覚が生々として流れている。「ああ、マヂェル（星）様、どうか憎むことのできない敵を殺さないでいいやうに早くこの世界がなりますように、そのためならば、わたしのからだなどは、何べん引き裂かれてもかまひません」と。殊に食物連鎖に表される弱肉強食への抗議は、『蜘蛛となめくじと狸』に強調されているし、肉食主義を菜食主義的観点からこっけいに批判する『ビジタリアン大祭』には、強烈な生命の連帯感が語られている。というのも菜食主義とは「仏教の中でのように、あらゆる動物はみな生命を惜しむこと、我々と少しも変わりはない、それを一人が生きるために、ほかの動物の命を奪って食べる……よくよく食べられる方になって考えて見ると、とてもかあいそうでそんなことはできないとかう云ふ思想」、つまり生命的一体の思想なのであるから。さらに『よだかの星』にあっては、この一体感が強まってよだかが弱肉強食の業からのがれるために、いわば自己犠牲的に自殺を決行することをも示唆している。賢治の作品にはこうして生命の育みを自らの生命とした者が星になって今日も天上に輝き、生命の宇宙的連関を見まもり、弱肉強食の世を哀しみみんなのさいわいを祈る祈りにみちている。

(12)　全宇宙のエネルギーが、眼前のこの生命の現成、たった一本の花の開花においてさえ働いている（energein）ことを見事に示したのはアリストテレスであった。彼は一層高次の現実態が可能態に働きかけて、それを現実化するという風に、現実態（energeia）と可能態（dynamis）の対によって世界を理解した。例えば、子は母の月経（質料的可能態）から父（形相的現実態）の働きによって人間として生まれ現実化されてゆくが、その父も高次な現実態である太陽によって動かされ、さらに太陽は黄道帯（太陽や諸惑星を含む傾斜した円環）によって動かされ、この運動因の系列は第一恒星天に至る。この第一恒星天は遂に可能態の影なき純粋形相・純粋現実態である永遠なる神「不動の動者」によって動かされる。とすれば、一切の低次な可能態的存在は、一層高次の現実態、つまり一層高次の不死性、永続的現実を目的として動き現実化を目指し、その意味で自然宇宙の全存在者は遂に究極の目的因である不滅な「不動の動者」を目指していると言いかえられるのである。このように可能的存在者が一層高次の目的を目指し、次々と現実化され究極目的に収斂する目的因の全系列を一挙に逆転してみると、今度は第一目的因が次々と下位の存在者を動かす起動因の系列と成り、その系列上の一個の可能的存在者の現実化のために上位の一切の起動因が動いているという相が現成する。すなわち、後述の井上氏の言をかりれば、「そこには神を中心とする全宇宙の目的論的統一に対し、個を中心とする逆方向の目的論的統一がある」わけである（後掲「アリストテレスの〈有〉把握」二四五頁）。それこそ、一本の梅華の開花に全天地が働くという景色であり、一人の嬰児の誕生に宇宙の全エネルギーの集約を思う生命連鎖のヴィジョンなのである。

　アリストテレスのエネルゲイア論あるいはエネルゲイア言語を示したモデル的記念碑的書として、井上忠『根拠より挑戦』東京大学出版会、一九九四年。特に「アリストテレスの〈有〉把握——第一の実有をめぐって」を参照。

(13) *De l'hospitalité*, Calmann-Lévy, 1997（『歓待について——パリのゼミナールの記録』広瀬浩司訳、産業図書、一九九九年）. 邦訳、九八—一〇一、一四四—一五〇頁参照。

(14) 長田弘『食卓一期一会』晶文社、一九八七年。

(15) 汚染された海や大地、そこで共に汚染され棄てられていった人々のうめきと破壊を文学作品に結晶化して、その物語を語り続けている作家・石牟礼道子『苦海浄土』講談社文庫を参照。また世界や国家の近代化こそ、そうした文明的悲劇の元凶であることを自覚しながら、新しい言葉によって生命共生の協働態の地平に立とうとしている石牟礼氏の魂を示す好著として『言葉果つるところ』（〈鶴見和子・対話まんだら〉石牟礼道子の巻、藤原書店、二〇〇二年）を参照。

(16) 道元『典座教訓、赴粥飯法』（全訳注、中村璋八・石川力山・中村信幸、講談社学術文庫九八〇、一九九一年所収）一四一—一四三頁。

(17) 同、一九四—一九五頁。

(18) 前掲書参照。このヴィジョンは特に江渡狄嶺（一八八〇—一九四四年）の農業哲学と共鳴する。狄嶺は自らの小作農場を「百姓愛道場」と呼び、農業的実践を道元的行とし、西田哲学の「場」の思索に基づいて、農場を「家稷《かしょく》」とする家稷哲学を以って東北、信州の農民に深い協働態的地平を示した。

(19) 前掲書、五二頁。

(20) 長田弘、前掲書。

(21) 同。

(22) この詩では、ダシこんぶの意味ということ。

(23) “Donner la mort,” dans *L'Éthique du Don*, Paris, 1992.

**むすびとひらき**

(1) 『統道真伝』上・下（奈良本辰也訳注、岩波文庫、一九六六、六七年）。また『自然真営道（抄）』（尾藤正英校注「近世思想家文集」日本古典文学大系97、岩波書店、一九六六年所収）を参照。

(2) 前掲「近世思想家文集」の「解説」五六九－五八九頁を参照。互性活真につてい尾藤氏は大略次のようにまとめている。法は二別の原則で成立するが、道は互性の語で表現される。例えば、転（天）と定《ち》（海）とは上下に分かれ、転は運回し定は静止して別々に見えるが実は相互に補完し合して活動し万物を生成させているように。人間にもこの互性が道の理法として働いており、従って人間はみな平等である。

活真とは他方で「イキテマコトナル」と訓読されるように、働き・活動が万物の真実のすがたであることを表わす。人はこの活真に即して生きること、すなわち「直耕」し穀物を生産し食べ生殖して生きることこそのぞましく、そこに皆人の調和する互性の道が現成し平等な幸福な生が活々と働き出されるというのである。

ここでは深く立ち入ることはできないが、以上のような昌益的発想の発展的差異化をわれわれは宮沢賢治の生や思想（殊に『農民芸術概論綱要』）に見ることもできるし、さらに江渡狄嶺の生と思想（特に「家稷《かしよく》」の場論）において深められていると考えることができる。

**宮本久雄**（みやもと・ひさお）

1945年，新潟県生まれ．東京大学文学部卒，同大学院人文科学研究科を経て，カナダ，エルサレム，パリなどに遊学．現在，東京大学大学院総合文化研究科教授．

専攻：哲学（比較思考），キリスト教学．学術博士．

〔著訳書〕『教父と愛智』（改訂版，1990）『聖書と愛智』（1991，いずれも新世社）『宗教言語の可能性』（勁草書房，1992）『聖書の言語を超えて』（共著，東京大学出版会，1997）『福音書の言語宇宙』（岩波書店，1999）『他者の原トポス』（創文社，2000）『盛期ギリシア教父』（上智大学中世思想研究所編訳・監修，中世思想原典集成2，平凡社，1992）ほか．

〔存在の季節〕 ISBN4-901654-07-1

2002年11月10日 第1刷印刷
2002年11月15日 第1刷発行

著者 宮本久雄
発行者 小山光夫
印刷者 藤原良成

発行所 〒113-0033 東京都文京区本郷1-13-2
電話(3814)6161 振替00120-6-117170
http://www.chisen.co.jp
株式会社 知泉書館

Printed in Japan 印刷・製本／藤原印刷

# 索　引

## あ　行

愛　25-28,31-34,36-38,54,59,81,105,107-08,111,124-25,130,133,154,157,168,183,185,187-88,207,215,236,241-42,264　→アガペー
アウグスティヌス（Augustinus, 354-430）8-9,72,96,107-10,117-18,142,164
アガペー（agapē）　135,164　→愛
悪　53-54,68-70,72-73,78,98-100,111,117,165,173,177,184,201,203,216
——〔根源〕　152,176,183,188-89,196,213-14,221-22,224-25,227,245,247,250,259,263,267,269
アドルノ（Adorno, T. W., 1903-69）　57,201
アナロギア（analogia）　88-92
アブラハム（Abraham）　102,169-72,176-78,184,193
有賀鐵太郎（1899-1977）　287
アリストテレス（Aristotelēs，前384-22）　53,57,66,112,118,139,143-44,180,187,194,199,202
在るところのもの（Quid est）　201,204
アレント（Arendt, H., 1906-75）　41,66,80
憐れみ　28-29
アンセルムス（Anselmus, 1033-1109）　200
安藤昌益（1703-62）　272-76
イエス・キリスト（Jesus Christus）　46,98,135,200,228-31,233-44,248,267-68
異化（作用）　15,24-26,30,34-35,37-38,85,95-96,110,128,130,135,138-39,141,146-57,177,185,197,210,227,237-38
移出　55-56　⟷移入
一期一会　44,109,130,132,134-35,157,162,168,179,184,215,227,230,238,243-44,256,269
一人称　30,53,123,148,212　⟷二人称,三人称
イデオロギー　78,81,127-28,131,138,178,181,189,214,220,254
移入　42-43,55-56　⟷移出
異邦人　82,229-30,232,234-35,240,243,248,264,267
ヴィヴェカーナンダ（Vivekananda, 1863-1902）　216
ウィトゲンシュタイン（Wittgenstein, L. J. J., 1889-1951）　42,63,85,180,192,221
ウーシア（ousia）　207-12　⟷エネルゲイア（energeia）
エクリチュール（écriture）　48-51,83,131,135,138,140,143,155-56,159,183,196
エチカ　11,56-57,78,109-10,119,150-51,154,156,158-59,161-163,166-67,183-84,187-90,198,201-02,209,211,214-15,224-25,227,236-39,241,245,247,258-59,261,264-65,267-69,276　→倫理
エックハルト（Meister Eckhart, 1260頃-1328頃）　87-92,125,189
エネルゲイア（energeia）⟷ウーシア（ousia）　177,207-12
エピクロス（Epikouros，前341頃-270）　115
エレミヤ（Jeremiah）　175,188
「エレミヤ書」　33
オイディプス（Oidipus）　15-24,35-36,

## か　行

## さ　行

善導（613-81）　39,98-99
像（Bild）　88-91
『創世記』　41,64,66,73,83,102,152,169,268
贈与　110,121,168,189,198,211,225
——〔世界〕　110,188
——〔自己〕　138,187,226　→自己贈与
ソクラテス（Sōkratēs, 前470/69-399）　17,19,21,24,50,179
ソシュール（Saussure, F. de, 1857-1913）　41-42,44,46,66,73
ソポクレス（Sophoklēs, 前496頃-06）　15,24
存在（essance）　20-21,25,29-38,40-41,51,57-64,73-74,76-96,101-02,105,107-09,111-15,119-25,128-30,134-37,139-41,143-46,148-52,154,157,159,163-65,172,175,177,180-82,191,199-214,219-21,223,226-27,237-38,241,247,260,263,267
——充溢/（自存/保存）努力/意欲（conatus essendi）　21,35,61,78,80,94,97,102,119,122-23,135,151,173,185,191,193
——の戯れ（Seinsspiel）　121
——忘却　81,112,121
存在-神-論（onto-theo-logia）　78-82,92,111-16,119-21,131,138,145-46,177,181,183,211,213,219-21,224,226,251-52,254,259,267
『存在と時間』　86
存在論（ontologie）　11,55,57-58,61-64,73-74,78,80,86,88,105,108,110,112,119,139,180-81,190,201-04,211-212,214,220,251,267　→オントロギア
存在論的差異　86-87,112

## た　行

対話（性）　24,48-51,53,57-58,60,67-68,81,106-08,135,183,244
ダーウィン（Darwin, C. R., 1809-92）　114
他者　9,15,19-22,24,29-32,35-38,40-41,44,46-47,52-64,66-68,72-74,77-78,80-82,84-85,87,92-98,101,103,105-12,114-19,124-27,129-30,132-41,143,149-52,154,157,160-68,171,174-75,177-80,182-84,186-89,191-93,196-98,199-201,206,208-10,212-17,219,222-30,237-38,241,243-45,248,251,255,258-59,263,267-69
——性〔他者の〕　52,54-56,58,112,182,263
立て組み/立て集め（Gestell）　80-81,120-21,198,200
ダーバール（dābār）　37,138-140,143,148-50,155-63,165-68,172-72,176,178,183,186-87,189-92,195-97,229-30,244,271,276　→こと（事・言）
断食　88,225,259-60
『歎異抄』　189
中動相動詞用法（deponentia）　184-85
聴従　15,24,31,33,92,94-97,100-01,103,141-43,157,164,169-71,176-77,181-82,184,187-88,193,196-97,208-09,239,259
ツィムツーム（自己内収縮）　159-60,191
出会い　15,40,57,59,75-77,83,87,92-93,96-98,100-01,105-06,110-11,132,134,142,162,165,167-68,178,183,196,201,207,209,219,222,226-27,230,233,237-38,240,243-44,248-49,258,268　→邂逅
デカルト（Descartes, R., 1596-1650）　79,112-13,124
出来事　8,10,12,24,33,38,47-50,68,76,85,100,102,106-07,128,130-31,134,138-39,142-43,150-51,155,168-69,176,184,192,195,212-13,240-41,244,255
デリダ（Derrida, J., 1930-　）　82,117,248,258,267-69
テレジア〔アビラの〕（Teresa 〈Avila〉,

1515-83)　116
『典座教訓』　258
道元（1200-53）　46,132,183,189,215,255,257-58,264
到来〔ハーヤーの〕　10,20-21,27,52,87,92-97,99-102,111,121,131,133-43,149,151,153-55,157,160,164-65,167-68,170-72,176-77,179,182-84,187,195,197,214,217,219,227,237-38,240,247,254,271-72,276
ドストエフスキィ（Dostoevskii, F. M., 1821-81）　118
ドブレ（Debray, R., 1940- ）　117
杜甫（712-70）　276
トマス・アクィナス（Thomas Aquinas, 1225頃-74）　57,62,86-87,201-04,206,211,214

## な　行

汝　9,106,108-10,124,136,142,156 →我-汝
「汝殺すなかれ」　162
『ニコマコス倫理学』(Ethica Nicomachea) 187
二人称　124,142　⟷一人称，三人称
ネェル（Neher, A., 1914-88）　166
能動（性）　92,94,101,116,134-35,137-38,140,152,182-83,185,187,210　⟷受動（性）

## は　行

ハイデガー（Heidegger, M., 1889-1976）58-59,80,86-87,108,111-12,114,119-21,184,194,200-01,206,213
『パイドロス』　50
パウロ（Paulos，紀元後頃-60頃）　97,182,243-44
はじまり/起源　21,38,39-41,44-49,52,60,63-64,66-68,73-74,128-29,134,172,178-80,220
パスカル（Pascal, B., 1623-62）　106
服部土芳（1657-1730）　196
パトス（pathos）　17,37　→感情
パルメニデス（Parmenidēs, 前515頃-450頃）　75,267
parole　39-40,42,44-46,49　→語り
ハーヤー（hayah）　3,10-12,30-31,35-38,73,92,95-98,100-01,105,109,133,137-41,143,148-73,175-79,181-92,195-98,202,205,211-17,219,221-22,226-28,237-38,240-41,244-47,252-60,264-65,267-69,271-71,276
ハヤトロギア　3,10-12,105,109,139,143,155,167,176,179,181,183,189-90,196-98,221-22,226-28,254,263,267-270,271,275-76
表象（représentation）　22-23,40,55,74,78-81,91,112-114,116,120,122,145-46,178-79,190,193-94,206,209-10,213,219
「フィリピの信徒への手紙」　98
フォイエルバッハ（Feuerbach, L. A., 1804-72）　221
『赴粥飯法』　255,257,264
フッサール（Husserl, E., 1859-1938）54-55,57-58,62,194
プネウマ/ルーアッハ/気/気息/霊風（pneuma, rūah）　3,10-12,51,66,74,92,138,157,184-86,189-96,198,238,242-43,269,271-76
ブーバー（Buber, M., 1878-1965）　185
プラトン（Platōn, 前428/27-348/47）19,50,89-90,115-16,139,202,207
フランクル（Frankl, V. E., 1905-97）106
フランチェスコ〔アッシジの〕(Francesco 〈Assisi〉1181/82-1226）　215
プロティノス（Plōtinos, 205-70）　115-16,168,191
ヘーゲル（Hegel, G. W. F., 1770-1831）43,113-14,179,187,213
ベーメ（Böhme, J., 1575-1624）　177
ヘーラクレイトス(Hērakleitos, 前500頃）75

## ま　行



## や　行



## ら　行